上海社会科学院城市与人口发展研究所学术研究丛书

U0507564

中国多尺度城镇化的人口集聚与动力机制

Population Agglomeration and Dynamic Mechanism of
Multi-scale Urbanization in China

国家自然科学基金青年项目（41701192）、上海市浦江人才计划项目
（17PJC076）资助

杨传开 著

中国财经出版传媒集团
经济科学出版社
Economic Science Press

图书在版编目（CIP）数据

中国多尺度城镇化的人口集聚与动力机制／杨传开著．
—北京：经济科学出版社，2019.6
（上海社会科学院城市与人口发展研究所学术研究丛书）
ISBN 978 - 7 - 5218 - 0554 - 3

Ⅰ.①中…　Ⅱ.①杨…　Ⅲ.①城市化 – 流动人口 – 管理 –
研究 – 中国　Ⅳ.①C924.24

中国版本图书馆 CIP 数据核字（2019）第 094049 号

责任编辑：张　蕾
责任校对：王肖楠
责任印制：邱　天

中国多尺度城镇化的人口集聚与动力机制
杨传开　著
经济科学出版社出版、发行　新华书店经销
社址：北京市海淀区阜成路甲 28 号　邮编：100142
总编部电话：010 - 88191217　发行部电话：010 - 88191522
网址：www. esp. com. cn
电子邮件：esp@ esp. com. cn
天猫网店：经济科学出版社旗舰店
网址：http://jjkxcbs. tmall. com
北京财经印刷厂印装
710×1000　16 开　15.25 印张　250000 字
2019 年 7 月第 1 版　2019 年 7 月第 1 次印刷
ISBN 978 - 7 - 5218 - 0554 - 3　定价：69.00 元
审图号：GS（2019）1083 号　鲁 SG（2019）030 号
（图书出现印装问题，本社负责调换。电话：010 - 88191510）
（版权所有　侵权必究　打击盗版　举报热线：010 - 88191661
QQ：2242791300　营销中心电话：010 - 88191537
电子邮箱：dbts@ esp. com. cn）

前　言

　　改革开放以来，伴随着全球化、市场化、工业化进程的加快，中国流动人口规模快速增长，2010 年中国流动人口达到 2.21 亿人，中国正在进入人口大迁移的时代。农村人口大规模向城镇流动集聚，构成了城镇化发展的重要动力，加速了中国城镇化进程。然而，随着流动人口规模的快速增长，农业转移人口由本地乡城流动逐渐向跨越不同行政级别的乡城流动转变，形成了多尺度的人口流动和多样的城镇化路径。传统的城镇化研究范式突出强调人口从农村到城镇的转移，并不太关注农村人口往哪里的城镇转移，从而忽略了不同尺度流动人口的城镇化差异。在以人为核心的新型城镇化背景下，有必要探究不同流动尺度人口的集聚规律和影响因素，这对于丰富城镇化理论和促进中国新型城镇化发展都具有重要意义。

　　尺度是地理学的重要概念，在不同尺度下进行观察或研究，往往会有不同的研究发现。为此，笔者结合中国城镇化的发展现实和有关研究，以人口流动理论、人口城镇化理论和尺度理论为基础，通过将尺度概念引入城镇化研究，创新性地提出了人口流动视角下的多尺度城镇化分析框架。笔者认为改革开放以来，在市场化和分权化的背景下，地方政府的崛起、经济发展导向的政绩考核以及地方政府间的竞争等导致地方政府通过设置种种制度壁垒，使外来人口与本地人口不能享受同等的公共服务，从而使农民城镇化、市民化的成本产生分化，最终形成了以跨省人口流动为特征的异地城镇化、以省内跨县人口流动为特征的就近城镇化和以县内人口流动为特征的就地城镇化。为了探究三种城镇化的人口流动集聚特征和动力机制，本书分别从全国、省域、县域三个尺度和微观个体层面进行了具体的实证分析。

　　在全国尺度，本书以 31 个省域为分析单元，研究了异地城镇化跨省流动人口的集聚特征及其影响因素；在省域尺度，以山东省 108 个县市区作为分析单元，分析了就近城镇化的人口集聚特征与影响因素，并与省外流动人口进行了对比；在县域尺度，通过对山东省诸城市的案例进行分析，研究了农业转移人口在县域范围内向不同层级的城镇或社区集聚形成的县域就地城镇化；在个体层面，利用全国性的调查问卷，以潜在的城镇化行为主体农民作为分析对象，考察了其城镇化意愿和路径选择。

通过研究，本书提出促进新型城镇化发展的几点政策启示。首先，应不断缩小地区差距，减少人口的跨省流动，同时通过加强各级政府的联动，促进不同尺度流动人口的基本公共服务均等化。其次，将推进县域内的就地城镇化作为未来推进农民城镇化的重要途径，通过体制机制改革，在促进大中小城市和小城镇协调发展的同时，着力提高县城和中心镇的竞争力与吸引力，提升其基本公共服务水平。最后，还应从促进农民和农村发展的角度着手，改革束缚农民离乡的相关制度障碍，加强对农民的教育培训，逐步提升农民进城定居的内生动力。

城镇化作为传统的研究领域，已得到了国内外诸多学者的关注，因此在城镇化研究中创新并非易事。但是，中国仍处在快速的城镇化进程之中，不断面临着新的问题和挑战，特别是近年来国家又提出了乡村振兴战略，这些问题都需要持续不断的关注和研究。笔者通过引入尺度概念，试图能结合中国实际为城镇化发展和研究做一点贡献，但由于自己的能力和精力所限，本书还存在诸多不足，还请大家批评指正。也希望能有更多的学者关注城乡发展，能让所有人共享城镇化的发展成果。

目　录

第一章　绪　论 ……………………………………………………… 1

　　第一节　研究背景与问题提出 ………………………………… 1

　　第二节　研究思路与主要内容 ………………………………… 7

　　第三节　研究方法与主要数据 ………………………………… 10

第二章　理论基础与研究进展 …………………………………… 13

　　第一节　人口流动的主要理论与相关研究 …………………… 13

　　第二节　人口城镇化主要理论与发展路径 …………………… 35

　　第三节　尺度理论与城镇化研究中的尺度 …………………… 55

　　第四节　本章小结 ……………………………………………… 63

第三章　多尺度城镇化的框架建构与现实发展 ……………… 65

　　第一节　多尺度城镇化的框架建构 …………………………… 65

　　第二节　多尺度城镇化的现实基础 …………………………… 71

　　第三节　多尺度城镇化的发展演进 …………………………… 80

　　第四节　本章小结 ……………………………………………… 84

第四章　异地城镇化的人口集聚与形成机制：全国案例 …… 86

　　第一节　跨省流动人口的空间特征 …………………………… 87

　　第二节　跨省流动的异地城镇化效应 ………………………… 99

　　第三节　异地城镇化的主要影响因素 ………………………… 106

　　第四节　本章小结 ……………………………………………… 114

第五章　就近城镇化的人口集聚与形成机制：山东案例 …… 116

　　第一节　山东省城镇化的主要特征 …………………………… 118

第二节　山东省流动人口的空间集聚 ·············· 122

第三节　就近城镇化的主要影响机制 ·············· 133

第四节　本章小结 ······························ 141

第六章　就地城镇化的人口集聚与形成机制：诸城案例 ······ 144

第一节　山东省县内人口流动整体特征 ············ 145

第二节　诸城市就地城镇化的主要特征 ············ 148

第三节　诸城市就地城镇化的形成机制 ············ 157

第四节　本章小结 ······························ 164

第七章　农村居民的城镇化意愿与路径选择：个体案例 ······ 166

第一节　数据来源与研究设计 ···················· 167

第二节　农民城镇化意愿与影响因素 ·············· 172

第三节　城镇化路径选择与影响因素 ·············· 178

第四节　本章小结 ······························ 182

第八章　主要结论与研究展望 ······················ 184

第一节　研究结论 ······························ 184

第二节　政策启示 ······························ 189

第三节　研究展望 ······························ 193

附录 ·· 195

参考文献 ······································ 204

后记 ·· 235

第一章

绪 论

人口流动作为人口城镇化的直观表现形式，揭示了城镇化的人口集聚特征。改革开放以来，伴随着中国流动人口规模的快速增长，出现了大规模的跨地区流动现象，形成了就地城镇化、就近城镇化和异地城镇化三种具有中国特色的城镇化路径。中国的人口流动和城镇化产生了尺度分化，尺度在人口城镇化过程中扮演了重要角色，成为分析中国城镇化的新视角。本章在分析世界和中国城镇化进程与特点的基础上，提出了全书的研究问题和研究意义，并阐述了著作的整体研究思路和研究框架，以及主要的数据来源和研究方法等。

第一节　研究背景与问题提出

一、研究背景

（一）世界与中国城镇化的发展进程

城镇化是社会经济发展的必然趋势，是国家现代化的重要标志。自18世纪60年代产业革命在英国爆发以来，工业革命浪潮迅速席卷法国、德国及美国等欧美国家和全世界，开创了城市发展的新时期，世界城市化因而也得到了快速发展（周一星，1995）。2009年，世界城市人口首次超过农村人口，城市化水平达到50.1%，世界总体开始进入城市社会（UN，2011）；2014年，世界城市化水平上升至54.0%，据联合国《世界城市化展望2014》的最新预测，2050年世界城市化水平还将进一步上升至66.0%（UN，2014）。

中国作为全球人口最多的国家，其城镇化过程已成为影响人类21世纪发展进程的重大事件，对中国乃至世界的发展都具有重大影响。改革开放以来，伴随着全球化、市场化、工业化进程的加快，中国经济发展取得了举世瞩目的伟大成就。经济快速增长产生的大量就业机会，促进了农村人口大规模向城镇流动，加快了中国城镇化进程（宁越敏、杨传开，2013）。1978～2014 年，城镇常住人口从 1.7 亿人增加到 7.5 亿人，年均增加 1600 多万人；城镇化率从 17.9% 提升到 54.8%，年均提高约 1.03 个百分点。2011 年中国人口城市化水平达到 51.3%，首次超过 50%，标志着中国结束了以乡村社会为主体的时代，开始进入到以城市社会为主体的新城市时代（中国城市发展报告，2013）。

然而与世界发达国家相比，中国城镇化水平不仅偏低，而且质量不高。2014 年，中国城镇化水平才刚刚达到世界平均水平，而日本、英国、韩国、美国、法国、德国等国家的城镇化率则分别为 93.0%、82.0%、82.0%、81.0%、79.0%、75.0%（UN，2014）。同时，由于户籍制度限制，很多进城农民工不能与城市居民享受同等待遇，从而形成了"半城镇化"（王春光，2006）；由于将居住在城镇半年以上的流动人口均统计为常住城镇人口，所以如果按城镇户籍人口统计，事实上的城镇化率仅有 35% 左右（李克强，2012），更加远低于世界发达国家。另外，中国地域广阔，城镇化发展的东、中、西区域差异明显，例如，2014 年西藏的城镇化率仍低于 30%。

在未来，根据《国家新型城镇化规划（2014—2020 年）》，到 2020 年中国常住人口城镇化率将达到 60% 左右；国务院发展研究中心和世界银行的研究报告《中国：推进高效、包容、可持续的城镇化》预测，到 2030 年中国人口城镇化率将达到 69.0% 左右；联合国《世界城市化展望2014》预测，到 2050 年中国城镇化率还将进一步上升至 76.0%。可见，未来 30 多年，中国城镇化水平仍有很大提升空间，进一步提升城镇化水平和城镇化发展质量将是中国未来全面建设小康社会和实现现代化的必经之路。因此，未来很长一段时间内，如何提升城镇化的数量和质量既是中国发展面临的重大现实问题，也应是学者关注的重点。

（二）以人为核心的新型城镇化成为国家战略重点

进入 21 世纪，中国发展的宏观背景发生变化，国内外经济形势变化对城镇化产生新的要求，同时也迫切需要解决城镇化进程中产生的诸多社会、环境、生态等问题。首先，中国城镇化发展面临着经济转型、社会转型和可持续发展的迫切要求（宁越敏、杨传开，2013）。2008 年全球金融危机以来，全球经济疲软使中国外部需求下降和面临市场替代，依靠投资和出口带动经济增长的模式遇到了极大挑战（马晓河，2012）；而国内制造业产能过剩和经济增速下滑（陈彦斌、姚一旻，2012），使拉动内需在中国未来经济增长中扮演着重要作用，城镇化被认为是扩大内需的最大潜力（李克强，2012）。其次，农民进城的同时身份没有发生相应变化，城镇化社会转型滞后。而农民工市民化是城镇化社会转型的核心，促进农民工市民化可对经济发展产生巨大需求，从而实现扩大内需。最后，随着城镇化的快速推进，在城市让生活更美好的同时，也形成了困扰城市发展、削弱居民幸福感的诸多城市病（宁越敏，2012）。同时，在全球气候变化的压力下，中国的快速城市化还面临着沉重的资源、能源约束和环境保护压力，推进生态文明建设，建设美丽中国，走集约绿色的新型城镇化道路显得更加必要。

在上述背景下，城镇化转型发展成为必然，提高城镇化质量成为中国未来城镇化发展的重点，新型城镇化因此也逐步上升到国家战略。2012 年，中共十八大报告强调工业化、信息化、城镇化和农业现代化"四化"同步发展，正式提出了新型城镇化。2014 年 3 月，中央开创性地颁布了《国家新型城镇化规划（2014—2020 年）》，详细阐述了中国城镇化的发展背景、发展现状、发展目标等，明确提出新型城镇化坚持以人为核心，到 2020 年实现户籍人口城镇化率与常住人口城镇化率差距缩小 2 个百分点左右，努力实现 1 亿左右农业转移人口和其他常住人口在城镇落户。

但是，长期以来，在土地财政的驱动下，土地城镇化快于人口城镇化，地方政府在推进城镇化发展过程中严重忽略了农民意愿。城镇化虽涉及农民切身利益，但长期以来"为民做主"的决策模式却并不问农民（赵新平、周一星，2002）。违背农民意愿的"住房被强拆""土地被强征""农民被上楼"等被城市化现象频发，产生了一系列社会矛盾，对社会和谐发展造成了严重影响。农民、农民工作为城镇化的行为主体，其迁移定居城镇的意愿和社会融入程度是决定中国城镇化进程的关键因素（卫龙宝等，2003）。因而，宏观政策导向下，以人为核心的新型城镇化能否实现，还需要从微观层面对农民或农民工的迁居意愿有全面认识。了解他们的城镇化意愿，并分析相关的影响机制，对于新型城镇化的推进具有重要意义。

（三）人口流动与新型城镇化关系的研究需要创新

改革开放以来，中国流动人口规模快速增长，中国正在进入人口大迁移的时代（杨传开、宁越敏，2015）。农村人口向城镇的流动和集聚构成了城镇化发展的重要动力，加速了中国城镇化进程，并正在逐步成为中国城镇人口增长的主要来源。据统计，2000～2010年乡城迁移人口对中国城镇人口增长的贡献占到了57.4%（王放，2014）。可见，人口流动与城镇化发展已经形成了密不可分的关系，有必要从人口流动的视角对城镇化发展进行考察。

从人口流动的角度分析，人口城镇化就是发生在乡村系统和城市系统间的人口迁移（许学强、周一星、宁越敏，2009），然而人口在向城镇集聚的过程中，不仅向本区域内的城镇集聚，而且出现了大规模的跨地区流动现象。2010年中国流动人口总量达到2.61亿人，其中县内流动人口9037万人、省内跨县市区流动人口8469万人、跨省流动人口8588万人。不同流动距离的人口受行政区划和制度壁垒的限制，其城镇化、市民化成本产生分异，人口流动产生了尺度分化。而从人口转移的角度则形成了不同的城镇化路径：远距离大尺度的跨省迁移人口高度集聚在东部沿海大城市，形成了显著的异地城镇化；同时东南沿海一些城镇化发达地区，乡村人口并未大规模向城镇迁移，通过就地改造，实现了就地城镇化（Zhu，2004）；近年来，一些地区还出现了通过新型农村社区建设、农民集中居住等实现就地城镇化的新形式（杨亚楠、陈利根、郁晓非，2015）。此外，李克强总理在2014年政府工作报告中，明确提出"引导约1亿人在中西部地区就近城镇化"。

新型城镇化虽强调以人为核心，但人口流动与城镇化的互动却并未引起足够重视，以往相关研究主要关注人口向城镇集聚，而对于人口往哪里的城镇集聚则关注较少，这对于城镇化均衡发展却具有重要意义；同时前面提及的就地城镇化、就近城镇化、异地城镇化等都还缺乏明确的概念界定，每种城镇化的动力机制也并不明晰。人口流动的相关研究虽从人口规模、分布格局、流动方向等方面对中国人口流动进行了广泛研究（张文新、朱良，2004），但对不同流动尺度人口的集聚特征与动力机制的研究还不够充分，特别是对省内人口流动的研究较为缺乏。

总体来看，过去的30多年，不同学科从各自视角对城镇化问题进行探索，取得了一系列重要成果。特别是近年来，新型城镇化上升为国家战略重点，成为国内外学者、政府和媒体关注的焦点（Bai，Shi，Liu，2012；Chan，2014；Wang，Hui，Choguill et al.，2015；陆大道，2013），但伴随着地方发展中新现象的出现，城镇化理论研究仍有待继续深入，特别是新型城镇化的系统研究也有待加强（陈明星，2015）。城镇化作为一种多维的社会空间复杂过程（Friedmann，2006），有必要从多层次、多尺度的视角深入研究不同尺度下人口流动集聚特征、机制以及对城镇化的影响等。

二、研究问题

改革开放以来，流动人口规模快速增长，流动人口不仅向本区域内的城镇集聚，而且出现了大规模的跨地区流动现象。然而，在行政区划和户籍制度等制度壁垒的约束下，流动人口与本地人口的城镇化、市民化成本产生分化。流动人口跨越的尺度越大、城镇化成本越高，同时不同流动尺度的人口对地方发展产生的影响也存在差别，形成了就地城镇化、就近城镇化和异地城镇化三种城镇化发展路径。可以认为，中国的人口流动和城镇化产生了尺度分化，具有地理学特色的尺度在人口城镇化过程中扮演了重要角色，成为分析中国城镇化的新视角。

基于以上研究前提，本书将题目定为《中国多尺度城镇化的人口集聚与动力机制》。因此，本书的主要研究目标是试图从人口流动的视角出发，突出地理学特色，从不同尺度探究三种城镇化发展路径的人口流动集聚规律和动力机制，搞清楚"人往哪里去"及其背后的主要影响因素。具体来看，通过研究试图重点回答以下几个问题：

第一，探究改革开放以来中国多尺度城镇化的形成机制及其演变过程，结合中国的发展现实，讨论未来中国城镇化的发展走向如何？

第二，根据人口流动尺度的不同，形成了跨省流动、省内跨县流动和县内流动三种不同尺度的流动人口，分别对应着异地城镇化、就近城镇化和就地城镇化。三种城镇化的人口集聚有何规律、其背后的主要影响因素是什么，三者有何异同？

第三，对于居住在农村的农民而言，他们既是潜在的流动人口，也是城镇化的重要行为主体，其城镇化意愿和路径选择对新型城镇化发展具有重要影响。对于他们而言，未来是否愿意进城定居，其更倾向于选择哪种城镇化路径，主要影响因素又是什么？

第四，多尺度城镇化的实证分析对于未来新型城镇化发展有何政策启示？

三、研究意义

中国作为世界上人口最多的发展中国家，正经历着史无前例的乡城迁移和人口城镇化过程，然而受户籍制度的影响，形成了与发达国家不同的半城镇化现象。人口作为社会经济发展的重要因素，其空间分布变动，不仅带动了人力资本的流动与再配置，同时也促进了资金、信息、技术、文化的跨区域流动，对国家和地方的工业化、城镇化以及社会经济的整体发展都具有十分重要的影响（田盼盼，2014）。人口流动作为人口城镇化的直观表现形式，揭示了城镇化的发展趋势，探究不同尺度流动人口的集聚规律和影响机制，不仅有助于深化对人口流动规律的认识和丰富城镇化理论，同时对于引导人口有序流动、有重点地推动城市体系建设和多途径促进中国新型城镇化发展也具有重要的现实意义。

（一）实践意义

在实践上，中国地域广阔，区域发展极不均衡，单一的城镇化模式或路径不足以完全支撑中国城镇化发展，因而需要多样的推进方式。多尺度城镇化既是对现有人口流动现象的规律总结，也是未来推进新型城镇化的重要路径。整体来看，通过发展多尺度城镇化有助于促进区域均衡发展、大中小城市和小城镇协调发展以及城乡一体化等。

第一，通过对三种城镇化路径的人口流动集聚规律进行分析，有利于更清晰地识别不同空间尺度下人口集聚的重点地区，明确未来城镇化发展的重点区域和空间载体；同时，通过考察不同尺度城镇化人口流动的影响因素，有助于政府采取相应措施，引导人口有序流动，促进新型城镇化发展。

第二，通过对农民城镇化意愿与路径选择的研究，发现就地城镇化更加符合农民意愿，这有助于明确未来城镇化的发展方向；而进一步对影响农民进城与路径选择的因素进行分析，有利于明确影响农民进城的个体、家庭和地区因素，从而有利于采取相应措施推动农民城镇化。同时，通过对就地城镇化发展较典型的诸城市案例的分析，有利于其他地区借鉴诸城市社区城镇化的经验，采取相应措施，促进农民自主选择进城。

第三，由于户籍制度的影响，不同迁移尺度的流动人口其城镇化、市民化成本存在差异，同时还具有半城镇化的特征。通过从多尺度的视角考察城镇化，有利于不同层级的政府明确职责、加强联动，建立合理的成本分担机制，促进基本公共服务均等化，从而加快新型城镇化发展。

（二）理论意义

在理论上，本书至少从三个方面丰富了人口流动与人口城镇化的基本理论。

第一，将尺度概念引入人口城镇化过程，拓宽了城镇化的研究视角，丰富了人口城镇化的研究框架。基于中国人口流动与城镇化的发展现实，提出了多尺度城镇化的概念，不仅关注人口向城镇的集聚，而且关注向哪里的城镇集聚，弥补了传统城镇化研究中主要关注单一乡城迁移式城镇化研究的不足，为城镇化研究提供了一个新的视角和思路。

第二，通过细化人口流动的研究尺度，深化了对人口流动规律的认识，丰富了人口流动的基本理论。通过从宏观尺度（省域尺度）和微观尺度（县域尺度）同时考察人口流动集聚特征，弥补了以往研究对于微观尺度人口集聚特征关注不够的缺点，从而有助于深化对人口流动集聚规律的认识；另外，在同一尺度上对省际流动和省内跨县流动人口的集聚特征和动力机制进行比较，发现二者的集聚特征和动力机制并不完全相同，这有助于丰富现有人口流动研究的实证经验。

第三，通过构建多层次迁移模型，充分考察了影响农民城镇化意愿及路径选择的影响因素，有助于进一步完善现有解释乡城迁移微观个体迁移意愿的理论框架。在本书中，将微观个体因素、家庭因素与宏观层面的地区因素相结合，构建了多层次理论框架，不仅强调三个层次因素对农民城镇化意愿的独立作用，同时还关注不同层次要素间的交互作用，弥补了以往研究中对地区因素及交互作用关注的不足，更加有助于完善农民迁居意愿的解释。

第二节　研究思路与主要内容

一、研究思路

本书的基本思路是在推进以人为核心的新型城镇化背景下，结合中国城镇化发展的现实情况和研究不足，提出本书的研究问题和研究意义。然后，通过梳理人口流动理论、人口城镇化理论和尺度理论以及相关的研究进展，提出基于人口流动视角下的多尺度城镇化分析框架，进而分析多尺度城镇化的发展基础和发展演进。然后在该框架指导下，展开研究的实证部分，具体从两个层次、四个章节展开，如图1-1所示。

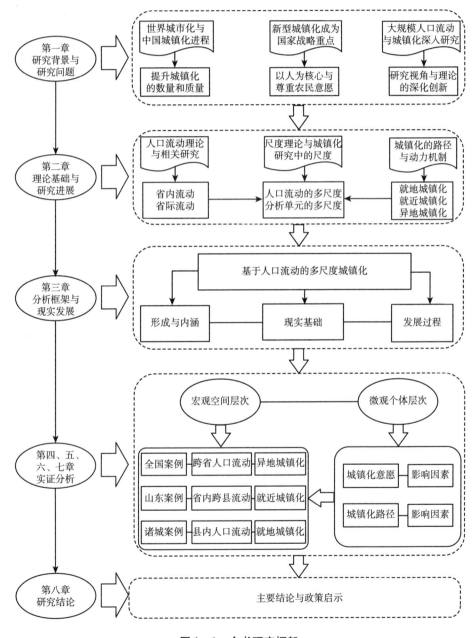

图1-1　全书研究框架

宏观层次：从国家尺度、省域尺度和县域尺度三个空间尺度分别展开。在国家尺度上，以省域作为分析单元，考察异地城镇化跨省流动人口集聚的空间特征与主要影响因素；在省域尺度，选取山东省作为研究案例，以县域作为分析单元，考察就近城镇化省内跨县（市区）流动人口的集聚特征与主要影响因素，并同时与省外流动人口相比较；在县域尺度，选取诸城市作为研究案例，以乡镇为分析单元，分析县域内人口流动的特征与就地城镇化的动力机制。

微观层次：从个体角度进行展开，以城镇化的微观主体——农民作为分析对象，考察农民城镇化的意愿及对城镇化路径的选择，并分析其主要影响因素。

最后，基于实证研究的发现，提炼本书的研究结论与研究展望，讨论提出相应的政策启示。

二、研究内容

本书的主要研究内容共分为八章，每章具体内容如下。

第一章，绪论。主要阐述全书的研究背景、研究问题和研究意义，并介绍著作的整体研究思路和研究框架，以及主要的数据来源和研究方法等。

第二章，理论基础与研究进展。本章将从研究主题出发，梳理总结城镇化、人口流动等基本概念，同时重点对人口流动、城镇化以及尺度等三个方面的相关理论和研究进展进行总结，为架构人口流动视角下的多尺度城镇化分析框架提供理论基础和实证经验。

第三章，多尺度城镇化的框架建构与现实发展。本章将结合中国的发展实际，分析多尺度城镇化的形成机制，界定三种尺度的城镇化内涵，并从时间维度考察改革开放以来中国多尺度城镇化的演进过程。

第四章，异地城镇化的人口集聚与形成机制：全国案例。本章将从国家层面出发，以全国"第五次人口普查"和"第六次人口普查"数据为基础，以全国 31 个省域为研究单元，考察跨省流动人口的集聚特征与动力机制。

第五章，就近城镇化的人口集聚与形成机制：山东案例。本章将研究单元缩放放到县域，以山东省 108 个县市区作为研究对象，在对山东省城镇化特征进行整体分析的基础上，进一步考察其省内跨县市区流动人口的集聚特征及其主要影响因素，归纳就近城镇化的形成机制。

第六章，就地城镇化的人口集聚与形成机制：诸城案例。本章将在将考察山东省91个县和县级市县域就地城镇化格局的基础上，进一步以山东省诸城市为研究对象，以乡镇、社区等作为研究单元，对诸城市县域内人口流动与就地城镇化特征及其生成机制进行详细分析。

第七章，农村居民的城镇化意愿与路径选择：个体案例。本章将利用2010年中国综合社会调查（CGSS2010）的数据，结合多层次人口迁移理论框架，着重探讨农民进城定居的城镇化意愿及其对不同规模城市的定居偏好与城镇化路径选择，并从个体、家庭和地区等方面分析主要影响因素。

第八章，主要结论与研究展望。本章将通过对前面实证研究的发现进行总结凝练，得出本研究的主要结论和政策启示，最后指出存在的研究不足与未来进一步值得深入研究的地方。

第三节　研究方法与主要数据

一、研究方法

第一，文献阅读与总结归纳相结合。城镇化是近年来研究的热点和重点，大量不同学科的学者对中国的人口流动与城镇化进行了广泛研究，阅读和梳理相关研究进展，是本书分析框架构建和实证方法选取的重要基础。作者广泛搜集整理了人口迁移理论、人口城镇化理论、尺度理论等相关文献资料，为本书的后续研究奠定了理论基础。此外，由于精力所限，不可能独立开展大规模的问卷调研，因此以往他人研究的一些结论和发现，特别是一些区域性或全国性的问卷调研结果和研究报告，也为本书结论分析提供了支撑。

第二，定性分析和定量分析相结合。定性描述和逻辑演绎是本书分析的基础，通过定性总结相关理论和研究为进一步开展定量分析奠定了基础，同时通过定量研究所得到的结论又进一步提升了定性分析所得到的初步判断，从而实现定性分析和定量分析的结合。例如，对省际人口流动、省内跨县流动人口集聚以及农民进城意愿等影响因素的分析都是在理论和相关实证研究定性总结的基础上，进一步通过回归模型进行定量验证，然后根据定量分析结果进一步提升总结背后的影响机制。此外，在分析过程中，除了回归统计模型外，还采用一些相关指标使研究更加具有说服力，例如，社会网络分析指标、人口迁移重心、空间自相关指数 Moran's I 等。而对于一些因数据问题不能进行定量模型分析的内容，重点通过定性的讨论对相关问题进行阐释，例如，诸城市就地城镇化的形成机制。

第三，宏观考察与微观分析相结合。宏观与微观相对而言，一方面，本书从宏观的空间尺度视角分析三种尺度的人口集聚特征，另一方面，从微观个体层面分析农民的城镇化意愿与路径选择，实现宏观格局分析和微观意愿分析的结合。另外，在具体研究过程中，不仅从宏观的国家尺度以省域为分析单元考察人口流动特征，同时还从中微观省域尺度以县域为分析单元，考察人口流动特征，实现宏观与中微观的多尺度分析。最后，在农民城镇化意愿影响因素的考察中，不仅考虑了微观个体、家庭特征的影响，同时还考虑了宏观地区社会经济因素的影响。

第四，注重地理学空间分析方法的应用。空间分析是地理学研究的传统，本书在分析人口集聚过程中充分利用了一些具有地理学特色的分析指标，例如，地理集中指数、迁移重心、Moran's I 指数等。借助 ArcGIS、GeoDa 等空间分析软件对人口集聚格局进行分析，考虑到空间自相关性对人口流动集聚可能存在影响，采用空间计量回归模型避免了传统数理统计模型对空间自相关性的忽视；考虑到空间异质性对农民进城意愿的影响，借助 Stata 软件，使用多层 Logistic 回归模型，也有效弥补了以往单层回归模型的不足之处。另外，借助 ArcGIS、CorelDraw、GeoDa、Ucinet 等软件的绘图功能实现对分析结果的可视化表现，使研究结果更加直观。

二、主要数据

本书的主要数据来源包括四个方面。

第一，人口普查数据。人口普查数据是本研究得以进行的重要基础数据，但由于人口普查间隔时间较久，所以本书主要使用的仍是全国 2000 年第五次人口普查数据和 2010 年第六次人口普查数据。具体数据主要来源于《中国2000 年人口普查资料》《中国 2010 年人口普查资料》《2000 年人口普查分县资料》《2010 年人口普查分县资料》，以及 2000 年和 2010 年《山东省人口普查资料》和《2010 年诸城市人口普查资料》。

第二，统计年鉴数据。相关的解释性和分析性指标数据主要来源于对应年份的《中国统计年鉴》《中国城市统计年鉴》《中国区域经济统计年鉴》；山东省县域层面的相关数据主要来自《山东省统计年鉴》，部分数据来自山东省住房和城乡建设厅自 2006 年以来发布的《山东省城镇化发展报告》；诸城市的相关数据主要来自《诸城市统计年鉴》。

第三，问卷调研数据。在涉及农民城镇化意愿等问题时，使用的数据主要来自于相关的调研问卷。本书的问卷调研数据主要包括两部分：一部分是由作者亲自调研搜集的数据，2013 年 7 月，笔者曾在山东省诸城市对 312 户农民进行入户调研访谈，获得了第一手数据；另一部分是利用国内相关研究或调查机构公开的全国性问卷调查数据，例如，由中国人民大学中国调查与数据中心主持的《中国综合社会调查（CGSS）》等。

第四，相关文献数据。主要包括公布的相关研究报告和规划文件，例如，2009～2014 年《全国农民工监测调查报告》《诸城市新型城镇化规划 (2013—2020 年)》《山东省农村新型社区和新农村发展规划（2014—2030 年)》等；另外，还有一些相关研究文献，主要是不同学者或机构针对全国或不同地区有关农民或农民工迁居意愿的调查，通过搜集阅读此类文献，对其进行整理归纳对比。

| 第二章 |

理论基础与研究进展

本章围绕研究主题，重点对人口流动、人口城镇化以及尺度三个方面的相关理论和研究进行总结和回顾。通过回顾人口流动与人口城镇化的相关研究，试图寻找人口流动与城镇化研究的结合点，分析人口流动集聚特征、动力机制与城镇化发展路径等；同时对尺度理论以及其他学科有关多尺度的研究进行总结，最终为架构基于人口流动视角下的多尺度城镇化分析框架提供理论基础和实证经验。

第一节　人口流动的主要理论与相关研究

一、人口流动的相关概念

（一）人口迁移与人口流动

人口迁移是国际通用概念，往往从迁移的时间、空间、目的等方面进行界定（段成荣、杨舸、马学阳，2011）。例如，美国人口咨询局（2001）认为人口迁移是人们为了永久或半永久定居的目的，越过一定边界的地理移动；联合国国际人口学会编著的《人口学词典》（1992）认为人口迁移是指人口在两个地区之间的地理流动或者空间流动，这种流动会涉及永久性居住地由迁出地到迁入地的变化，是一种永久性迁移；《中国大百科全书·地理学》（1990）也认为人口迁移的含义是指一定时期内人口在地区之间永久或半永久的居住地的变动。

在中国，由于户籍制度的存在，则把人口的跨地区移动与户籍是否变更相结合，进一步分为人口迁移和人口流动两种形式（段成荣、孙玉晶，2006）。公安统计的迁移人口是指跨越市县伴随户籍变动的人口（李玲，

2001），强调空间变动和户籍变更两个方面（杨雪，2004）。与此相对应，改变了居住地，但户口登记地没有相应变更的人口移动则被视为人口流动（段成荣、孙玉晶，2006；张展新、杨思思，2013）。国际上为了区分这两个概念，多通过对偶概念来进行区分，例如，永久迁移/临时迁移、户籍迁移/非户籍迁移等（Fan，2001），前者对应人口迁移、后者对应未发生户籍变更的人口流动。

其实，一些研究并不对人口迁移和人口流动作详细区分，他们所指的"人口迁移"主要是按照其本质属性来理解，既包括涉及户籍变动的迁移，也包括不涉及户籍变动的迁移，而且与人口流动相等同（李通屏，2014）。在本书中，并未对人口迁移和人口流动两词的使用作详细区分，其含义相等同，主要指居住地发生变动，但户籍登记地未相应变更的人口移动；但在一些地方，特别是对以往文献的总结回顾当中，人口迁移和人口流动主要遵循了原文的使用。

（二）迁移人口与流动人口

人口迁移所对应的移动人口称之为迁移人口，人口流动所对应的移动人口称之为流动人口。户籍是否变更也是迁移人口和流动人口的重要划分标志，迁移人口伴随着户籍的变动，流动人口则没有户籍变动（张展新、杨思思，2013），因而流动人口成为一种中国所特有的迁移人口。但流动人口作为国内学者普遍使用的概念，其含义并不统一，其中迁移时间长短和跨越空间范围大小是主要分歧。盛朗（1992）对流动人口的定义就没有强调时间长短，认为流动人口是不改变户口关系，离开户籍所在地，跨地域活动的人口；而桂世勋（1992）对流动人口的定义则是离开常住户籍所在地，跨越一定的辖区范围，在异地居住一天以上的人口；按照国家《户口登记条例》，公民在常住地市、县范围以外的城市暂住 3 天以上时，应该申报暂住登记，统计为流动人口（段成荣，1999）。目前，对流动人口的定义主要依据国家人口普查的统计口径，但每次人口普查的统计口径也都发生了一些变化（表 2-1）。

表 2 - 1　　　　　　　　　人口普查对流动人口的界定标准

人口普查	时间（年）	流动人口的统计标准	
		空间范围	时间长短
第三次人口普查	1982	跨越县（市、区）	1 年以上
第四次人口普查	1990	跨越县（市、区）	1 年以上
第五次人口普查	2000	跨越乡（镇、街道）	半年以上
第六次人口普查	2010	跨越乡（镇、街道）	半年以上

　　资料来源：根据段成荣、孙玉晶（2006）和张展新、杨思思（2013）以及国家人口普查统计资料等整理。

　　第三次人口普查和第四次人口普查统计的流动人口是指在空间上跨越了县（市、区）的范围、在时间上离开户口所在县（市、区）1 年以上，同时没有发生相应户口变动的人口。1995 年的 1% 人口抽样，改变了以往普查数据不能反映"县内"和"1 年以内"流动人口的情况，将流动人口统计标准调整为跨乡（镇、街道）、离开户口所在县（市、区）半年以上。2000 年第五次人口普查延续了 1995 年流动人口的界定标准，并进一步将城市市区内部的人户分离人口从流动人口中区分出来。事实上，由于人户分离人口与一般意义上的流动人口存在很大差别，有必要将二者分开，在研究中也不应将其同一般的流动人口相对待（段成荣、孙玉晶，2006）。2010 年第六次人口普查与第五次人口普查流动人口的统计口径相一致，所以 2010 年时流动人口的划分也可以有两种口径：第一种为居住地与户口登记地所在乡镇街道不一致、且离开户口登记地半年以上的人户分离人口；第二种则是在第一口径中减去市辖区内的人户分离人口（张展新、杨思思，2013）。按前者统计，全国共有流动人口 2.61 亿人；按后者统计流动人口为 2.21 亿人，市辖区内人户分离人口约 4000 万人。

　　由于目前流动人口的统计以乡镇街道为基础，所以依据跨越空间范围的不同，可以进一步划分出省际流动人口、省内跨县（市区）流动人口和县内（跨乡镇街道）流动人口（见图 2 - 1）。三种类型的流动人口构成了本书的主要研究对象。

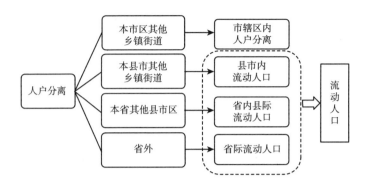

图 2-1 依据流动范围划分的流动人口类型

（三）农民工

农民工是中国社会经济转型过程中特殊的社会群体，与中国城乡划分的二元户籍制度密切相关。邓保国、傅晓（2006）认为在1991年以前并没有农民工的说法，一般称到城市就业的农民为"临时工""轮换工"等，而农民工最早出现在1991年7月国务院发布的《全民所有制企业招用农民合同制工人的规定》中，农民工即农民合同制工人。此后，农民工的概念被广泛引用。当前国家统计局对农民工的定义是指从农业转移出来的农村户籍劳动者，包括在本乡镇从事非农工作的本地农民工和在本乡镇以外务工经商的外出农民工，统计时间为6个月以上。可见，随着人口流动性的增强和国家人口流动政策的调整，农民工的内涵逐渐被扩大，从最初的离土不离乡到现在既包括本地农民工也包括外出农民工。总体来看，农民工是指具有农村户籍、但从事非农产业的人口。

按国家统计口径，农民工与流动人口存在一定区别。首先，流动人口的形成与户籍管理制度下的人户分离有关，而农民工的出现则主要源于城乡二元户籍制度。其次，本地农民工主要在本乡镇街道从事非农工作，不涉及跨乡镇街道的空间移动，因此不能被统计为流动人口；而外出农民工则只是流动人口的一部分，因为流动人口中还包括了城镇居民。值得注意的是，2010年全国农民工总量为2.42亿人，其中本地农民工和外出农民工分别为0.89亿人和1.53亿人，各占36.7%和63.3%①。相比较而言，两者对于推进以农

---

① 国家统计局.2011中国发展报告〔R〕.北京：中国统计出版社，2011：99-105.

民工市民化为重要内容的新型城镇化的影响是不完全相同的，然而这往往并没有引起学者足够重视，对于二者笼统对待。本地农民工可能只是"白天在当地镇上务工、晚上回农村睡觉"，他们仍然与农村保持着较为密切的联系，未来发展的重点主要是促进其转移到城镇定居；而外出农民工则可能已经离开农村或举家迁移至城市，他们所面临的问题更多的是如何融入流入地。

理论上讲，农民工的概念涉及城乡分割的制度安排和城乡二元经济结构的转变，农民工的流动和融入对于城镇化研究具有更重要的意义。但由于当前统计数据的限制，不能够充分展开分析，而人口普查数据提供了较完整的流动人口数据，便于更加全面地分析人口流动集聚态势，所以本研究的重点依然为流动人口。依据流动人口的户籍身份和流入地的城乡属性，流动人口可以划分为乡—城流动人口、乡—乡流动人口、城—城流动人口和城—乡流动人口四种类型（马小红、段成荣、郭静，2014）。乡—城流动人口主要是农民工，从本书的研究主题出发，也更能反映城镇化的人口集聚特征，理论上讲应该是本书的主要研究对象，但由于数据限制，使笔者很难把乡—城流动人口从全部流动人口中单独分离出来。不过，乡—城流动人口占了流动人口的绝大多数（马小红、段成荣、郭静，2014），乡—城流动人口的集聚格局很大程度上主导了整体流动人口的集聚格局，换句话说，通过分析整体流动人口的集聚特征很大程度上可以揭示乡—城流动人口的集聚特征。综上所述，本书在研究城镇化的人口集聚特征时，最终选取了全部的流动人口作为分析对象。

二、人口流动的主要理论

人口迁移是人文社会科学的一个经典话题，自1885年拉文斯坦对人口迁移规律进行系统性总结以来（Ravenstein，1885），国外学者对人口流动开展了大量研究，形成了诸多经典理论。国内学者也从不同视角对人口迁移流动的相关理论作了回顾（曹向昀，1995；姚华松、许学强，2008；高岩辉、刘科伟、张晓露，2008）。有别于以往的文献总结，此处主要从宏观、中观、微观三个不同层面对相关理论进行总结，进而提炼出多层次的人口迁移理论框架。

（一）宏观层面：地区结构因素

宏观层次的迁移理论主要是试图从经济、环境等社会结构的视角解释人们为什么从农村流向城市、从不发达地区流向发达地区（Massey，1990），同时对于人口流动的宏观规律进行总结，主要包括：二元结构理论、推拉理论和流动率转型理论。

1. 二元结构理论

发展经济学家刘易斯在假设劳动力无限供给的情况下，提出了两部门模型，认为在发展中国家或地区经济结构中，同时存在着传统落后的农业部门与现代发达的城市工业部门，由于两部门劳动生产率与劳动边际收益率存在差异引起农业剩余劳动力的产业间流动（Lewis，1954）。把上述理论延伸，人口区际流动就可看作是由劳动力供需的空间差异所引起的（Massey et al，1993）。具有劳动力丰富的地区工资水平较低，而资本较丰富的地区工资水平较高，由此导致低收入地区的劳动力流向高收入地区（McGee，1971）。拉尼斯和费景汉注意到刘易斯的模型忽略了农业在促进工业增长中的作用，进一步拓展了刘易斯模型，明确提出了二元结构理论，并区分了经济发展的三个阶段（Ranis and Fei，1961；姚洋，2013），形成了刘易斯—费—拉尼斯模式。二元经济模型对于发展中国家乡城人口流动的研究具有重要影响。

2. 推拉理论

赫伯尔对引发德国农民乡城迁移的原因进行研究，认为乡城迁移是由农村推力和城市拉力两种力量共同作用的结果（Heberle，1938）。伯格进一步分析了推力和拉力对迁移的影响，认为流入地的拉力较流出地的推力对于迁移行为发生的作用更大。工业革命使城市工商业兴起，为外来移民提供了大量就业机会，还有较高的生活水平和生活质量，更好的文化和教育机会等都构成了吸引人口迁入的拉力；而农业机器的使用、农村人口增长、人均耕地减少、环境恶化、受教育机会和发展前景受到限制等构成了人口外出的推力（李竞能，1992）。李对推拉模式进行了丰富和完善，指出迁移行为受到迁入地因素、迁出地因素、中间障碍以及个人因素的影响（Lee，1966），如图2-2所示。整体来看，推拉理论并不能算一个完整的理论，其更多的是对人口迁移行为影响因素的综合分析，没有给出具体的发生机制解释（Hagen-Zanker，2008）。其虽然缺乏经济学的理论基础，但能较好地反映中国农村人口向沿海城镇迁移的原因（许学强、周一星、宁越敏，2009）。

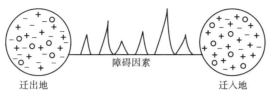

迁出地　　　　　　　　　　　　　　　　　　迁入地

＋吸引因素　o中性因素　－排斥因素

图2－2　人口迁移的推拉因素

资料来源：李（Lee，1966）。

3. 流动率转型理论

泽林斯基从历史和地理相结合的时空视角，结合西方国家的发展过程，通过结合人口转变理论、人口迁移理论及现代化理论，提出了流动率转型理论（Zelinsky，1971），其将人类迁移活动划分为5个阶段。第一阶段是现代化前的传统社会时期，人口出生率和死亡率都较高，较低的人口增长或减少，此时真正的人口迁移较少，只有一些较少的循环迁移，如宗教、社交、贸易等；第二阶段是社会转型初期，出生率有所上升、死亡率快速下降，人口规模开始扩大，此时大量的农村人口开始向城市和未开发地区转移，同时循环迁移也开始显著增加；第三阶段是社会转型后期，出生率和死亡率都大幅下降并相对平稳，人口自然增长显著下降，此时从农村到城市的乡城迁移速度放缓、但数量仍在增加，同时从农村到未开发地区的开拓式迁移放缓，循环流动仍进一步增加；第四阶段是发达社会时期，出生率和死亡率都维持在较低水平，仅有适度的自然增长，此时城市之间和城市内部的人口迁移超越乡城迁移，开拓式迁移趋于停滞，以经济或休闲为目的的多样性循环流动显著增加；第五阶段是未来超发达社会时期，主要是城市间或城市内部的人口迁移，迁移数量可能会有所下降（见图2－3）。流动率转型理论虽然是基于西方发达国家的历史经验所得出，未必完全适用于中国的情况，但其提出的多个发展阶段则为预测和考察中国的乡城迁移以及从小城镇到大城市的迁移等提供了较好的理论基础，有助于考察中国城镇化进程中的人口流动过程和规律。

（二）微观层面：个体理性决策与个体行为特征

宏观视角的迁移理论很好地解释了人们为什么跨地区迁移，但是对于同

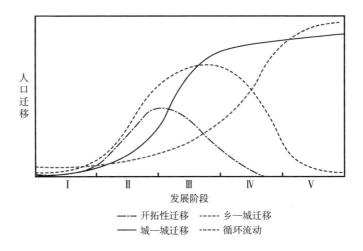

图 2 - 3　现代化不同阶段的人口流动模式

资料来源：根据泽林斯基（Zelinsky, 1971）改绘。

一地区的不同个体具有不同的迁移行为（一些个体选择了迁移、另外一些并没有选择迁移）却不能很好地解释。而微观层次的迁移理论，则主要是从个体自身的人口、经济、社会特征等来研究人类的迁移行为，研究的重点是微观的个体。

1. 人力资本理论

人力资本理论认为，在经济发展过程中，个体和家庭需要不断迁移以满足不断变化的就业机会的需要，迁移被视作同身体状况、工作培训、教育水平等一样的人力资本投资形式（Schultz, 1961）。迁移作为一种投资，在个体做出决策时就需要考虑投资的成本和收益，斯加思塔详细概括了迁移过程中货币的和非货币的成本与收益，认为只有当迁移收益大于迁移成本时，迁移才会发生（Sjaastad, 1962；Byerlee, 1974）。梅西进一步概括了迁移的成本—收益模型，认为迁移受到目的地的就业概率、迁出地的就业概率、在目的地的收入、迁出地的收入以及包括心理成本在内的总体迁移成本等因素的影响（Massey, 1990）。

2. 预期收入理论

托达罗（1969，1970）观察到从土地剩余、劳动力剩余到资本剩余的广大发展中国家的城市都普遍存在着失业或就业不充分的现象，但农村向城市迁移的人口数量却依然在不断增长。他认为刘易斯忽略了对城市失业的关注，认为引起迁移行为的不是城市和农村的实际工资差异，而是个体对城乡预期收入差异做出的反应。换句话说，即使城市存在大量失业人口，只要城市预期收入高于农村，农村人口也会向城市流动。他同时认为农民向城市迁移的过程不是一步到位的，来自农村的移民首先在城市传统部门就业一段时间之后，再到更加长期稳定的现代城市部门工作（曹向昀，1995）。托达罗模型较好地解释了一些发展中国家为什么会产生过度城市化的现象（周一星、许学强、宁越敏，2009）。

3. 行为理论

新古典经济学理论将迁移者看作是无差别的理性个体，将迁移过程看作是迁移决策者对迁移成本与收益理性比较的结果，其经济人假设受到批判。李认为迁移决策从来就不完全是理性的，对于一些迁移者而言，非理性因素要多于理性因素，感情、智力以及偶然事件都会对迁移决策产生影响，同时还有一些人并不能自己做出迁移决策，例如，儿童只能跟随父母迁移。行为学派也认为迁移过程中基于经济行为决策的理论存在不完整性，忽略了迁移过程中对个体迁移动机和个体特征等非经济因素的考虑（Lee，1966）。沃尔珀特认为个体迁移前有一个预期的效用门槛（threshold），迁移决策前会对地方效用（place utility）进行评估：包括了基于过去和未来回报的迁出地效用和预期回报的迁入地效用，然后将两者与预期效应进行对比决定是否迁移（Wolpert，1965）。由于个体的知识和信息搜集能力的差异及有限性、生命周期和个体特征的影响，使该评估不一定是完全理性的。德容与福塞特借鉴心理学理论构建了人口迁移的"价值—期望"（Value – Expectations，V – E）模型，认为迁移意愿取决于迁移的目标和对这些目标的期望值的乘积，而迁移目标除了经济因素外，还有个体地位、舒适、激励、自治、归属、道德行为等非经济的目标（De Jong and Fawcett，1981）。总体来看，行为学派的模型在某种程度上仍然是在"成本—收益"模型的分析框架之下，与人力资本理论相比可能只是改变了一些专业术语，但是更加难以运用模型进行分析（Hagen – Zanker，2008）。

（三）中观层面：家庭决策与社会网络

尽管新古典经济学的"成本—收益"模型广泛应用于人口迁移研究之中，但其有关个体独立做出迁移决策的假设却受到了批评，虽然在后来的模型中逐步考虑了家庭成员和生命周期等变量的影响，但其分析的单位仍然是个体（Massey，1990）。经典的人口迁移模型忽略了家庭在个体迁移决策过程中所起的作用，家庭作为个体迁移决策的背景，是连接个体和社会的桥梁。家庭的人口结构（家庭规模、家庭成员的年龄结构、性别特征、家庭生命周期）、社会结构（家庭类型、社会网络）都会对个体迁移决策产生影响（De Jong and Fawcett，1981）。

1. 新迁移经济学

家庭对人口迁移决策具有重要影响，在发展中国家的乡村地区，迁移行为已经成为家庭经济策略的一部分。影响迁移行为发生的是家庭净收益而不是个人净收益，如果其中的一个家庭成员在迁入地找到一个好的工作，只有这一个家庭成员的净收益大于其他家庭成员迁移的损失时，迁移行为才会发生，因此，迁移行为的发生是家庭成员集体决策的结果（Mincer，1978；Hagen‒Zanker，2008）。1980 年代以来，以斯塔克为代表的一些学者进一步分析了家庭经济策略对迁移行为的影响，形成了新迁移经济学理论（Stark and Bloom，1985；Taylor，1999）。新迁移经济理论强调家庭作为决策主体的重要性，根据家庭预期收入最大化和风险最小化的原则，决定家庭成员的外出或迁移。新迁移经济理论认为通过三个效应影响家庭的迁移决策。一是"风险转移"：家庭为了规避生产风险，使收入来源多元化，会使部分家庭成员转移到外地劳动力市场，减少对当地传统的或单一收入来源的依赖。二是"经济约束"：许多家庭面临资金约束和制度供给的短缺，如缺少农作物保险、失业保险、信贷支持等。为了突破这些制约，家庭会派部分成员外出，以获得必要的资金和技术。三是"相对剥夺"：迁移行为不仅受两地"绝对收入"差距的影响，而且会受与本社区其他群体比较之后产生的"相对失落感"的影响，进而做出迁移决策（Stark，1984；Stark and Taylor，1991）。受儒家思想影响，中国传统的家庭观念比较强，迁移行为往往与家庭利益相联系，因此很多学者认为新迁移经济理论对研究中国农民外出务工及乡城迁移具有很好的适用性和借鉴意义（杨云彦、石智雷，2008；Fan，2008）。

2. 社会网络理论

该理论也被称为社会资本理论，强调社会资本在人口迁移过程中的作用。迁移网络包括了一系列的人际联系，通过亲属关系、朋友关系以及老乡关系等纽带，连接起迁出地和迁入地间的早期迁移者和未迁移者等。还未迁移的个体通过接受前期迁移者的帮助，降低了未来迁移的成本和风险，增加了未迁移个体的预期回报，从而有助于其发生迁移行为。迁移网络形成后，随着时间的推移，网络会进一步扩大，由于路径依赖的作用，将会促进当地更多的人口迁移（Massey et al，1993）。很多实证研究证实了移民的乘数效应，每一个移民都会存在很大的潜在移民群，会促进家庭成员等群体的后续迁移（赵敏，1997；姚华松、许学强，2008）。在中国熟人社会背景下，农民外出务工更多的是通过基于乡缘、亲缘的社会关系网络获得相关务工信息（Fan，2008），因此社会网络理论对于中国的人口流动具有较好的解释力。

3. 累积因果理论

该理论不在于解释迁移的形成原因，而在于解释迁移形成后是如何不断维持的。这一理论以缪尔达尔的循环累积因果（cumulative causation）理论为基础，考虑到随着时间变化，迁移存在一种不断重复加强的趋势。最初的迁移者通过改变当地环境，会进一步促进新的迁移形成（Massey，1990；Massey et al，1993）。对当地环境循环积累的影响，主要包括了对当地收入分配、土地分配、农业生产方式、当地文化、人力资本分布以及工作社会意义等方面的影响（Massey et al，1993；Massey，1990）。该理论加入了时间分析的视角，为研究人口迁移行为提供了很好的思路，对于分析人口流动对农村发展产生的影响也具有很好的借鉴价值。

（四）多层视角：多种理论的综合与交互

前面各种理论从不同视角对人口迁移问题进行了分析，然而各种理论都有其局限性或不足之处，人口流动现象复杂，不是某一个理论能完全解释的。为了更好地解释迁移行为，有必要融合经典的迁移理论，从多层次的视角加以分析。正如梅西所言，为了能够完全解释迁移行为，需要能够连接宏观社会结构和微观个体、家庭决策的数据和理论（Massey，1990）。

社会结构往往存在等级嵌套性，例如，个体镶嵌（nest）在家庭中、家庭镶嵌在社区或村庄中、社区镶嵌在城市或特定区域中（Yang and Guo，1999）。按照新迁移经济学观点，个体迁移行为是家庭策略的一部分，显然个体迁移行为会受家庭因素的影响；同时，个体和家庭作为社区/村庄一分子，其决策也不可避免地会受到当地社会经济条件和文化因素的影响（Massey，1990；盛来运，2007）。多层次的理论视角强调了迁移决策是个体、家庭和社区环境等不同层面要素共同作用的结果（Lee，1966），其不仅强调单一层次要素的独立作用（independent effect），同时强调不同层次间的相互作用（interactive effect）（见图2-4）。不同层次要素之间的相互影响突出表现为跨层交互作用，例如，家庭经济状况较差的家庭具有较高外出的可能性，但对于社会经济状况较差的地区来讲，其迁移可能性增加得更加明显（Findley，1987）；类似的，失业会增加个体迁移的可能性，但对于失业率较高的地区来讲，其迁移可能性增加得更加明显（DaVanzo，1983）。相反，个体和家庭的迁移行为也会对社区/村庄结构产生影响，例如，土地分配、粮食产量、收入格局等（Massey，1990），在中国表现最为明显的就是空心村的形成，以及农村住房的变化。近年来，随着多层统计模型技术的发展，为人口迁移多层理论模型的实证提供了技术手段。越来越多的学者在构建个体—家庭—社区的多层次理论或概念框架基础上，结合多层次统计模型对多个地区人口迁移的影响因素进行了研究（Yang and Guo，1999；Kulu and Billari，2004、2006；Chi and Voss，2005；Swain and Garasky，2007；Barbieri and Pan，2013）。

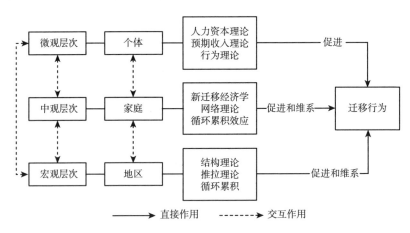

图2-4　人口迁移的多层次理论框架

三、人口流动格局与影响因素

改革开放以来，社会经济迅速发展，伴随着人口流动政策的放松，人口流动日趋活跃，人口迁移流动研究也日益受到学者广泛关注。自20世纪

80 年代初起，国内外人口学、社会学、经济学、地理学等不同学科的学者在借鉴国外相关理论基础上，结合中国实际，对中国的人口迁移流动进行了广泛研究。其中，仇为之于 1981 年发表的《对建国以来人口迁移的初步研究》被认为是国内第一篇对当代中国人口迁移问题进行研究的论文。由于数据限制，绝大部分的人口迁移流动研究都是依赖于人口普查数据和人口抽样调查数据，所以自 1990 年第四次人口普查数据公布以来，伴随着普查次数的增多和数据完善，人口迁移流动的相关研究也日益增多。这些研究，涉及迁移人口的社会经济特征、空间格局、迁移流向、影响因素以及对区域社会经济发展的影响等多个方面（李玲，2001；张文新、朱良，2004；Chan，2012）。当然，改革开放以来，随着全球化的快速推进，境外流动人口也在大城市大量出现，但本书仅关注国内人口流动。所以，结合著作研究内容，此处主要从国内人口迁移流动的格局与影响因素两个方面进行总结与评述。

（一）人口流动格局

1. *省际人口流动的研究最为广泛*

由于人口普查中省际人口迁移数据的完整性和易得性，使得省际人口迁移流动的相关研究在人口迁移流动的所有研究中占据较大比重。改革开放以来中国省际人口迁移的区域模式发生重大变化，省际人口迁移净迁出区和净迁入区与计划经济时期相比出现颠倒（张善余，1990）；由向人口稀疏地区进行开发性迁移转变为向稠密区的集聚性迁移，由自东向西转变成由西向东（杨云彦、陈金永，1993）；进入到 20 世纪 90 年代，西部一些地区对中部地区的迁移人口形成吸引优势，中部净迁出人口除主要迁向东部以外，也有少量迁向西部，新疆成为重要的吸引中心（王桂新，1996）。

1990 年，第四次人口普查开始将人口迁移项目列入其中，使很多学者得以对省际迁移进一步深入分析。通过分析 1985～1990 年和 1995～2000 年中国省际人口迁移的空间格局与流场特征，两者比较，发现省际迁移人口规模增长迅速，向东部集聚更加突出，辐散和辐合流场依然存在且范围和强度有所增大，而山东与东北的对流流场不复存在（丁金宏，1994；丁金宏等，2005；Fan，2005；Shen，2012）；对 2000～2005 年的省际人口迁移格局和流场特征进行分析，但总体变化不大（刘望保、汪丽娜、陈忠暖，2012）。

2010 年以来，省际迁移研究进入活跃期，众多学者依据最新发布的"六普"数据分析了省际迁移人口从哪来、到哪里去及其社会经济特征等（乔晓春、黄衍华，2013；刘晏伶、冯健，2014），发现省际流动人口依然具有明显的向东部沿海地区聚集的空间特点（雷光和等，2013）。

一些研究还通过运用多次人口普查数据，分析了改革开放以来省际人口迁移格局的变动。总体来看，南方省份的人口迁移较北方省份更活跃（Li et al，2014），华南与华东地区是人口迁移的主要目的地，华中与西南地区是人口迁移的主要流出地，人口流动主要方向为西→东、北→南，东北地区与西北地区人口迁移总量相对较少（闫庆武、黄园园、蒋龙，2015）。省际人口迁移重心自北向南位移较大，东西位移变化较小。随着改革开放的不断深入，中国省际人口迁移区域模式发生转变，省际人口迁移的东西流向没有明显变化，但东西流向的迁移主流由北向南摆动（王桂新、徐丽，2010）。人口迁出和迁入都呈集中趋势，人口迁出呈"多极化"，迁入则更加集中（王桂新、潘泽瀚、陆燕秋，2012）。

2. 重点区域的人口流动引起关注

东部沿海的城市群和大城市是流动人口的重要集聚地，也成为省际人口流动研究的重点区域之一。很多学者对外来人口在城市的分布特征进行了研究（Wu，2008；Liao and Wong，2015；Lin and Gaubatz，2015），发现外来人口的集聚促进了城市群的发育演化和大城市的快速发展，特别是长三角、珠三角、京津冀等城市群以及北上广等大城市，外来人口成为三大城市群人口增长和城市化水平提升的重要因素（毛新雅，2014），也促进了上海和广州等城市的郊区化发展（刘望保、陈再齐，2014），延缓了这些地区的老龄化进程（李玲，2002）。王桂新、董春（2006）对长三角 1990 年代后期人口迁移特征进行研究，发现长三角以外的省区对迁入城市的选择比较集中，上海、宁波、苏州、杭州和泰州位居前五位；而长三角内部的城市发展不平衡，人口向省市首府集中的趋势明显（段学军、王书国、陈雯，2008）。与珠三角地区对外来人口几乎完全表现为经济吸引力相比，长三角则表现出较强的社会吸引力（王桂新、刘建波，2007）。

3. 省内人口流动的研究相对较少

尽管省际流动仍是十分重要的人口流动模式，但省内流动规模较大且增长迅速，人口从长距离迁移向本区域和省内流动转变成为未来人口流动的重要趋势（刘玉，2008；李晓江等，2014；刘涛、齐元静、曹广忠，2015）。不过与省际人口流动的研究相比，省内人口流动的研究则明显较少。总体来看，省内流动人口的规模由东向西递减，具有向省会城市集中的特点，且在省内分布较为分散（王国霞、秦志琴、程丽琳，2012；张耀军、岑俏，2014）。一些研究针对具体省份进行了分析，秦志琴（2015）发现山西省迁移人口规模具有明显地域差异，空间分布上呈现"核心—外围"结构；张苏北等（2013）对安徽省 2007～2010 年地级市人口迁移的空间特征进行分析，发现合肥、马芜铜以及两淮是重要的迁入地；田盼盼（2014）通过对比福建省省内流动人口和省际流动人口的空间集聚特征，发现二者差异显著，省内流动人口分布较均衡，而省外流动人口分布较分散。

（二）人口流动的影响因素

进入 20 世纪 90 年代以来，国内外学者结合中国的特有国情，在借鉴人口迁移相关理论的基础上，对中国人口流动的机制进行分析，包括省际迁移、省内迁移以及乡城迁移等不同方面，研究的地理单元涉及省、地级市、县等不同尺度。

首先，政策因素在中国人口迁移流动中具有重要作用。政府干预很大程度上决定了改革开放前人口迁移的基本格局（Liang and White，1996）。改革开放后，体制转轨的制度背景，从宏观上外生地决定了农民的就业空间和容量（周其仁，1997）。1978 年以来的农村改革，使农村隐性剩余劳动力逐步显现，而且使粮食和其他农产品产量快速增长，促进了城市票证供应制度的取消，使农村劳动力向城市流动成为可能。家庭联产承包制的建立、人民公社体制的废除、城市户籍制度和人口流动政策的松动，使农民摆脱了制度的束缚，成为相对自由的劳动力；农村乡镇企业的兴起和城市发展建设，创造了大量就业岗位，为农民进城务工提供了条件；全球化进程的加快，使外资大量集中于东部沿海地区，劳动密集型产业的发展促进了对劳动力的需求，而区域发展的不平衡和城乡收入差距的扩大，对劳动力流动形成了推拉力，使农民从农村向城市转移的同时也表现为从内地向沿海地区流动（宁越敏，1997；段成荣、杨舸、马学阳，2012）。然而，农民在向城镇转移过程中，尽管户籍制度在不断改革（Chan and Buckingham，2008；Chan，2009），但其仍具有重要的阻碍作用，使农民不能够与本地居民享受同等的公共服务，进而形成了半城市化现象（王春光，2006）。

随着20世纪80年代以来人口流动控制的放松，制度因素的作用在逐步减弱，而社会经济因素及其区域差异对于人口流动的作用越来越突出（Shen，2013），且流入地的拉力比流出地的推力更加重要（Shen，2012）。以往研究很好地揭示了省际人口流动的影响因素，总体来看，主要包括社会因素、经济因素、空间因素等方面。具体来看，两地之间较长的迁移距离阻碍了人口跨省流动（Cai and Wang，2003；严善平，2007），而两地之间已经建立的社会网络和已有的迁移存量则有助于人口跨省流动（Chan，Liu and Yang，1999；Shen，1999；Fan，2005；严善平，2007）。在经济发展方面，迁入地的经济发展水平、第三产业、外商直接投资、城镇居民消费水平、职工平均工资以及较低的失业率等对于吸引外来人口具有显著作用（Cai and Wang，2003；王化波、Fan，2009；王桂新、潘泽瀚、陆燕秋，2012；夏怡然、苏锦红、黄伟，2015）；而迁出地较高的失业率、较低的城镇居民收入等对迁出地人口外流具有推动作用（刘晏伶、冯健，2014；王秀芝，2014）。近年来，除了考察经济因素，还发现城市公共服务能力是吸引外来人口的重要因素（李拓、李斌，2015）；与基本建设支出相比，文教、卫生和社会保障支出对人口迁移的影响也更大（张丽、吕康银、王文静，2011）。以上发现多是基于对迁入地和迁出地属性数据的分析得到的，而人口流动不仅考虑到迁入地和迁出地本身的属性，而且两地之间变量的差异也是影响人口流动的重要因素（刘法建、张捷、陈冬冬，2010；Liu et al，2014）。基于此，一些学者也将迁入地和迁出地两地的变量差异作为自变量，来分析省际人口流动的机制（段成荣，2001；严善平，2007；Fan，2005），发现地区经济差距、就业机会差距是省际人口流动的重要因素。

省内迁移不同于省际迁移，通过省际迁移研究得出的一些研究结论在省内迁移中不一定适用。为此，一些学者也开始对省内迁移的机制进行研究，并与省际迁移相比较。王国霞（2008）发现省内转移与省际转移的驱动机制并不完全相同，第三产业从业人员比重、迁移距离、外商投资、移民存量和固定资产投资是影响人口跨省转移的重要因素；移民存量、城乡收入比、城镇收入指数、人均固定资产投资以及外商投资等是省内转移的主要因素。张耀军、岑俏（2014）基于全国地级市的研究也发现影响省内和省外人口流入的因素同中有异，第三产业和职工工资对于两种流动人口都具有显著影响，社会公共资源主要对省内流动人口集聚影响较为显著，而就业率和城镇化率对省外流动人口集聚影响较为突出。对具体省份的研究，田盼盼（2014）发现福建省省外流动人口的分布受经济因素的影响较为突出，而省内流动人口的分布除经济收入外，医疗、教育、生活条件等也具有重要影响；安徽省省内人口流动空间选择体现为省会、邻近区域和高工资区域优先的特征（郭永昌，2012），劳动力三次产业分布、城镇从业人员比重以及城市公园数量是安徽省省内人口迁移的重要"推—拉"因子（张苏北等，2013），较高的少儿抚养比和较大的城乡收入差距加剧了安徽省落后地区人口的异地城镇化，不利于人口本地城镇化（汪增洋、费金金，2014）；河南省内流动人口空间分布受到产业布局、经济发展水平、交通条件及开发政策等影响（黄向球等，2014）；杨风（2014）发现影响山东省人口迁移流动的因素主要包括户籍管理政策、区域经济差异、城乡收入差异以及城乡基本公共服务差异等方面。

四、农民城镇化意愿与影响机制

伴随着乡城迁移规模的增加，越来越多的研究开始基于微观人口普查数据或抽样调查数据，对个体迁移定居意愿进行研究。由于户籍制度限制，从农民向市民一步到位的转变过程被中断（王桂新、沈建法、刘建波，2008），从而使中国的城镇化表现出"农民→农民工→新市民→市民"的多阶段特征（冷向明、赵德兴，2013）。为此，相关研究，一方面，通过对在城市务工的农民工进行问卷调查、访谈等，研究了城市农民工的社会融入、定居城市和返乡意愿及主要影响因素（蔡禾、王进，2007；Zhu and Chen，2010；Fan，2011；汪明峰、程红、宁越敏，2015），同时新生代农民工群体也引起重视（李志刚、刘晔，2011；Yue et al，2010；Zhu and Lin，2014）；另一方面，通过对居住在农村的农民或返乡农民工进行调研，考察了农民进城定居的意愿（蒋乃华、封进，2002；吴秀敏、林坚、刘万利，2005；李君、李小建，2008；王华、彭华，2009；朱琳、刘彦随，2012；卫龙宝、储德平、伍骏骞，2014；王利伟、冯长春、许顺才，2014）。农民作为城镇化的微观主体（卫龙宝等，2003），是潜在的流动人口，其是否愿意定居城镇，将是决定中国新型城镇化能否顺利推进的关键因素，对于新型城镇化发展具有重要意义。此处，重点总结有关农民进城定居意愿及影响因素的相关研究。

（一）农民的进城意愿

当前有关农民进城意愿的研究，主要以一个县或多个县为调查区域，具体涉及浙江、江苏、河南、四川、安徽、重庆等不同地区（周春芳，2012；朱琳、刘彦随，2012；王友华、吴玉锋、郑美雁，2013；彭长生，2013；卫龙宝、储德平、伍骏骞，2014）。由于问卷调查地点、调查时间、问题设计的差异性，使有关农民进城定居意愿的调查结果差别较大（见表2-2），例如，王友华、吴玉锋、郑美雁（2013）对四川和重庆843位农民进行调查，发现被调查的农民中仅有16%打算未来5年进城定居；而朱琳、刘彦随（2012）对河南省郸城县的169位农民调查，打算进城定居农民的比重则高达76.3%。一些研究还进一步基于全国性的问卷数据，对农民到何种规模城市定居进行了研究（刘同山、孔祥智，2014；李婉、孙斌栋，2015）。

表2-2 农民进城定居意愿的相关调查总结

作者	调查区域	调查年份（年）	数量（人）	进城意愿（%）
周春芳（2012）	常州、无锡、苏州	2010	1571	58.00
朱琳、刘彦随（2012）	郸城县	2010	169	76.30
王友华、吴玉锋、郑美雁（2013）	四川、重庆	2012	843	16.00
彭长生（2013）	安徽6县	2012	1413	52.02
黄振华、万丹（2013）	全国30个省	2013	4980	39.06
卫龙宝、储德平、伍骏骞（2014）	浙江	—	698	53.30

（二）农民进城定居的影响因素

中国农民进城意愿既受宏观经济和制度因素的影响，又和转移者个人特征和社会文化密切相关（程明望、史清华、徐剑侠，2006）。宏观社会经济体制转轨以及相关政策因素的影响，已在前文提及。相关研究通过对农民、农民家庭及其所在村庄/社区进行问卷调研，发现农民的迁移决策取决于农民对内在自身因素及其所处外部环境因素的综合判断（王华、彭华，2009），涉及农民个人因素、家庭因素、社区环境因素等不同层面（朱琳、刘彦随，2012；卫龙宝、储德平、伍骏骞，2014）。

在个体层面，农民年龄、受教育程度、迁移经历等人力资本条件对迁移决策具有重要影响。在有关中国乡城迁移的大量实证研究中发现：随着年龄的增加迁移率降低，农民迁移外出和定居城镇的意愿减弱；年龄越大越倾向于近距离流动，年龄越小则越倾向于远距离流动（Zhao，1999；Fan，2011；Zhu and Chen，2010；李强，2003）；新生代农民工比老一代农民工具有更高的迁移定居意愿（Yue et al，2010）；相较于40岁以上的农民工，40岁以下的农民工选择省会城市及直辖市的概率大大超过选择其他城市类型的概率（夏怡然，2010）。受教育程度对农民迁居意愿的影响不是十分统一，卫龙宝等（2003）发现教育水平对农民迁移决策的影响并不大；吴秀敏、林坚、刘万利（2005）发现高中文化程度的农民其迁移意愿弱，而具有小学和初中文化程度的农民其迁移意愿比较强；但大多数研究都认为随着教育程度的提高农民进城定居的意愿越强（Zhao，1999；赵耀辉，1997；蒋乃华、封进，2002；李强，2003；卫龙宝、储德平、伍骏骞，2014；朱琳、刘彦随，2012）。农民通过外出务工，不仅能够开阔视野和提高劳动素质，同时也有助于其积累城市生活经验和物质基础（张永丽、黄祖辉，2008），并建立起自己的社会网络，为农民定居城市提供便利（Fan，2008）。农民外出打工时间越长越愿意放弃土地（蔡禾、王进，2007），在外打工时间增加1年，农民工愿意成为城市居民的概率会增加0.6%（李强、龙文进，2009）。

在家庭层面，家庭人口结构、物质资本、经济状况以及社会资本等对农民进城定居具有重要影响。在人口结构中，很多研究都关注了家中老人和学龄儿童数量对农民进城定居意愿的影响。家中有需要赡养的老人会使农民工倾向于返回老家、降低农民工留在城市的概率（李强、龙文进，2009）。学龄儿童数量的影响存在一定争议，卫龙宝、储德平、伍骏骞（2014）认为家庭在读学生数越多，迁移成本越高，迁居城镇的倾向越小；而大多数研究则认为城乡基本公共服务的差距，使优质教育资源多集中于城市，家长为了让子女能够接受优质教育，往往倾向于选择定居城镇，即家庭学龄儿童越多，农民越倾向于定居城镇（朱琳、刘彦随，2012；王华、彭华，2009；吴秀敏、林坚、刘万利，2005）。在家庭经济状况方面，卫龙宝、储德平、伍骏骞（2014）认为家庭总收入越高，其支付迁移成本能力越强，迁移倾向就越明显；但是，朱琳、刘彦随（2012）则发现家庭经济水平对农民进城落户意愿的影响呈倒"U"型规律，认为农户家庭经济水平较低无法承受城镇较高的生活成本，而具有较高生活水平的农户在当地拥有较高的收入和较高的地位，不愿意定居城镇。家庭物质资本的多寡也会影响农民的迁移意愿，土地和住房是农村家庭的重要物质资本，家庭较多的物质资本加强了农民家庭与乡村的联系，降低了农民进城定居的意愿（吴秀敏、林坚、刘万利，2005；张翼，2011）。推进土地流转，一方面可以使农民获得一定收入，同时也降低了农民家庭与乡村的联系，因此土地流转会促进农民进城定居；在家庭社会网络方面，家庭通过城市亲属关系构建的城市社会网络会促进其他家庭成员向城市迁移（MacDonald and MacDonald，1964；Harbison，1981），实证研究发现外出务工的家庭成员数量越多，农民进城定居的可能性越高（朱琳、刘彦随，2012）。

在地区层面，城乡收入差距依然是中国农村劳动力流动的主要动力（卫龙宝等，2003），农村推力和城市拉力的"推拉模式"总体上可以很好地解释中国人口乡城迁移流动的原因。但是，不同经济发展阶段地区的农户，其进城意愿存在差异（蒋乃华、封进，2002）。对于一些发达地区的农民，其居住条件有了较大改善，同时以"离土不离乡"的形式从事非农产业获得了较高收入，而且伴随着农村土地、计生等各方面的政策优惠以及农村土地价格的日渐上升，使得城镇化发展的农村推力不足（王桂新等，2002；张翼，2011），形成了明显的就地城镇化。在这些地区，表现出了乡村和城市"双拉力"的特征（祁新华、朱宇、周燕萍，2012）。除经济因素外，农民所在地区的一些其他特征对于农民进城定居也具有重要影响，例如，社区交通状况、非农就业机会、医疗卫生条件等，其中基础条件较好和社会资本丰富的社区有利于推动农民外出（朱琳、刘彦随，2012）。

五、人口流动对城镇化的影响

人口流动与城镇化密切相关，人口乡—城迁移本身就是城镇化的重要过程。中国人口流动的大量研究着重强调了人口流动对区域经济发展的重要影响（杨蔚等，2008；段平忠，2011；Fu and Gabriel，2012），然而对城镇化的影响则关注相对较少（刘涛、齐元静、曹广忠，2015）。总体上看，人口迁移流动为中国经济的高速发展提供了丰富劳动力，为城镇化、现代化的发展奠定了基础（国家人口和计划生育委员会流动人口司，2010）；人口迁移通过城镇人口变动的"分子效应"和总人口变动的"分母效应"对城镇化发展产生正效应，从而加速中国的城镇化进程（朱宝树，1995）。

城镇人口的自然增长、农村人口向城镇地区的迁移以及农村地区转变为城镇地区的行政区划调整构成了城镇人口增长与城镇化水平提升的三种主要途径（王桂新、黄祖宇，2014），一些学者基于此分析了中国城市人口增长的主要来源。吴汉良（1988）通过研究1970～1985年城市人口增长来源的变化，发现城市人口增长的来源逐步由自然增长转变为迁移增长；Zhang 和 Song（2003）的研究指出，1978～1990年农村向城镇的迁移人口占城镇人口增长的75%；Chan 和 Hu（2003）估算在1984～1990年和1990～2000年，乡—城净迁移对中国城市人口增长的贡献分别为74%和80%；王放（1993、2004、2014）连续考察了1982～1990年、1990～2000年、2000～2010年，城市自然增长、行政区划变动、农村人口向城镇迁移三者对城市人口增长的影响，指出农村人口向城镇迁移已成为中国城镇人口增长的主要来源，其中2000～2010年占57.4%；王桂新、黄祖宇（2014）在这些研究基础上进一步改进相关方法，发现1991～2010年迁移增长对城市增长人口累计贡献达到56%，与王放（2014）的研究结论相接近。总体来看，乡城迁移正在成为中国城镇人口增长的重要推动因素。

人口流动对区域发展产生了广泛影响（De Haas，2010）。就流入地而言，大量的外来人口成为中国产业工人的重要组成部分，提供了丰富劳动力、创造了"人口红利"、促进城市经济快速发展、推动城市郊区化和城市群的形成等（付晓东，2007；白南生、李靖，2008）。对于流出地而言，则有助于解决农村剩余劳动力就业、减少人口基数提高城镇化率（刘玉，2008）；从微观个体层面看，农民外出开阔了视野，有助于其积累城市生活经验和提高劳动素质（张永丽、黄祖辉，2008），农民在城市建立的社会网络有助于其后续的亲属、老乡等迁出（Fan，2008）；而其返乡、回乡创业行为等则促进了城市生活方式在农村的传播，同时增加了其定居城镇的可能性，从而有利于推进流出地的城镇化进程（王美艳，2006）。但是，大量流动人口在促进城镇化发展过程中，也会产生消极影响，就流入地而言，大量外来人口会在一定程度上导致迁入地区管理难度增加、城市社会问题突出等消极影响（付晓东，2007）；而对于流出地而言，则会导致人力资源流失、农村空心化以及留守儿童、妇女、老人等问题的出现（人口研究编辑部，2004；刘彦随、刘玉、翟荣新，2009）。

六、文献总结与研究启示

在人口流动格局的研究方面，有关中国人口流动格局的相关研究较为全面地总结了改革开放以来中国人口迁移空间格局的演变过程，其中省际人口迁移流动和主要城市群、主要大城市的人口迁移流动研究获得了充分重视，省内流动以及对一些具体地区的研究仍然存在不足。首先，在省际迁移流动方面，以往研究多基于"六普"之前的流量数据，即现住地和5年前常住地不一致的人口；而对存量省际流动人口的空间格局则关注较少，由于存量省际流动人口和我国特有的户籍制度相关，在反映现实流动人口分布格局上更具有意义（Fan，2008）；在研究方法上，随着社会经济要素流动网络化趋势的凸显，人口迁移网络正逐步形成，有必要利用新方法分析人口迁移的网络特征，并针对不同时期的网络特征进行比较。其次，省内迁移流动与省际迁移流动具有同样的重要性，在区域城镇化发展过程中具有重要作用，相关研究虽已开始关注省内人口流动，但与省际迁移流动相比仍存在很大差距；在具体的实证研究中，多从整体上分析省内人口流动的特征，缺乏对更小尺度的省内跨县人口流动以及县内人口流动的格局特征分析。

在人口迁移流动机制研究方面，通过借鉴国外理论，大量研究从宏观、微观以及多个层次相结合的视角对中国人口流动的机制进行了研究，丰富了人口迁移流动的理论。总体来看，宏观政策决定了人口迁移流动的基本格局，在此背景下，社会因素、经济因素、地理因素、个人因素等多种因素的共同作用，促进了迁移流动的多样性。省内人口迁移流动和省际人口迁移流动的驱动机制并不完全相同，与对迁移流动格局的研究相类似，省内人口迁移流动机制的研究明显少于对省际人口迁移流动机制的分析，对省内跨县、县内流动等则更少涉及。

在农民进城意愿与影响因素研究方面，农民是城镇化的主体，农民进城定居是中国城镇化发展和城镇化水平提升的重要潜力。尽管越来越多的研究开始关注农民进城定居的意愿，但大多数的研究仍主要以在城市务工的农民工为研究对象，相对还较少涉及留守农民或返乡农民工的进城意愿。尽管一些研究也开始考察农民进城定居的意愿，但这些研究多基于一个县或几个县的问卷调查数据，掩盖了农民进城意愿的地区差异，不利于从全国层面了解农民进城意愿，也无法衡量地区因素所起的作用；另外，农民对不同规模城市定居偏好的相关研究较少，且未能与城镇化发展路径进行有机结合。

在人口流动对城镇化影响的研究方面，主要集中于定量考察宏观乡—城迁移对城镇化的影响，以及定性分析人口迁移流动对迁入地和迁出地造成的积极和消极影响等方面。然而针对不同尺度的人口流动对城镇化造成的影响，讨论的并不多。有必要在以往乡—城迁移研究的基础上，进一步细化研究不同类型的人口流动对城镇化的影响。

第二节 人口城镇化主要理论与发展路径

一、城镇化的概念辨析

1867年，西班牙工程师塞达首先使用了"urbanization"一词，之后伴随着20世纪50年代以来世界城镇化进程的加快，"urbanization"一词开始风行世界。中国的城镇化研究始于改革开放之后，在这之前，"城镇化"一词在政府文件或学术著作中几乎都不能被找到（何念如、吴煜，2007）。1979年，南京大学吴友仁在国内率先发表《关于我国社会主义城市化问题》一文，被认为是中国城镇化研究的初始之作。此后，中国的城镇化逐步被广泛研究和关注，2000年以来有关新型城镇化的研究也逐步成为热点（见图2-5）。

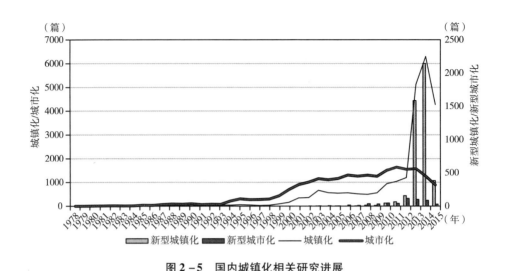

图 2－5　国内城镇化相关研究进展

注：在中国知网 CNKI 期刊库中，分别以"题名"等于"城镇化""城市化""新型城镇化"
"新型城市化"进行检索，检索时间截至 2015 年 11 月 24 日。

　　城镇化目前在国内外学界还没有明确的统一界定。总体来看，城镇化反
映了农村变为城镇的一种复杂过程，但是不同学科对其进行界定则各有所侧
重。社会学将城市化理解为一种生活方式（Wirth，1938），强调乡村生活方
式向城市生活方式转变的过程；经济学关注经济增长对城镇化的影响，特别
强调产业结构的转换是城镇化的核心内容（西蒙·库兹涅茨，1995）；人口
学着重强调人口从农村向城镇的转移和集中，使居住在城市地区的人口比重
逐步上升（赫茨勒，1963）；地理学在注重城市化过程中的人口与经济转换
外，还特别强调地域空间的变化，认为包括城市数量的增加和城镇地域的扩
大两个方面。弗里德曼将城市化过程区分为城市化 I 和城市化 II：前者是实
体的地域推进过程，包括人口和非农业活动在不同城市环境中的地域集中和
非城市型景观转换为城市景观；后者是抽象的、精神上的过程，包括城市文
化、城市生活方式和价值观在农村的扩展（许学强、周一星、宁越敏，
2009）。国内城市地理学者对以上学科观点进行综合，认为城镇化这一复杂
过程，包括了人口结构的转型、经济结构的转型、地域空间的转型及生活方
式的转型四个方面（许学强、周一星、宁越敏，2009），其中人口转型是核
心、经济转型是基础、空间转型是载体、社会转型是根本（宁越敏、杨传

开，2013）。

在具体的概念界定上，国内外学者形成了多种表述（何念如、吴煜，2007），使城镇化内涵的统一存在很大困难。总体来看，这些有关城镇化概念的界定，都多多少少暗含了城乡二元结构的划分，强调了人口从农村向城市的集中；然而这种二元分析框架形成了以城市为中心、城乡分野突出、乡村为城镇所取代的城镇化模式。但是，很多学者注意到在一些地区，人口并未发生大规模的空间转移，通过原有乡村聚落的就地转型，实现了向城镇或准城镇的转化，提出了"就地城镇化"（in situ urbanization）的概念（Zhu，2000），与此相类似的还有"城乡融合区"（desakota regions）、"乡村都市带"（ruralopolises）等概念（McGee，1991；Rimmer，2002；Qadeer，2004）。

而在1970年，列斐伏尔就提出了"全面城市化"（complete urbanization）的概念，他认为城市化的社会转型从根本上改变了城市和农村的生活状况，城市化是一个无所不包的过程，跨越时空，全面改变了社会，具有全球尺度。他借用"内爆"和"外爆"（implosion/explosion）的原子物理学术语对城市化过程进行比喻：前者描述人口、活动、财富、货物、物体、工具、手段和思想等在城市集聚的现实；后者描述许多分散碎片的投射，例如，城市边缘、郊区、度假屋和卫星镇等（Stanek，Schmid and Moravánszky，2014）。在列斐伏尔的时代，城市社会仍然像一个黑箱，存在于未知的时空中。伴随着城市化的快速发展，21世纪的城市化几乎影响了全球各个地方，城市化出现了新的尺度（多中心巨型城市区域）、城市边界变得模糊（城市功能由中心向外围扩展）、城市腹地出现新的蜕变、传统自然地区的消失（全球城市化产生的社会生态影响，使自然环境被改变或退化）等，布伦纳（Neil Brenner）等在对以往城市理论进行批判的基础上提出了星球城市化（planetary urbanization）的概念（Brenner，2013；Brenner and Schmid，2014）。星球城市化把城市化视为一个全球性的历史过程，是全球尺度下的城市体系，除了城市的核心地区外，远离传统城市核心区的外围也被纳入城市系统，甚至一般意义上的自然空间如沙漠、丛林、山脉、空气等也都成为其中的一部分，经历着城市化过程（Brenner，2013；Brenner and Schmid，2014）。

此处并不旨在详细探讨星球城市化理论，但其理论视角，超越了传统的城乡二元观念，可谓是城市理论范式的全新革命，对改变传统的二元划分式城镇化发展和研究具有很好的借鉴意义。国内学者也注意到了城乡二元划分式城镇化的不足之处，高佩义（1991）提出城市化发展战略不同于城市发展战略，它是乡村发展战略、城市发展战略、城乡关系发展战略的有机结合；程必定（2011）从区域视角，引入城市性的概念来认识城市化的含义，城市性表示一个区域所具有的城市特征，而城市性是城市化的本质特征，因此城市化是指在有人类经济社会活动的区域，城市性不断提高的过程；他认为在城市化过程中，城市和农村的城市性都处于不断提高的状态，从而形成城市和农村在内的城市化地区，更新了传统的城市单一发展的城市化理论。

从中国城镇化发展的现实来看，城镇化作为一条发展轴线，一头连着城市，一头牵着农村，农民的进城与返乡共同构成了中国的人口城镇化过程（任远，2010）。以往的城镇化定义和城镇化研究都是将重点指向了城市发展，而忽略了农村。事实上，城镇化促进城市形成与发育的同时也给农村造成了广泛影响，一些农村不断被"掏空"，而农民返乡也导致农村的"相对繁荣"，此外，在发达地区的农村还存在就地城镇化现象。因此，城市与农村的发展都应当成为城镇化的题中之义。正如霍华德所言，"城市和乡村必须成婚，这种愉快的结合将迸发出新的希望、新的生活、新的文明"（埃比尼泽·霍华德，2010）。

本书并不试图对城镇化概念作出新的界定，基于前面的讨论和有关理论，认为中国的城镇化发展和研究应注意以下三个方面：一是中国的城镇化不应仅仅局限于大城市，在一些小城镇和农村地区也可能以就地城镇化的形式发展；二是中国的城镇化是一个双向过程，流动人口在城乡之间双向流动（进城和返乡），不仅对城市发展产生了影响，对农村地区造成的广泛影响也应引起关注；三是本地乡城迁移是城镇人口增长的主要来源，因此城镇化是一种区域现象，不能就城市论城市；四是由于跨区域界限流动人口的存在，使人口城镇化腹地不仅局限于本区域，区域外的其他城市和农村地区也构成了本区域的城镇化腹地，因此城镇化还是一种跨区域现象。本书所讲的城镇化主要是指人口城镇化，强调人口向一些特定地区相对集聚，进而实现向城镇生活生产方式的转型，而这些特定地区可能是大中小城市或小城镇，也可能是发展条件较好的部分农村地区。

此外，有关使用"城镇化"还是"城市化"的说法也是国内争论的焦点。有学者认为城镇化更能突出小城镇在中国城镇化进程中的作用，而城市化则具有大城市偏向的政策含义。但事实上，在国家政策层面多次调整不同规模城市的发展政策，但相关文件仍主要使用城镇化的说法。本书认为城市化与城镇化具有同样的含义，并不存在本质区别，不对两者作特别区分，但由于本书将小城镇也作为人口城镇化的空间载体，所以使用城镇化的说法更加贴切。

二、城镇化的相关理论

（一）差异城镇化

盖伊尔和康图利通过将人口的跨区域流动和城市人口增长相结合，提出了差异城市化（differential urbanization）的概念（Geyer and Kontuly，1993），认为流动人口在向城市集聚过程中，大城市、中等城市和小城市经历了不同速度的人口增长过程，具体可划分为三个过程六个阶段（见图2-6）。第一个过程即城市化时期，可进一步划分为三个阶段：初级大城市阶段，人口向首位城市高度集聚；中级大城市阶段，人口郊区化、大城市快速蔓延、多中心发展；高级大城市阶段，大城市的人口在经历快速增长后，人口增长速度减慢，多中心的都市区开始形成。第二个过程即极化逆转时期，可进一步划分为两个阶段：初级中等城市阶段，随着大城市发展的成熟，大城市的人口虽仍呈绝对增加态势，但增速放缓，都市区副中心城市的人口增长速度显著快于都市区中心城市的人口增长速度，同时大城市附近的中等城市其人口增长迅速；高级中等城市阶段，中等城市的人口开始迅速增长，而大城市都市区的中心城市和副中心城市人口都开始减少。第三个过程即逆城市化时期，小城市的人口集聚速度开始超过大城市和中等城市，该阶段结束时，城市体系达到饱和，人口流动减缓，城市人口增长放慢。前三个阶段被看作是集聚阶段，而后三个阶段可以看作是分散化阶段。该理论把人口流动和城镇体系的发展变动有机结合，为从人口流动的视角研究城镇化发展提供了很好的启示。对于中国而言，尽管目前仍处于人口向大城市高度集聚的过程，但在未来是否会经历差异城市化所描述的分散过程值得深入研究，同时也对于中国推进就地就近城镇化发展提供了很好的理论基础。

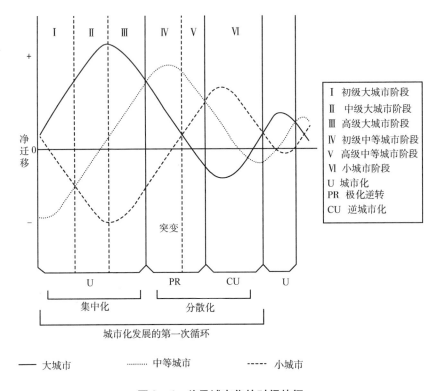

图 2 - 6　差异城市化的时间特征

资料来源：盖伊尔和康图利（Geyer and Kontuly，1993）。

（二）城乡融合区

麦吉通过对一些发展中国家和地区（中国、泰国、印度、中国台湾、印度尼西亚爪哇岛）城市密集区的研究，提出了城乡融合区（desakota）的概念（McGee，1991），并与主要城市、城市周边地区、人口密集的乡村和人口稀疏的边缘地区共同构成了超级城市区域（megaurban region）（见图 2 - 7）。城乡融合区主要用来描述亚洲一些国家和地区的大都市周围所出现的农业和非农业活动并存，非城非乡，但又表现两个方面特点的地域类型（简博秀，2004）。麦吉根据城乡融合区的现象提出了乡村聚落转型（settlement transition）的概念（McGee，1991），认为这种乡村聚落转变的重要内容之一就是没有大规模人口迁移的乡村城镇化（朱宇等，2012）。总体来看，desakota 模式描述了一种以区域为基础、相对分散的城镇化道路，其所关注到的城乡边界模糊、城乡联系密切，不同于西方传统的单一向城市集中的城镇化道路

（史育龙，1998），对于就地城镇化的发展具有重要意义。

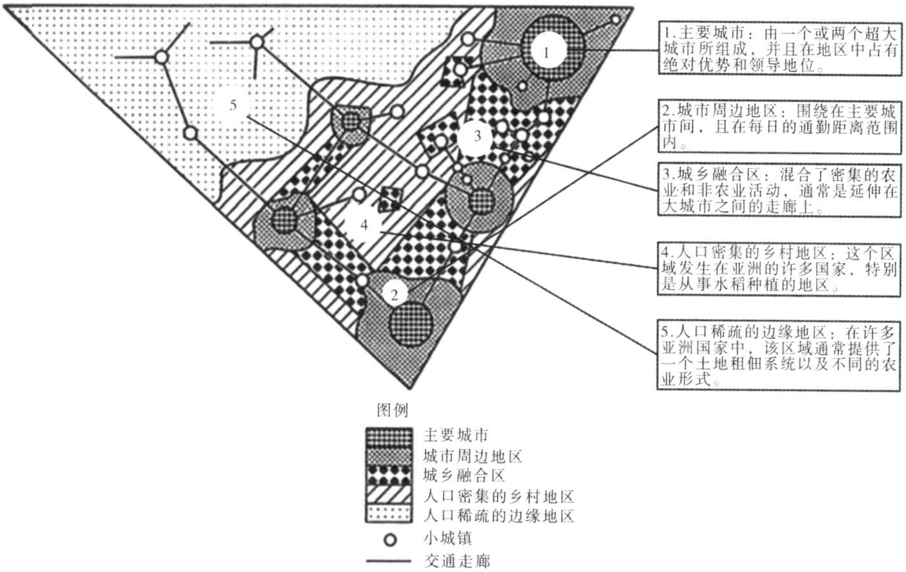

图2-7　城乡融合区（Desakota）及其与周边城市和乡村的空间关系

资料来源：根据麦吉（McGee，1991）及简博秀（2004）改绘。

（三）城镇化的动力机制

城镇化的动力机制可以理解为推动城镇化发生和发展的相关因素的综合作用机理，如同城镇化的概念一样，不同学科对于城镇化动力机制也有不同的解释。经济学将城镇化过程归结为资本扩大再生产过程在地域上的体现；社会学认为除了经济原因，人类精神、个性解放、政治状态等非经济原因也都是城镇化的动力（于洪俊、宁越敏，1983）。城镇化动力机制涉及的内容广泛，既包括宏观动力机制，也包含中观或微观的动力机制，而且随着社会经济的发展，在不同时期、不同地区城镇化发展都有不同的动力机制。

1. 经济增长、产业发展与结构转换构成了城镇化发展的核心动力

经济增长与城镇化水平之间呈显著的正相关关系，经济发展程度越高，城镇化水平也越高。兰帕德和贝里均指出，经济增长与城市化之间存在正相关关系（许学强、周一星、宁越敏，2009），国内外其他学者通过相关研究

也得出类似结论（Henderson，2003；周一星，1995）。但是经济增长只是城镇化的宏观背景，对城镇化的促进作用则需要通过产业发展以及产业结构和就业结构的转化，进而通过生产要素的流动来实现（汪冬梅，2003；程开明，2007）。

第一，产业发展为城镇化提供了主要动力。第一产业是城镇化的初始动力，农业生产力的提高，使粮食生产和农业劳动力产生剩余，从而为城市产生和发展提供了第一和第二前提。工业化作为城镇化发展的基本动力，为农业转移人口提供了大量的就业岗位，促进了农业人口的空间转移和经济增长，同时也为农业发展提供了新技术和新工具，进一步促进农业生产力的提高。第三产业可以看作是城镇化发展的后续动力，随着城市生产性服务和消费性服务的增加，城市创造了更多的就业机会，工业现代化的推进使工业在城镇化进程中的作用呈减弱趋势，而第三产业的作用日益突出（许学强、周一星、宁越敏，2009）。

第二，产业发展促进了经济增长，而经济增长引起的需求变化和技术进步进一步导致产业结构变动，根据库兹涅茨法则，农业产值比重下降，工业和服务业产值比重不断上升。由于工业和服务业因规模经济、城市化经济、地方化经济、设施共享及信息外溢等集聚效应（Moomaw and Shatter，1996），而倾向于在城市聚集，从而促进了城市数量增加和规模扩大。

第三，产业结构的转变同时引起就业结构的转换。根据配第—克拉克定理，随着人均国民收入水平的提高，劳动力将从第一产业向第二产业转移，进而再从第二产业向第三产业转移。随着农业劳动力向工业和服务业转换，农村人口向城镇转移，城镇化水平不断提高（程开明，2007）。经济增长促进城镇化发展的机制如图2-8所示。

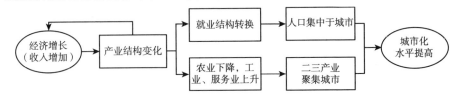

图2-8　经济增长促进城镇化发展的机制

资料来源：程开明（2007）。

2. 人口流动为城镇化发展提供了直接动力

产业发展与结构转换引起劳动力的空间转移和重新组合,而这种转移主要在农村和城市之间进行;同时由于城乡收入差异以及区域空间差异,引起人口由农村到城镇、由不发达地区向发达地区跨区域的流动,可见,人口的流动与再分布直接促进了城镇化的发展。前面已对影响人口迁移流动的主要理论进行了详细介绍,此处不再赘述。

3. 政治经济学理论丰富了城镇化的机制解释

在西方国家的城镇化研究中,以哈维(Harvey)为代表的一些学者,以马克思主义政治经济学作为分析城市问题的理论基础,形成了城镇化研究中的新马克思主义学派。新马克思主义采用资本积累理论对资本主义社会的城镇化进行分析,其中哈维沿着列斐伏尔空间生产的思路,重点讨论了空间的生产。哈维认为,城市空间是资本利润驱动的产物,因而资本主义的城镇化过程实质上是资本的城镇化。结合马克思主义关于资本主义生产与再生产周期性的原理,哈维构建了资本的"三次循环"过程(见图2-9),资本分别投资于:工业生产过程、固定资本投资和消费资金、科研技术以及各种社会消费等方面(宁越敏,1990;许学强、周一星、宁越敏,2009)。

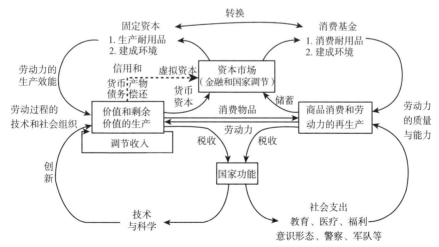

图 2-9 资本的三次循环过程

资料来源:哈维(Harvey,1985);武廷海(2013)。

在第一次循环中，资本主义基本矛盾的作用表现出商品过剩、资本闲置以及工人失业等问题，促使资本转向二次循环。由于生产性建成环境和消费性建成环境共同构成了城市建成环境，因而三次循环中以第二次固定资本投资和消费性资金投资与城镇化的关系最为密切。随着建成环境的完善和资本在第二次循环中的获利，越来越多的剩余资本流向第二次循环，当中心城区趋于饱和时，资本便迅速向郊区流动，导致城市中心的衰落。资本不断流向新项目，旧项目投资减少，旧的空间被破坏，新的空间被建构，可见第二次循环的资本投资是城市发展的主要决定因素。当第二次循环遇到危机时，资本便流向第三次循环，投资于教育、卫生等社会公共事业。

随着资本追逐利润的无限扩张和积累，资本出现盈余，当第三次循环遇到资本过度积累时，资本通过空间扩张，在全球寻找新的投资地和获利点，投资流向不发达国家或地区，以利用这些地区廉价的劳动力、原材料、土地等。哈维认为，全球化的实质就是资本主义世界扩张的空间策略（哈维，2009）。资本在全球的流动造成了不同地域的不平衡发展，也造成了同一地域的不平衡发展（张佳，2011）。地域不平衡发展会进一步促进人口流动，从这个角度看，也进一步促进了城镇化的不均衡发展。同时，也使外商投资成为城镇化发展的外生动力（Wallerstein，1974；张旭亮，2011）。

三、中国城镇化的发展路径

改革开放以来，中国城镇化研究从城镇化道路的讨论开始，即发展大城市还是发展小城镇。围绕 1980 年 10 月全国城市规划工作会议提出的"控制大城市规模，合理发展中等城市，积极发展小城市"的城市发展方针，学术界进行了广泛讨论，形成了以费孝通为代表的"小城镇、大问题"的"小城镇论""大城市论""中等城市论""多元论"等观点（何念如、吴煜，2007；赵新平、周一星，2002）。"小城镇论"主张农民离土不离乡、进厂不进城、就地消化剩余劳动力，认为这有助于缓解大城市的城市问题，而且农民城镇化成本较低（费孝通，1986）；"大城市论"考虑到大城市的规模效益和大城市的超前发展规律（饶会林，1989），认为中国的城镇化应主要发展大城市；中等城市论则主要是对以上两种观点的折中；周一星、于艇（1988）跳出单一城市规模取向的争论，认为不存在统一的能被普遍接受的最佳城市规模，认为城镇体系是由大中小各级城镇共同组成的。

以上讨论主要是围绕城市发展方针，但若从人口转移的角度进一步深入考察，则实际上是关于"人往哪里去"（农村、小城镇、大城市）的问题，是就地转移、异地转移、还是多元复合转移（陈欣欣，2001）。进而，也引出了有关城镇化路径的讨论：即农民是就地城镇化还是异地城镇化。就地城镇化和异地城镇化作为城镇化的两种重要模式（石忆邵、王云才，2006），很多文献对其进行了研究，然而这些研究对于二者的概念界定却并不十分一致（见表2-3）。近年来，在一些研究以及国家政策文件中，又出现了"就近城镇化"的说法，例如，在2014年的《政府工作报告》中，提出"引导约1亿人在中西部地区就近城镇化"，但何为"就近"则并不明晰。此处，通过梳理相关文献，分别对三种城镇化路径进行总结。

（一）异地城镇化

多数农村人口通过转移到居住地以外的城镇实现城镇化，从此意义上讲，人口城镇化在很大程度上就应属于异地城镇化（潘琼、张勇、王福定，2002）。王新峰（2004）将农民通过跨区域空间转移实现城镇化的过程界定为异地城镇化，然而由于农民与原住地分离的空间尺度存在差异，所以根据空间转移尺度的不同，异地城镇化可分为跨省异地城镇化、跨市异地城镇化以及跨县异地城镇化等。由表2-3也可以看出，异地城镇化的空间范围从本省以外的其他地区扩展到本乡镇以外的其他地区。在中国，中西部地区的大量跨省流动人口集聚在东部的大城市，形成了最为典型的异地城镇化现象（黄亚平、陈瞻、谢来荣，2011）。地区间经济发展水平差异显著、市场经济体制的逐步建立、经济全球化的影响、中西部农村劳动力过剩以及中西部小城市经济基础薄弱、吸纳能力有限等被认为是异地城镇化形成的重要原因（王新峰，2004；黄亚平、陈瞻、谢来荣，2011）。

表2-3 就地城镇化与异地城镇化的相关概念界定

文献	就地城镇化		异地城镇化	
	概念内涵	空间范围	概念内涵	空间范围
杨风 (2014)	就地城镇化，是指农民并不以向大中城市迁移为主，而是依托当地小城镇（中心村、新社区，通过原来较为分散的农村居民点通过合并适度聚集而成），通过发展非农产业，完善公共服务，提高农民素质，改变生活方式，从而就地、就近实现城镇化的一种模式	小城镇、中心村、新社区	异地城镇化是指农民通过跨区域空间转移，特别是向大中城市和发达地区迁移流动，最终在流入地实现城镇化的一种模式	大中城市和发达地区
潘海生、曹小锋 (2010)	就地城镇化，就是农村人口不向大中城市迁移，而是以中小城镇为依托，通过发展生产和增加收入，发展社会事业，提高自身素质，改变生活方式，过上和城市人一样的生活	中小城镇	—	—
周苓 (2015)	就地城镇化是指在当地的镇村企业就业，从而实现的农民变成职业的身份转换，同时，这样的转换保证了农民的生产和生活空间不变	当地镇村	异地城镇化是指农民离开本镇村，去外地从事非农职业工作，不仅改变了职业身份，也改变了生产和生活的社会环境	本镇村之外
石忆邵、王云才 (2006)	就地转移是指主要依托当地乡镇企业的发展而实现的农民职业转换，但并未实现生产和生活空间的变换	乡镇以内	异地转移是指农村劳动力离开本乡镇从事非农产业，实现职业的转移，生产和生活空间的变换	乡镇以外
杨世松 (2008)	就地城市化，就是农村人口不向城市迁移，而是在原有的居住地，通过发展基础设施，完善基础设施，提高社会事业，改变生活方式，过上和城市人一样的生活。"就地"即原有的居住地，包括原自然村和合村并点的新社区	自然村、行政村、合村并点的新社区	—	—
崔曙平、赵青宁 (2013)	就地城镇化，指人口和聚落未通过大规模的空间迁移而实现向城镇转变。县域范围内的城镇化使大量乡镇居民无须离开乡村地域即可就地或就近向城镇转变	县域以内	异地城镇化，指一地的农村人口，主要是农村劳动力流向外地，促进外地城镇化发展的形式	县域以外

续表

文献	就地城镇化		异地城镇化	
	概念内涵	空间范围	概念内涵	空间范围
张国玉（2014）	就地城镇化，指农民在原住地一定空间半径内，在县域或市域范围内实现非农就业化和市民化的城镇化方式	一定空间半径、县域或市域	异地城镇化，指农民超出原住地一定空间半径区域，跨省份或跨地区，在其他省份或地区实现非农就业化和市民化的城镇化方式	其他省份或地区
汪增洋、费金金（2014）	从地级市层面来定义，本地城镇化即农村人口流向本市内城镇	地级市内	异地城镇化，农村人口流向地级市外的城镇	地级市外
唐丽萍、梁丽（2015）	就地城镇化，是区域经济发展到一定程度后，农村人口不再向大城市异地转移，而是以小城市为中心，就近向中心村、小城市和小城镇集聚转移	中心村、小城镇和小城市	—	—
李强（2015）	突出了农村的就地改造，即农民并没有迁移到其他地方，而是在世世代代居住的乡村地区，完成了向城镇化、现代化的转型	农村	—	—
焦晓云（2015）	就地城镇化，是指农村经济发展到一定程度以后，农民不再向大中城市迁移，而是在原居住地以中心村或小城镇为依托，不断完善公共设施，发展社会公共事业，改变生活方式等，逐步形成新城镇，实现就地城市民化的城镇化模式	中心村或小城镇	—	—
朱宇等（2012）	东南沿海发达地区的一些乡村聚落和人口没有通过大规模的空间转移和重组而实现了向城镇或准城镇类型转化的现象，称之为就地城镇化；大量人口在县域范围内向小城镇的集聚则被视为一种广义的就地城镇化	乡村（狭义）；县域范围内（广义）	—	—
国家卫生和计划生育委员会流动人口司（2014）	就地城镇化是指农村经济社会发展到一定程度后，农民在原居住地一定空间半径内，依托中心村和小城镇就近实现非农就业和市民化的城镇化模式	中心村和小城镇	—	—

（二）就地城镇化

如果把迁居至一定行政区域范围外，从事非农产业的人口城镇化，称为异地城镇化；而就地城镇化则可以视作在本行政辖域内的人口城镇化（潘琼、张勇、王福定，2002；黄亚平、陈瞻、谢来荣，2011）。由于此处行政辖区范围的不确定性，类似于异地城镇化界定存在的问题，有关就地城镇化的概念界定也因空间范围的不一致而形成差异，根据表2-3可以看出从村内就地转化、小城镇就地转化、县域内就地转化到地级市内就地转化都被界定为就地城镇化。虽然在空间范围的界定上存在差异性，但是对于农村人口转换为城镇人口，实现就业非农化，生活方式、基础设施、公共服务等方面向城镇转化则具有一致性。

国内有关就地城镇化的讨论可追溯到20世纪80年代自下而上的农村城镇化。农民通过"离土不离乡、进厂不进城"在乡村完成职业的非农转化，就地转移完成了城镇化过程，形成农村城镇化（薛德升、郑莘，2001）。与农村城镇化概念相类似的是自下而上的城镇化，自下而上城镇化是指发生在农村，由地方政府和农民群体力量推动的城镇化（崔功豪、马润朝，1999；辜胜阻、刘传江、钟水映，1998），其更侧重于强调自下而上的城镇化动力机制，在实质上应该属于农村城镇化的范畴（薛德升、郑莘，2001）。在90年代末，随着乡镇企业改制以及乡镇企业发展过程中的问题日益突出，很多学者开始意识到自下而上城镇化或农村城镇化发展存在的问题（辜胜阻、李正友，1998），认为农村城镇化道路不应分散地发展乡镇企业和遍地开花地发展小集镇，而应走一条引导农村人口和农村非农产业向小城市、县城和中心镇适当集中的道路（辜胜阻，1994），由此形成了以县城和中心镇为重点的县域城镇化（辜胜阻、李华、易善策，2008）。

朱宇（2000）在延续乡村城镇化研究的基础上，注意到在东南沿海发达地区的一些乡村聚落和人口没有通过大规模的空间转移和重组而实现了向城镇或准城镇类型转化的现象，将其称之为"就地城镇化"；他认为在空间范围上，如果把县作为空间转移的最小地域单元考察，大量人口在县域范围内向小城镇的集聚可被视为一种广义的就地城镇化过程（朱宇等，2012），这与前面讨论的以县城为发展重点的思路存在一致性。相比较而言，就地城镇化与农村城镇化和自下而上的城镇化具有极大的相似性，都是发生在农村地域的城市化；但是在理论基础上，就地城镇化理论更加关注城乡界限的淡化和城乡统筹发展，认为传统的城乡二元分析框架使城乡泾渭分明，从而乡村最终为城镇所取代；就地城镇化在强调人口就地空间转移的同时，还突出强调了乡村聚落向城镇类别的就地转型，换句话说乡村亦有可能成长为城市；并将乡村社区创始力、乡镇企业的发展作为就地城镇化的内部驱动力（朱宇等，2012）。笔者认为，就地城镇化理论所描述的现象还只是局限于中国较为发达的少数乡村地区，很多乡村地区伴随着乡镇企业的衰落、城镇化快速推进对农村造成的不利影响以及自身地理条件和发展基础的薄弱，尚不具备或永远都不具备从乡村裂变为城镇或就地转移的可能，所以运用乡村就地转移的就地城镇化理论来推进中国城镇化的发展具有局限性。

进入21世纪以来，地方在探索新型城镇化发展过程中结合地方发展实际，多个省市通过撤村并点、乡村合并等措施，开展了新型农村社区建设（张颖举，2014），由此形成了以社区建设为主要路径的社区城镇化发展模式。河南省在国内较早地开展了新型农村社区建设，将新型农村社区建设纳入城镇体系规划，推动城镇生产要素和产业链条向农村延伸、基础设施和公共服务向农村覆盖，化农村为城市，化农民为产业工人，让广大农民过上城市人的生活，实现城乡统筹和一体化发展（李华燊、付强，2013）。可见，社区城镇化与农村城镇化也具有很大的相似性，仍然隶属于农村城镇化的范畴，更加强调农民在农村的就地转化，也是一种"离土不离乡"的发展模式；但是在动力机制上，农村城镇化更是一种自下而上，农民自发的行为，而社区城镇化在很大程度上则是由政府来推动的。

总体来看，就地城镇化作为城镇化的一种发展路径，在中国具有一定的历史性和现实性，在发展过程中表现出多样的发展形式。对比上面提到的各种发展模式或概念，可以发现，他们之间既具有相似性也表现出差异性，其共同点都主要集中于讨论县域尺度下的城镇化发展，不同点在于城镇化过程中乡村人口集聚或转移的方向存在差异，例如，农村城镇化和就地城镇化强调人口在乡村和集镇的就地转移、社区城镇化着重强调农民在乡村的就地转移、县域城镇化强调人口在中心镇和县城的集聚等（见图2-10）。县域作为城乡统筹发展的重要平台，只考虑城镇而忽略乡村或过于强调农村发展的分散布局都不可取，县域城镇化应统筹考虑城乡发展，同时还应适当考虑集聚效应。

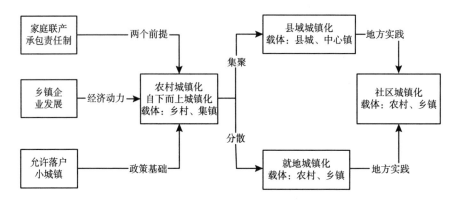

图 2 - 10　就地城镇化的发展脉络

（三）就近城镇化

就近城镇化的概念主要出现于 2010 年以后，目前也没有明确定义，应当说就近城镇化的概念与就地城镇化存在一定的相似之处，很多研究及政策都将二者同时使用，例如"促进农业转移人口就地就近城镇化"。但是，一些学者仍然强调了二者的区别，胡小武（2011）认为就近城镇化的发展模式不同于 1980 年代的"离土不离乡、进厂不进城"的城镇化道路，认为通过土地流转、集中居住等实现"离土又离乡、进厂又进城"。李强（2015）认为"就近"主要是相对于跨省和跨地级市的长距离人口流动，将就近城镇化界定为以地级市和县级城镇为核心的城镇化。王景全（2014）结合国家促进中西部地区就近城镇化的政策举措，认为中西部地区的就近城镇化，一方面是相对于迁移到东部沿海地区而言，强调农业转移人口在中西部地区范围内实现城镇化；另一方面是相对于到距离较远的大城市而言，强调农业转移人口在其所属的中小城市管辖范围内（县域）实现城镇化。可见，人口转移空间范围的大小是就近城镇化与就地城镇化的区别之一，如果将就地城镇化作为一种小尺度的人口空间转移，而将异地城镇化作为一种大尺度的人口空间转移，则可以将就近城镇化视为介于就地城镇化和异地城镇化二者之间的一种中等尺度的人口空间转移城镇化发展道路（见图 2 - 11）。

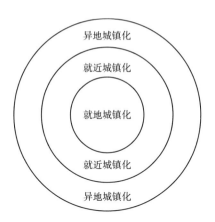

图 2-11　就地、就近和异地城镇化的关系

（四）总结与启示

通过对三种城镇化路径的相关研究进行总结，可以发现三种路径对应了不同尺度下的人口转移，对于理解和把握中国的人口城镇化过程和城镇化的空间组织具有很好的借鉴意义。然而由于各种路径空间范围的不明确性，同时也缺乏对三种城镇化路径的系统性研究，使三种城镇化的概念界定不够明确、存在空间范围重叠，有必要对三种城镇化路径进行系统研究，明确相关概念。

四、中国城镇化的动力机制

中国的城镇化动力机制研究起始于 20 世纪 80 年代，张庭伟（1983）《对城市化发展动力的探讨》被认为是国内最早对城镇化动力机制进行研究的文献，自此中国城镇化动力机制的研究逐步展开（马仁锋、沈玉芳、刘曙华，2010）。西方有关城镇化动力机制的经典理论对国内研究产生了重要影响，人口迁移理论、经济学理论以及政策与制度等构成了中国城镇化的主要动力机制理论，随着新自由主义经济学、新制度经济学以及新经济地理学的发展和全球政治经济格局的新变化，市场经济、制度变迁以及经济全球化等也被用来分析中国的城镇化机制（顾朝林、吴莉娅，2008）。总体来看，中国城镇化动力机制的主要研究可以概括为：自上而下和自下而上的二元动力机制、基于行为主体的三元动力机制、经济全球化下外资推动的动力机制、政府和制度创新的动力机制以及其他视角的动力机制等。

（一）自上而下的动力机制

自上而下的动力机制强调政府在城镇化进程中的主导作用，政府按照城市发展战略和社会经济发展规划，运用计划手段发展若干城市并安排落实城市建设投资（辜胜阻、李正友，1998）。在计划经济时期，中央政府通过有计划地投资建设新城或扩建旧城以实现乡村—城市转型（宁越敏，1998），重工业优先的发展战略下，建成了一批资源型城市和工业城市（许抄军、罗能生、王家清，2007）。该动力机制对1950~1970年代的中国城镇化进程具有支配作用，改革开放以来，随着市场经济的逐步建立，该动力机制对城镇化发展仍具有关键作用，但这种作用由直接作用变为间接作用，这主要体现在政府的宏观调控、城乡规划、人口迁移政策、行政区划变动等政府行为以及户籍制度、社会保障制度等制度安排（许抄军、罗能生、王家清，2007；顾朝林、吴莉娅，2008）。刘传江（1998）认为制度安排与变迁，构成了中国城镇化发展的阻推机制。叶裕民（2005）将制度对城镇化的影响总结为两个方面：一是对城镇化的直接作用，例如，户籍制度、就业制度、土地制度、社会保障制度、行政管理制度、城镇建设和投融资体制、市镇建设的有关法律制度等；二是通过工业化间接对城镇化产生作用，包括民间资本积累与投资的激励机制、企业制度、投融资体制、财税制度等。

（二）自下而上的动力机制

自下而上的动力机制强调基层社区政府发动和农民自主推动，以乡村集体或个人投资为主体，通过乡村工业化带动农村城镇化，形成自下而上的发展模式（辜胜阻、李正友，1998；崔功豪、马润潮，1999），从而使1980年代的中国小城镇获得了快速发展。自下而上的城镇化动力机制之所以能形成，主要得益于"家庭联产承包责任制"改革，产生了足够的剩余粮食和剩余劳动力（许学强、周一星、宁越敏，2009）；乡镇企业的发展和非农产业较高的比较利益，以及国家"允许务工、经商、办服务业的农民自理口粮到集镇落户"的政策等（何念如、吴煜，2007）。自下而上的城镇化模式可以分为乡镇企业发展、家庭企业和专业市场发展以及农村经济发展等（李强等，2013）；石忆邵（2002）对江浙的城镇化动力机制进行研究，认为浙江利用农村工业化促进了农村人口向城镇的转移，通过依托乡镇企业和专业市场带动小城镇联动发展，实现了自下而上的农村城市化；而江苏则以发展小城镇为特征的农村城镇化起步，主要依靠农村内部非农产业的发展和从事非农产业的农村人口的集聚，形成新的城镇，实现农村内生型城市化。自下而上的城镇化动力机制研究虽然起始于 20 世纪 80 年代，但对于当前城镇化的发展仍具有一定的指导作用。

（三）多元主体的动力机制

城镇化是一个历史演进的过程，其动力机制在不同时期有不同的表现形式（许抄军、罗能生、王家清，2007），20 世纪 90 年代以来，城镇化出现新的趋势，多元城镇化动力机制替代了以往的一元或二元城镇化动力（宁越敏，1993、1998）。宁越敏（1998）认为政府、企业和个人作为城镇化的行为主体，在城镇化进程中都具有重要作用；在此基础上，宁越敏（2012）进一步展开分析，丰富了这一理论框架进。总体来看，政府不仅通过政策直接促进城镇化发展，还通过投资创造非农就业机会间接拉动城镇化进程，其中，中央政府的作用主要体现在三个方面：一是人口流动政策转变和取消限制大城市发展的政策；二是实施分税制，部分权力下放，调动了地方政府发展经济的积极性；三是 2000 年以来把城镇化上升为国家战略。地方政府一方面通过基础设施建设、招商引资、开发区、新城等创造非农就业机会；另一方面通过旧城改造，促进城市郊区化（宁越敏，1993、1998、2012）。企业是市场经济的主体，其扩张创造了大量就业机会，拉动城镇化发展，而其投资区位则影响了城镇化的空间格局。个人既是企业和住宅的投资者，同时其迁移行为也对城镇化的格局及郊区化发展产生了影响（宁越敏，1998、2012）。

除此之外，张庭伟（2001）认为影响城市的力量可以分为政府力、市场力和社区力，三种力量相互作用，其中政府力在很多城市要远远大于市场力和社区力；马仁锋、沈玉芳、刘曙华（2010）也将中国城镇化的动力归结为人口驱动、政府驱动和市场驱动三个方面。总体来看，三元城镇化动力机制对城镇化发展的解释更加完善，政府在三者之中具有较强的作用，奠定了城镇化发展的宏观格局和整体框架；企业反映着市场经济的发展，使城镇化区域格局更加多样化；个体的理性抉择，直接促进了人口城镇化的发展。

（四）外资推动的动力机制

1980 年以来，经济全球化深入发展，资本、技术等生产要素全球流动和新国际劳动地域分工的开展，全球产业发生重组与转移、生产国际化，外资对工业化的带动作用越来越显著，对发展中国家城市化进程影响增强（吴莉娅、顾朝林，2005）。外资构成了中国城镇化发展的新动力，许学强等（1988）、薛凤旋等（1997）以及 Sit（1997）都认为外资通过对劳动密集型制造业的投资，为珠三角剩余劳动力提供了大量的就业机会，同时也使珠三角成为其他跨省迁移人口的最大吸引源之一，推动了珠三角的高速经济增长和快速外向型城市化进程。外资也促进了长三角参与全球化进程，加快了长三角的城镇化发展，成为长三角城镇化发展的重要驱动力（吴莉娅、顾朝林，2005）。程开明和段存章（2010）基于 1983～2007 年的时序数据，也进一步证实我国 FDI 和城市化之间存在长期均衡关系，其中 FDI 是城镇化水平提高的格兰杰原因。总体来看，外资作为城镇化发展的一个外部因素，对中国城镇化发展发挥着重要作用（Zhang，2002），但由于外商投资主要集中于沿海地区，导致地区间的城镇化水平及发展速度存在差异（Lin，2004）。

（五）其他视角的动力机制

除了从以上几个方面，很多学者还从人口迁移、行政区划调整、教育等方面对中国的城镇化机制进行探讨。就人口流动而言，农村人口向城镇的迁移流动构成了中国城镇人口增长的主要原因（Zhang and Song，2003；王桂新、黄祖宇，2014）。就行政区划而言，政区范围、大小、结构直接影响城镇化发展的速度、进程和质量（王冉、张婷，2008），行政区划调整一方面有利于推动城镇化发展，例如，通过撤县（市）设区等促进了中心城市发展空间和规模的扩大，有利于增强城市竞争力（罗震东，2005）；另一方面则也可能造成被动城镇化。就教育而言，城镇化与教育之间存在着良性的互动关系，教育通过促进农村人口向城镇集聚、促进人力资本和人口素质提升以及促进产业优化升级等加快了城镇化发展（张妍，2005）。李强等（2013）还结合城镇化的动力和空间模式，提出了多元城镇化，将我国城镇化推进模式总结为建立开发区、建设新区和新城、城市扩展、旧城改造、建设中央商务区、乡镇产业化和村庄产业化等七类。

（六）文献总结与研究启示

国内外学者从多种视角对城镇化机制进行了广泛研究，中国城镇化的动力机制既有与发达国家相似的动力机制，也有具有中国特色的动力机制。中国城镇化的动力机制具有明显的阶段性和区域差异性，不同时期、不同地区的动力机制不尽相同。改革开放以来，中国城镇化的动力机制从二元动力机制到三元行为主体动力机制、再到经济全球化背景下外资推动的动力机制，中国城镇化动力机制的理论解释和实证研究不断丰富，研究的区域也从以珠三角、长三角等经济发达地区为重点逐步向全国不同地区、不同城市转变。总体来看，改革开放奠定了中国城镇化快速发展的宏观背景，工业化、市场化、全球化的快速推进则进一步塑造了城镇化发展的空间格局，政府、企业和个体作为城镇化发展的行为主体，三者共同作用促进了城镇化的快速发展。然而，针对前面三种城镇化路径的动力机制研究还相对较少，三种城镇化路径的动力机制是否完全相同，还需要进一步深入分析。

第三节　尺度理论与城镇化研究中的尺度

一、尺度的内涵及其类型划分

尺度（scale）自古以来就是地理学的核心概念（Andrew，2011），空间、地方、景观、网络与尺度等共同构成了人文地理学的基本概念体系（刘云刚、王丰龙，2011）。早在 2000 多年前，地理学者就以地图上的特征来表述世界，借助不同的比例尺进行操作，其中古希腊学者希罗多德还将地理学视为一个建立于尺度变化之上的综合学科（保罗·克罗瓦尔，2007）。但是，长期以来尺度基本只被看作一个客观概念（刘云刚、王丰龙，2011），直到 20 世纪 80 年代，随着泰勒和史密斯开创性著作的问世（Taylor，1981、1982；Smith，1984），尺度的内涵才开始引起人文地理和自然地理学者的热烈讨论（Andrew，2011）。

但到目前，不同学科对尺度的强调和运用仍存在较大差异（李小建，2005），甚至对于是否存在尺度问题还有争议（Marston，Jones and Woodward，2005）。在地图学中，尺度被定义为地图尺寸与地球表面实际大小之间的关系，也就是比例尺。在自然地理学中，认为自然地理现象可以划分为一系列渐进的时空等级尺度，因此尺度被看作是多层次的等级。生态学与地理学密切相关，因此尺度也是生态学的重要概念，特别是在景观生态学中，尺度被认为是对某一研究对象或现象在空间上或时间上的量度（邬建国，2000）。人文地理学对尺度的关注则主要从结构主义视角出发，集中在对特定尺度某一现象产生的解释以及尺度重要性如何随时间变化。人文地理研究中每个尺度的分析单元也类似其他学科中的分析方法，从个体到家庭、到全球，形成了一个地理范围越来越大、小尺度的单元镶嵌在大尺度单元中的等级体系。但是其内涵却存在很大差异：一是每个尺度分析单元的边界不是固定的，其边界可随时间而发生变化，例如，行政区划的调整；二是因果关系并非从最低的（小）尺度自下而上形成，它可以在任一尺度内部或不同尺度之间发生；三是并非简单的试图发现一些客观的表面的位置规律来解释世界，而是认为尺度存在可替代性（Sheppard and McMaster，2004）。

尺度定义的多样性使地理学者对尺度进行统一定义存在困难，一些学者尝试对这些定义进行划分总结。地理学家在对地理事件和地理过程研究中，不仅要涉及其空间特征还要涉及形成这些特征的时间概念（李小建，2005），因此，兰姆和夸特罗奇首先将尺度划分为三个方面：空间尺度、时空尺度以及时间尺度，然后进一步细分为地图尺度、观察尺度、操作尺度以及测度尺度（Lam and Quattrochi，1992）；谢泼德和麦克马斯特在此基础上结合人文地理学对尺度的关注，进一步补充了解释尺度（Sheppard and McMaster，2004），如图2-12所示。地图尺度即地图学中的比例尺；观察尺度即所研究的空间范围；测量尺度指研究对象的最小可分辨部分；运行尺度指某种地理过程运行环境的空间范围；解释尺度指依研究对象不同而进行不同的划分。李双成、蔡运龙（2005）将以上几类尺度归并为本征尺度和非本征尺度：前者指自然本质存在的，隐匿于自然实体单元、格局或过程中的真实尺度，例如流域、山系、大洲等；后者主要是人为划分的、自然界并不存在的尺度，包括了研究尺度和操作尺度，研究尺度受研究目的以及科技和经济发展水平影响，操作尺度通常为行政单元，但也有流域、功能区、城市群等非行政单元的尺度。刘云刚、王丰龙（2011）将尺度归纳为现实尺度、分析尺度和实践尺度。现实尺度类似本征尺度，是指自然界空间格局和地理过程客观存在的真实尺度；分析尺度是基于研究者的角度对尺度进行的等级化建构，如宏观—中观—微观的三级尺度（Watson，1978）、行政区划等级也可归于此类；实践尺度则是基于对尺度效用的主观运用（刘云刚、王丰龙，2011）。

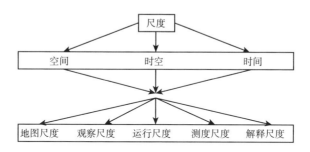

图 2 - 12　尺度的类型划分

资料来源：兰姆和夸特罗奇（Lam and Quattrochi, 1992）。

总体来看，尺度既是自然概念，也是人文概念，由于不同学科研究对象和关注侧重点的不同，对尺度的理解和运用存在一定差异，但尺度作为自然或社会现象等级的观点被普遍接受。对于尺度类型划分或概念构建，尽管存在多种观点，但总体可划分为两种主要类型：一是绝对的、客观的尺度，是自然界真实存在的；二是相对的、主观的尺度，依据研究对象、学科特性、研究视角、科技水平、社会经济水平、研究者的知识和主观意愿等进行划分，是一个被选取和建构的尺度，例如，分析尺度中各等级的单元划分。与自然地理学相比，人文地理学更加重视主观的尺度建构以及对尺度概念的抽象运用。

二、人文地理学中的尺度研究

1980 年代以前，尺度很大程度上被想当然地认为是世界的组织秩序。地理学家以及一些其他的自然和社会科学家虽频繁使用诸如"区域尺度"或"国家尺度"等来分析某些问题，但是对于尺度本质的理论研究却很少。研究者简单地认为世界存在内在的等级划分，把"区域""国家""全球"等尺度看作自然的地理单元或者是把世界划分成小块进行分析的合理方式。20世纪 80 年代，泰勒和史密斯著作的问世（Taylor，1981、1982；Smith，1984），尺度的内涵开始引起人文地理学者的热烈讨论（Andrew，2011）。

泰勒基于世界体系理论的"边缘—半边缘—核心"的水平体系基础上，提出了尺度的政治经济学并构建了资本主义"全球—国家—城市"的垂直尺度体系，认为不同的尺度具有不同作用：全球尺度是真实的尺度，国家尺度是意识形态的尺度，城市是日常体验的尺度（Taylor，1981、1982）。20世纪80年代之后，伴随着马克思主义地理学及社会理论的流行，尤其是受列斐伏尔"空间生产"思想的影响，人文地理学对尺度的理解开始走向相对化，尺度被看作"社会生产的过程"和"社会建构的产物"（刘云刚、王丰龙，2011）。史密斯基于马克思主义地理学的理论，分析了资本主义的不平衡发展，提出了资本流动的跷跷板（the seesaw of capital）理论，认为资本的固定性和流动性成为尺度生产的基础；并发现资本的跷跷板现象在城市尺度更明显，而对于国家和全球尺度则很少发生（Smith，2008）。史密斯还在对纽约无家可归者的分析中提出了"身体—家—社区—地方—区域—国家—全球"的尺度体系，指出尺度是各种社会运动和斗争的框架，尺度运用的核心即尺度转换（Smith，1992）。布伦纳也认为尺度是社会建构的，它本身也是参与社会建构的基本力量，地理尺度的重组和构造是激烈的社会政治斗争的产物（Brenner，2001；苗长虹，2004）。

在以上经典论述的基础上，人文地理学从多个方面对尺度进行关注，涉及尺度政治、行政区划调整、经济地理的尺度转向等方面。此处主要从与本书密切相关的行政区划、经济地理学的尺度转向两个方面进行总结和分析。

（一）尺度与行政区划的等级和调整

行政区划作为国家行政管理制度的地方安排，是国家为了实行行政管理，按照政治、经济、民族状况、地理历史条件和传统的不同对其领土进行的区域划分（胡德、刘君德，2007），是国家权益的地方配置（汪宇明，2004）。行政区划包括了行政等级、政区范围、行政中心等要素，在中国政区等级和行政权力大小密切相关，形成了多层级 M 型的行政管理体系：中央—省（区市）—地级市—县—乡镇五级体系。与政区层次相对应，城市行政等级可分为直辖市、地级市、县级市和镇四级，如果考虑行政级别和政府驻地的重要性，则可以进一步细分为直辖市、副省级城市、省会城市、一般地级市、县级市、县城和建制镇七级（魏后凯，2014），较高等级的城市往往具有更多的社会经济管理权限和行政权力，因而也集聚了更多的社会经济资源（弗农·亨德森，2007；Chan，2010）。

从尺度作为等级的视角来看，中国的行政区划和城市级别具有鲜明的等级特征，因此从尺度理论的视角可将行政等级理解为一种特殊的分析尺度（Ma，2005），这也成为行政区划调整研究的新视角。卡地亚以西方资本主义城市的尺度理论为基础，认为中国的城市重构问题可以被视为一个尺度变化的现象（Cartier，2005）。改革开放以来，中央政府向地方政府的分权成为经济改革的重要特征（Ma，2002），分权化、市场化以及全球化的互动，重组了中国的尺度体系（Lin，1997；Wei，2001）。权力下放和市场化之后，地方政府逐渐崛起，地方政府在城市发展中变得愈加重要；而中央政府、地方政府、企业和市民分别通过对城镇化发展的重视和人口流动政策的放松、地方政府对流动人口差别化对待、企业招工和居民流动性增强等，使城市化的尺度调整在中央政府、地方政府、企业和市民不同尺度上发生，多种尺度的互动促进了城市化的发展；另外，为了获得城市地位的提升和扩张城市行政区域，城市垂直尺度的调整以及水平地域化导致了中国大规模的城市空间再组织（沈建法，2007）。

利用尺度理论对中国的行政区划调整进行研究。通过"市领导县"改革改变了市和县的等级尺度关系，使原来的中心城市变成了"城市—区域"；而通过"撤县设市"和"撤县（市）设区"则使一些县（市）的行政级别得以提升，实现了尺度的转换（Ma，2005；左言庆、陈秀山，2014），也使行政区划调整成为城镇化发展的新机制（林耿、柯亚文，2008）。此外，还有很多学者对行政区划的调整，包括撤县设市、撤县（市）设区、乡改镇、镇改街以及省直管县、大镇设市等问题进行了研究（汪宇明、王玉芹、张凯，2008；魏衡等，2009；黄忠怀、邓永平，2011），在研究过程中虽没有明确提及尺度理论，但是在本质上却和尺度的转换以及尺度的等级性具有密切关系。

（二）经济地理的尺度转向与全球化过程

20 世纪 90 年代以来，西方经济地理学的尺度转向延续继承了激进地理学对尺度或空间的观点以及尺度的政治学理论，强调尺度的过程、演化、动态和社会政治竞争等性质（苗长虹，2004）。布伦纳将尺度的政治学划分为"空间性的尺度政治学"和"尺度重组的政治学"两种：前者强调尺度是一种特定的地理单元；后者强调尺度的重组过程，并用于对全球化过程的分析（Brenner，2001）。20世纪80年代以来，资本主义向后福特主义的快速转型以及以跨国公司全球化扩张为特征的经济全球化的全面推进，使跨国资本穿透和跨越国家及区域边界变得更加容易，从而使资本积累、城市化与国家调控不再集中于国家尺度，而是出现了新的次国家与超国家地域空间（Brenner，1998）。

布伦纳认为全球化是社会、经济和政治制度空间的再地域化，以及这种再地域化与外在的多重地理尺度相互影响的过程，并将城市与国家尺度重组视为资本全球化过程中两个不同再地域化的形式，用以说明全球、国家和城市区域间的空间架构及其关系（Brenner，1998）。在这个尺度重构过程中，国家权力向多重地理尺度分化：上移至超国家政权（如欧盟、国际货币基金组织、世界贸易组织等），下移至国家区域政府，外移至非政府组织等（魏成、沈静、范建红，2011）。因而，对于城市的管治不再是城市自身的问题，需要从国家、超国家、全球等更高的尺度来分析。这对于中国城镇化研究提供了很好的启示，大城市面对大量的外来人口，其城镇化也已经不能看作是大城市自身的问题，需要从省域、国家等更高尺度上来协调解决。

（三）多尺度区域差异的研究

在区域发展中，作为地理单元的尺度所表现出来的空间尺度效应也不容忽视，尤其在有关中国区域差异的研究中得到了广泛重视。不同的研究尺度意味着对研究对象细节了解的程度不同，因而尺度的选择会影响研究结果（李小建，2005）；基于不同的空间单元，即使采用同一指标衡量相同年份的收入差异，得到的结果也并不相同，因此，不能忽视区域经济差异研究中的时空尺度问题（徐建华等，2005）。魏也华认为区域差异存在多机制及多尺度的特性（Wei，1999）：省内差异跟省际差异一样大，因而对区域发展的理解需要多尺度与多区域的视野（Wei and Ye，2004），可以包括区际、省际、省内甚至是县域内部和城市内部，以及城乡差异、乡村之间的差异等（Wei and Ye，2009；Wei，2015），如图2-13所示。改革开放以来分权化、市场化及全球化的过程中，海外投资、政府以及地方力量等构成了多尺度区域差异的多重动力机制，多种机制如何在不同尺度发挥作用值得研究（苗长虹、魏也华、吕拉昌，2011）。大多数有关中国区域差异的研究多是倾向于地区、省级、地级或县级单一尺度的区域差异（李小建、乔家君，2001；管卫华、林振山、顾朝林，2006；Fan and Sun，2008；李莉等，2008），而关于省内差异和多尺度的研究相对较少（苗长虹、魏也华、吕拉昌，2011）。近年来在借鉴多尺度多机制分析框架的基础上，越来越多的学者开始关注多尺度层面的区域差异（Wei and Kim，2002；Liao and Wei，2012；陈培阳、朱喜钢，2012）。

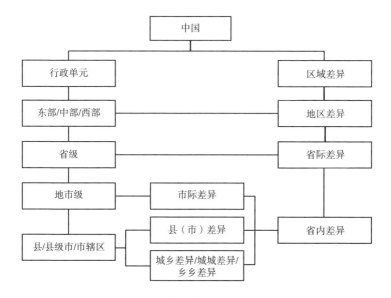

图 2 - 13　中国多尺度区域差异的分析框架

资料来源：廖海峰和魏也华（Liao and Wei，2012）。

三、城镇化研究中的尺度问题

城镇化作为多维的社会空间复杂过程（Friedmann，2006），是中国城市地理学最早并持续关注的研究领域（吴友仁，1979）。作为一种社会空间现象，巨大的地域分异使中国城镇化也表现出明显的多尺度特性，根据目前相关研究，城镇化研究中的多尺度性，主要体现在三个方面。

首先，中国地域广阔，单从国家、地区或省域层面考察城镇化的特征和机制，往往会导致简单的、中和的甚至偏差的结论，在较大尺度上的城镇化规律或特征并不一定在小尺度上存在，反之亦然。因此，如同对区域差异的研究一样，中国的城镇化也需要从多尺度的视角进行考察和研究（罗震东、胡舒扬，2014）。例如，2010 年山东省的城镇化率为 49.7%，但若从县市区层面考察，140 个县市区中仍有 13 个县的城镇化率低于 30%，其中最低的仅为 21.5%，而一些市辖区城镇化率则已达到 100%，如果仅从省域层面整体考察，这些差异显然是不能够被识别的。另外，2010 年山东省 140 个县市区（未合并市辖区）城镇化率的空间自相关系数为 0.38，正态统计量 Z 值显著大于 1.96，山东省城镇化具有显著的正空间自相关性（杨传开、张凡、宁越敏，2015）；而邵大伟、吴殿鸣（2013）将市辖区合并后采用相同数据计算城镇化率的空间自相关系数则仅为 0.13。可见对市辖区考察的尺度发生变化时，空间自相关性也发生了显著变化，类似的还有人口密度和人口分布的空间自相关性（杜国明、张树文、张有全，2007；王静、杨小唤、石瑞香，2012），因此多尺度考察城镇化特征是必要的。

其次，从人口城镇化的视角，不同转移尺度的流动人口构成了人口城镇化的研究对象，因而城镇化的多尺度性还体现在人口流动的多尺度性上，即使在同一个空间尺度上考察不同转移尺度的流动人口也会有不同发现。城镇人口的增长除城镇人口的自然增长外，大部门主要还是来自农村人口的乡城迁移，其中又可分为本地转化的农民以及来自外地农村的流动人口（宁越敏，2012），他们构成了跨省市城镇化、本土城镇化和基层城镇化，共同组成了地区的"多层次城镇化"（冯健、刘玉、王永海，2007）；其他一些学者，还依据城镇规模等级提出了"分层城镇化"的概念（郑德高、闫岩、朱郁郁，2013）。总体来看，多层级、多方式推进城镇化成为新型城镇化发展的重要思路（李晓江等，2014）。应当说多层次城镇化的提出是从多尺度人口流动视角研究城镇化的有益尝试，然而在当前的诸多研究中对多尺度流动人口仍关注不足。例如，在分析农民工市民化时，往往笼统的强调市民化，对于不同迁移尺度的流动人口市民化不加区分。

最后，政策层面的"一刀切"，忽略了不同尺度的具体问题。例如，在国家相关政策中，虽对不同规模城市采取不同的落户政策（见表 2-4），但这仍不够具体。全面放开建制镇和小城市落户限制，但是对于一些外来人口较多的东部沿海发达地区的小城镇这是不现实的，甚至外来人口较多的村庄都不愿放开（华生，2013）；相反，提出严格控制城区人口 500 万以上的特大城市人口规模也值得讨论，特大城市外来人口主要集中在近郊区，对于远郊区的落户规定是否可以有所松动也值得思考。所以，有必要加强对具体地区的具体研究，笼统地以城市规模等级作为政策制定的依据，并不一定能符合地方实际，还需要开展多尺度的研究。另外，在行政区经济的刚性约束以及各地发展水平差异较大的背景下，仅由地方政府出面解决跨地区流动人口的各种问题难度较大（宁越敏，2012），因此还需要更高等级尺度的政府进行协调。可见，既需要结合地方实际的多尺度政策安排，也需要不同尺度政府间的协调互动。

表 2 - 4　　　　　　　　　　　　城市规模与落户政策

城市规模	落户政策
建制镇和小城市	全面放开落户限制
城区人口 50 万 ~ 100 万人的城市	有序放开落户限制
城区人口 100 万 ~ 300 万人的大城市	合理放开落户限制
城区人口 300 万 ~ 500 万人的大城市	合理确定落户条件
城区人口 500 万人以上的特大城市	严格控制人口规模

资料来源：《国家新型城镇化规划（2014—2020 年）》。

总体来看，城镇化作为城市地理学的重要研究内容之一，还没有像经济地理学那样建立起多尺度多机制的分析框架，"尺度"意识在很大程度上仍未被充分重视。对于城镇化的特征主要还是从单一尺度进行考察，缺乏不同尺度之间的对比互动；对于人口流动的多尺度性，则仅是初步涉及，还并未充分认识到不同尺度流动人口的差异性及对城镇化的影响；对于城镇化政策的制定，仍还需要注重结合地方实际，从多尺度的视角制定合适的发展政策。因此，有必要超越尺度（beyond scale），构建起城镇化研究的多尺度框架，用多样化的尺度去解构中国城镇化发展过程和空间组织，以更清晰地洞察不同尺度城镇化的特征和发展动力，更加强调城镇化研究的多尺度视角和发展政策制定的因地制宜与多样性。

第四节　本章小结

本章从研究主题出发，重点对人口流动、城镇化以及尺度三个方面的相关理论和研究进行了总结和回顾。通过回顾这三个方面的研究，试图寻找到将人口流动与城镇化相结合的切入点，同时通过借鉴其他学科有关多尺度的研究，最终为架构起基于人口流动视角的多尺度城镇化分析框架奠定基础。

第一，人口流动尺度的不同形成了县内跨乡镇街道的流动人口、省内跨县市区的流动人口和跨省的流动人口。而在城镇化路径方面，根据农业人口转移范围的不同形成了就地城镇化、就近城镇化和异地城镇化三种城镇化发展路径，但是三者的范围界定还不够明晰。将三种不同尺度的人口流动与三种城镇化路径相结合或许可以成为人口流动与城镇化研究相结合的切入点。

第二，在人口集聚方面，有关中国人口流动的相关研究较为全面地总结了改革开放以来中国人口流动集聚的特征，其中省际人口流动获得了充分重视，省内流动研究相对不足，一些研究还进一步针对省内跨县市区的流动人口进行了分析。这为本书研究不同尺度城镇化的人口集聚特征奠定了基础，同时在此基础上，也可以进一步细化不同迁移尺度流动人口集聚特征的比较研究。

第三，在动力机制方面，人口流动机制的大量研究逐步形成了"微观—中观—宏观"相结合的多层次理论，为进一步研究人口流动及农民城镇化意愿提供了理论支撑；且有关中国的实证研究还发现省内人口流动和省际人口流动的驱动机制并不完全相同，但有关省内人口流动机制的研究还相对不足。此外，通过梳理城镇化的主要动力机制，目前针对不同路径城镇化的动力机制的具体研究还相对较少。通过结合人口流动的机制与城镇化的动力机制，为探究不同尺度人口城镇化的动力机制提供了理论基础和实证经验。

第四，通过梳理行政区划中的尺度等级性以及经济地理中的多尺度多机制研究，为城镇化研究提供了新思路，使多尺度城镇化成为研究城镇化的新视角。将行政区划的等级性和经济地理的多尺度研究思路相结合，有助于构建以行政区划为基础的多尺度城镇化分析框架；通过从多个尺度对城镇化进行研究，有利于深入辨识城镇化的规律和特征；同时针对不同迁移尺度的流动人口进行研究，也更有助于辨识人口城镇化的空间过程；另外，不同尺度政策的实施对于相应尺度的问题更加有效，而不同尺度政府的协调互动也有助于跨尺度问题的解决。接下来，在第三章进一步详细展开，论述中国多尺度城镇化的理论框架与发展现实。

| 第三章 |

多尺度城镇化的框架建构与现实发展

多尺度城镇化的提出不仅是对人口流动、城镇化及尺度等理论的综合，同时还与中国的体制机制和现实发展密切相关，因而多尺度城镇化不仅有助于丰富城镇化理论，同时对于推进中国新型城镇化发展也具有重要的现实意义。本章首先从多尺度城镇化的形成、内涵以及机制等方面构建多尺度城镇化的理论框架；其次结合中国的发展现实，从经济基础、社会基础以及政策基础三个方面探讨多尺度城镇化发展的现实基础；最后从历史维度考察改革开放以来中国多尺度城镇化的发展演进过程。

第一节　多尺度城镇化的框架建构

一、多尺度城镇化的形成

（一）地方政府的崛起成为多尺度城镇化形成的前提条件

改革开放前的计划经济时期，权力高度集中于中央，中央政府作为全社会经济发展的组织者和管理者，对资源进行统一配置（Zhang，2008；官永彬，2014）。而20世纪80年代以来，在由计划经济向市场经济转型过程中，中央政府通过社会经济管理权限的下放以及财政分权使地方政府获得了较多的地方资源配置权（岳军，2009）。分权化在极大地提高地方政府发展经济积极性的同时，也使地方政府成为相对独立的以辖区发展为利益取向的行为主体（官永彬，2014），进而导致地方政府只关注自身行政区范围内的经济发展和社会福祉，从而通过设置种种制度障碍对来自其他行政单元、不利于自身利益的行为产生不同程度的排斥，行政区划的边界性以及地方保护主义不断被加强，也使地方政府在城市发展中变得愈加重要（Shen，2005）。尽管地区间的社会经济联系不断加强，城市群、都市圈等规划区域也在不断超越行政边界进行不同尺度的地域重组，但行政区作为社会经济管理的基本单元，行政区划依然对地方政府行为具有强烈的刚性约束（宁越敏，2012）。总体来看，分权化过程中地方政府的崛起强化了以行政区划为基础的空间尺度分化。

（二）区域发展的不均衡与人口流动性的增强促进了多尺度城镇化的形成

改革开放以来，中国参与全球化进程加快，东部地区利用有利的区位条件和人文环境吸引了大量外资，促进了东部地区的社会经济发展（宁越敏，2012），也进一步加大了地区发展的不均衡。地区发展的不均衡，不仅表现为经济发展水平上的不均衡，还突出表现为社会发展水平和公共服务资源配置的不均衡。地区发展的不均衡以及人口流动管制的放松，导致流动人口规模迅速扩大；同时，东部地区劳动密集型产业的发展促进了对劳动力的需求，也进一步加快了人口由中西部地区向东部沿海地区流动。人口由改革开放前的本地乡城流动逐渐向跨越不同行政级别的多尺度流动转变，形成了县市内乡镇之间的近邻流动、省内跨县市的中程流动和跨省的远程流动（叶裕民，2003），人口流动形成了多尺度的分化，同时也因流动距离的不同，导致人口流动的物质成本和心理成本产生尺度分化。

（三）政绩考核与地方竞争下形成的制度壁垒深化了多尺度城镇化的形成

由于中央政府对地方政府官员的选拔和晋升标准主要是以经济绩效为主，更多地关心任职期内的辖区经济增长，而对于经济增长短期效果不显著的教育、医疗等公共服务投入不足、供给不足（王永钦等，2007；傅勇、张晏，2007）。另外，地方政府同时通过设置种种制度障碍，特别是以户籍制度为主要手段，形成了本地户籍人口和外来常住人口的类型划分，使外来人口与本地人口不能够享受同等的公共服务、福利、住房等（Shen，2002；Zhang，2012），以降低辖区内的公共服务支出；另外，不同地区的区域政策，形成了福利区域主义（Mok and Wu，2013）。这样一来，使农民城镇化、市民化的成本产生分化，农民转换为城镇居民的难易程度形成差异；跨越的尺度越大，农民城镇化的成本越高、难度越大；如果从纵向的角度考察，则是跨越的城市等级越高，城镇化的成本越高、难度越大。例如，在户籍制度改革过程中，很多地方的户籍改革主要是针对本辖区

（往往是本县或最多是地级市）的非农户口，但对跨行政区的流动人口户籍基本没有放开（国务院发展研究中心课题组，2011；宁越敏，2012）；类似的，相对于跨省流动人口而言，省内流动人口的子女则并不存在所谓的异地高考问题。总体来看，地方政府在经济绩效的驱动下，通过设置制度壁垒，使农民的城镇化成本产生尺度分化。

二、多尺度城镇化的内涵

人口城镇化是指农村人口转变为城镇人口的过程，这个过程强调了人口从农村向城镇的转移，但对于农民去哪里的城镇、去什么规模的城镇则并未充分关注。在分权化、全球化的背景下，受户籍制度和行政区划制度的约束，跨越行政界限的不同，导致流动人口城镇化和市民化过程的难易程度不同，换句话讲，人口转移空间尺度的不同形成了不同尺度的城镇化。

基于此，笔者提出人口流动视角下的多尺度城镇化。多尺度城镇化是指在人口城镇化过程中，不同空间转移尺度的人口，受相关制度因素的影响，导致人口城镇化的过程产生分化，形成了多层次、多路径的城镇化模式。多尺度城镇化是一种综合性的城镇化发展模式，强调尺度在人口流动和城镇化过程中的作用，通过不同的人口转移尺度来解构城镇化过程，以更清晰地分析和刻画城镇化的过程和空间组织，可以看作是对传统城镇化研究的细化和深入，为城镇化研究提供了一个新的视角和思路。

结合中国发展实际和有关人口流动以及城镇化路径的相关研究，笔者认为多尺度的城镇化可以划分为三个层次，分别为：跨省人口流动形成的异地城镇化、省内跨县（市、区）人口流动形成的就近城镇化和县（市）内人口流动形成的就地城镇化（见图3-1）。具体而言：异地城镇化是指农民跨越省市边界在其他省（区、市）实现城镇化的过程；就近城镇化是指农民跨越县（市、区）边界在省内其他县、市、区实现城镇化的过程（由于市辖区内部，区与区之间的人口流动可以看作是人户分离，所以并不将其归为这一城镇化过程）；就地城镇化是指农民在县（市）域范围内转移流动实现城镇化的过程，这既包括农村向城镇的转移也包括农民在农村的就地转换。之所以把就地城镇化的空间范围不仅仅局限于农村，主要是由于很多乡村地区伴随着乡镇企业的衰落、城镇化的快速推进以及自身地理条件和发展基础的薄弱，尚不具备从乡村裂变为城镇或农民就地转移城镇化的可能；另外，很多农民在县城和农村之间形成"白天在城里务工，晚上回农村睡觉"的朝夕式流动，且很多农民已经不从事或很少从事农业生产，因此就地城镇化在界定时，若单纯把农村作为农民就地转移的空间载体具有一定的局限性。三种尺度城镇化的划分，更加清晰地界定了每种城镇化的空间范围，弥补了以往对单一城镇化路径空间范围界定模糊、边界范围重叠等问题，更加有助于辨识不同尺度城镇化的人口集聚特征。

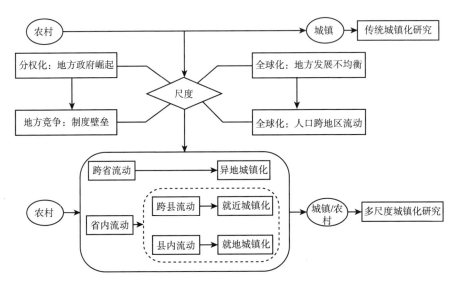

图3-1　多尺度城镇化的形成与内涵

三个尺度的城镇化之间并非相互孤立，而是相互联系，这可以从以下两个角度来理解。第一，就迁移个体而言，可能在经历就地城镇化后，进一步转移至其他地区，进而经历就近城镇化或异地城镇化；相反，迁移个体亦有可能先经历跨省的异地城镇化后，然后返乡进一步经历就地城镇化或就近城镇化，实现最终的城镇化过程。第二，就单个地区而言，则是三种城镇化的综合作用，其他地区构成了本地区的城镇化腹地，不同流动尺度的农业转移人口通过就地城镇化、就近城镇化和异地城镇化共同构成了本地区的人口城镇化过程。

本书中的多尺度包含了两层含义：一是指人口流动的多尺度形成了三种城镇化，二是三种城镇化分别从三个空间尺度进行考察。不同的研究尺度意味着对研究对象细节了解的程度不同，所以分别在三个空间尺度上对三种城镇化进行分析，有助于更清晰的认识每种城镇化的人口集聚特征，而三者的嵌套组合则构成了国家和地区完整的城镇化（见图3－2）。

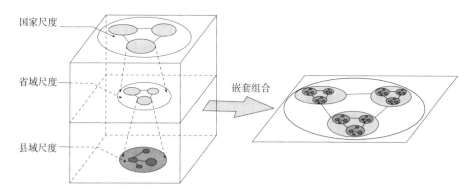

图3－2　多尺度城镇化的空间组织

三、多尺度城镇化的机制

前面讨论多尺度城镇化的形成，主要是针对尺度形成的原因，但对于每种城镇化背后人口流动集聚的动力机制并未进行分析。在加入尺度变量后，从农村向城镇转移的单一人口城镇化模式分化为三种不同尺度下的人口城镇化模式，进而构成了多尺度城镇化。不同尺度流动人口的影响因素并不完全一致，所以多尺度城镇化人口集聚的机制具有多样性，不同尺度的城镇化在发展过程中也具有不完全相同的动力机制。

基于第二章有关人口流动理论和城镇化动力机制的文献综述与分析，总体来看，人口流动可以看作是人口城镇化的直观表现形式，假设个体或家庭具有理性经济人的特点，在综合考虑个体、家庭以及外部社会经济因素后，农民会做出是否迁移到城镇的理性决策。根据人口流动宏观层次的结构理论，流动人口一般是从社会经济发展水平较低的农村向社会经济发展水平较高的城镇转移（由于数据限制，本书在从三个空间尺度考察多尺度城镇化动力机制时，未能对个体或家庭特征做充分讨论，主要考察了社会经济发展水平和地区差异等因素的影响）。总体来看，制度因素、经济因素、社会因素以及地理因素等宏观因素构成了影响不同尺度人口流动的主要因素（见图3-3），但就每一种尺度的城镇化而言，其具体影响因素存在一定差异。

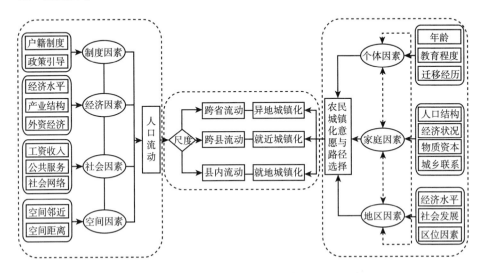

图3-3 基于人口流动的多尺度城镇化机制分析框架

第一，制度因素：由于人口流动政策的放松，人口基本实现了自由流动，所以制度因素在限制跨地区人口流动中的作用逐步减弱。但是户籍制度所划分的本地人口和外来人口导致了跨地区流动人口在流入地的不完整城镇化，因而对于跨地区的就近城镇化和异地城镇化而言，制度因素主要体现在流动人口在流入地的社会融入和市民化上。对于县域内的就地城镇化而言，户籍制度并不一定是主要障碍，此时的制度作用主要体现在政府对县域人口流动和城镇化发展的宏观规划引导上。

第二，社会经济因素：区域差异是引起人口跨地区流动的重要因素，这种差异不仅包括经济差异还包括社会差异，就近城镇化与异地城镇化相接近，都属于跨地区的人口流动，因此，两个地区的社会经济发展水平以及两地的区域差异构成了就近城镇化和异地城镇化发展的重要影响因素。相关研究指出，二者的动力机制并不完全一致，跨省流动人口对经济因素更加敏感，省内跨县流动人口不仅对经济因素、同时对社会因素也较为敏感（王国霞，2008；张耀军、岑俏，2014；田盼盼，2014）。对于县域内的就地城镇化而言，县域空间范围较小、区域差异相对较小，此时主要表现为城乡公共服务资源、就业机会和工资收入的差异。当然，根据社会网络理论，社会网络（迁移存量）对三种尺度的城镇化都具有重要影响。

第三，空间因素：一是迁移的距离越长，迁移成本越高；二是空间邻近性导致人口集聚的空间自相关效应。

从微观个体角度而言，根据人口迁移的多层次理论模型，影响农民城镇化意愿的因素则包括了个体因素、家庭因素、地区因素以及不同层次要素之间的交互作用，它们共同构成了农民城镇化意愿和路径选择的多层动力机制。本书在现有框架和以上分析的指导下，进一步对不同尺度城镇化的动力机制进行考察，以期更加明晰多尺度城镇化的动力机制。

第二节　多尺度城镇化的现实基础

一、经济基础：产业升级与产业转移

改革开放以来，沿海地区利用有利的区位条件和人文环境，吸引了大量外资涌入，推动东部地区成为中国劳动密集型产业的集聚地。随着经济的快速发展，受政策环境、生态环境约束以及土地和劳动力成本上升等其他因素的影响（许德友、梁琦，2011），传统的劳动密集型产业逐渐丧失原有优势，2000 年开始陆续由沿海地区向其他地区转移（张公嵬，2010），2008 年全球金融危机进一步加快了产业转移步伐，越来越多的企业开始向内地转移（曲玥、蔡昉、张晓波，2013；石敏俊等，2013）。根据图 3 - 4，可以看出以2004～2005 年为转折点，制造业空间分布发生逆转，2004 年之前呈沿海化倾向，之后中部省份制造业份额增加，在地级市尺度上也表现出明显的西进趋势。

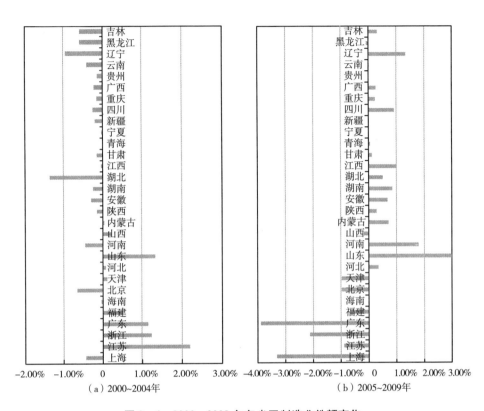

图 3 - 4　2000～2009 年各省区制造业份额变化

资料来源：石敏俊等，2013。

　　总体来看，我国区域产业转移总体上呈现从东部地区向中西部地区转移的趋势（叶琪，2014），一些大型企业的转移也充分证实了该结论。例如，富士康 2010 年在郑州设立新工业园；英特尔 2009 年宣布关闭上海工厂并扩建成都生产基地；惠普在重庆新设立笔记本电脑出口制造基地；海尔、格力等家电企业也启动在内地建立新的生产基地[①]。国务院也把中西部地区承接产业转移上升到国家层面，于 2010 年颁发了《关于中西部地区承接产业转移的指导意见》。

　　通过产业转移，加快了中西部地区的工业化进程，拓展了中西部地区居民就业和发展空间，有助于增强中西部地区城市群和城镇发展后劲，便于当

[①]　李鹏，孙莹，范若. 产业西进新一轮产业转移热潮正汹涌而来 ［EB/OL］. http：// finance. ifeng. com/a/20100719/2420838_0. shtml.

地居民实现就地就近城镇化。而对于东部沿海地区而言，不仅有利于推动其经济转型升级，也有利于缓解其城镇化压力，提升城镇化质量和水平①。可见，产业转移为多尺度城镇化的发展提供了经济基础。

二、社会基础：人口流动与迁居意愿

（一）农民工回流：在中西部地区实现就地就近城镇化存在可能

产业转移和产业集聚决定了劳动力的流动趋向，因而伴随产业转移，劳动力资源必然也会重新配置。随着劳动密集型产业从东部地区向中西部地区转移，农民工向中西部地区回流的态势也日益增强。国家统计局于2008年年底开始建立农民工统计监测调查制度，并每年发布《农民工监测调查报告》，通过对2009~2015年历年数据的整理，可以很好地展现农民工回流的总体趋势。

由农民工在东、中、西部地区的分布可以看出（见表3-1），东部地区的农民工总量增速较慢，所占全国农民工的比重持续减少，从2009年的67.8%降至2015年的59.6%；而中西部地区的农民工总量则持续增加，所占比重也持续增高，分别由2009年的16.6%和15.3%增至2015年的21.6%和18.8%，这表明中西部地区对农民工的吸纳力不断增强。未来农村劳动力向内陆地区流动的数量可能将会超过东部沿海地区的数量（蔡昉、王美艳、曲玥，2009）。由此来看，扭转中西部地区大尺度跨省人口流动形成的异地城镇化格局，推动中西部地区的就地就近城镇化发展存在一定可能。

表3-1　　　　　2009~2015年全国农民工的地区分布

年份	东部地区		中部地区		西部地区	
	人数（万人）	比重（%）	人数（万人）	比重（%）	人数（万人）	比重（%）
2009	15568	67.8	3830	16.6	3519	15.3
2010	16212	66.9	4104	16.9	3846	15.9
2011	16537	65.4	4438	17.6	4215	16.7
2012	16980	64.7	4706	17.9	4479	17.1

① 李克强. 以产业转移促进中国经济提质升级［EB/OL］. http://news.xinhuanet.com/comments/2014-06/25/c_1111317932.htm.

年份	东部地区		中部地区		西部地区	
	人数（万人）	比重（%）	人数（万人）	比重（%）	人数（万人）	比重（%）
2013	16174	60.1	5700	21.2	4951	18.4
2014	16425	60.0	5793	21.1	5105	18.6
2015	16489	59.6	5977	21.6	5209	18.8

资料来源：根据2009～2015年《全国农民工监测调查报告》整理。

（二）农民工流动范围：省内流动的就地就近城镇化具有重要地位

对全国农民工的流动范围进行分析，可以看出农民工主要以省内流动为主（见表3-2）。随着时间推移，省内流动农民工占全部农民工的比重不断提高，由2009年的67.61%增至2015年的72.09%；而跨省流动农民工所占比重则呈不断下降趋势，由2009年的32.38%降至2015年的27.91%（见表3-2）。对于外出农民工而言，2011年省内乡外流动农民工数量首次超过跨省流动农民工，扭转了长期以来外出农民工以跨省流动为主的态势。总体来看，农民工主要在省内务工，且越来越倾向于在中短距离的省内务工，这对于促进以省内流动为主的就地就近城镇化具有重要意义。

表3-2   2009～2015年全国农民工流动范围

年份	合计（万人）	本地农民工（乡镇内流动）		省内乡外流动		跨省流动	
		人数（万人）	比重（%）	人数（万人）	比重（%）	人数（万人）	比重（%）
2009	22978	8445	36.75	7092	30.86	7441	32.38
2010	24223	8888	36.69	7618	31.45	7717	31.86
2011	25278	9415	37.25	8390	33.19	7473	29.56
2012	26261	9925	37.79	8689	33.09	7647	29.12
2013	26894	10284	38.24	8871	32.99	7739	28.78
2014	27395	10574	38.60	8954	32.68	7867	28.72
2015	27747	10863	39.15	9139	32.94	7745	27.91

资料来源：根据2009～2015年《全国农民工监测调查报告》整理。

2012年的农民工监测报告，还进一步对外出农民工省内流动的范围作了细分，划分为乡外县内和县外省内。由于本地农民工主要是指在户籍所在乡镇地域内从业的农民工，所以也可以归为县内。因此，2012年时全国农民工在县内、省内县外和省外的比重分别为50.2%、20.7%和29.1%（见图3－5）。由此可以看出，县内流动的农民工在全国农民工中占有重要位置，推进县域就地城镇化的发展对于解决农民工问题具有重要意义。但是，三个不同流动尺度的农民工数量均还较高，因此，提出跨省的异地城镇化和省内的就地就近城镇化相结合的多尺度城镇化是与当前农民工的流动状况相契合的，有助于从不同层面解决农民工的城镇化问题。

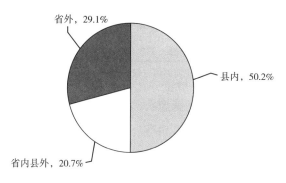

图3－5　2012年农民工的流动范围

资料来源：根据2012年全国农民工监测调查报告整理。

（三）农民工在不同规模城镇的分布：为多尺度城镇化发展提供了可能

农民工在不同规模城镇的分布奠定了多尺度城镇化的发展基础，如果农民工都集中于大城市，显然试图通过推进县城和小城镇发展，实现农民工就地就近城镇化就不太可能。2015年，在所有农民工中，流入地级及以上城市的农民工11189万人，其中，5.26%流入直辖市，13.73%流入省会城市，21.33%流入地级市，合计占全部农民工的40.32%；流入小城镇的农民工16484万人（乡内流动农民工都归为流入小城镇），占全部农民工的59.41%（见表3－3）。可见，全国农民工整体上是以流入小城镇为主，然而在当前研究中却更多地关注了大城市的农民工问题，而对于小城镇的农民工则并未引起充分重视。分省内流动和跨省流动具体来看，跨省流动农民工80.0%流入地级及以上大城市，而省内流动农民工仅有25.0%流入地级及以上大城市，绝大多数省内流动农民工主要集中于小城镇（见表3－3）。可以看出，促进以大城市为重要载体的跨省异地城镇化和以小城镇为载体的省内就近就地城镇化的发展，是解决不同规模城镇农民工问题的重要路径，同时农民工在不同规模城镇的集聚，也为多尺度城镇化的发展提供了可能。

表3-3   2015年农民工在不同规模城镇的分布

类型	合计		直辖市		省会城市		地级市		小城镇		其他	
	人数(万人)	比重(%)	人数(万人)	比重(%)	人数(万人)	比重(%)	人数(万人)	比重(%)	人数(万人)	比重(%)	人数(万人)	比重(%)
省内乡内流动	10863	100	0	0	0	0	0	0	10863	100	0	0
跨省流动	7745	100	1188	15.33	1752	22.62	3258	42.07	1473	19.02	73	0.94
省内乡外流动	9139	100	272	2.98	2059	22.53	2660	29.11	4148	45.39	0	0
合计	27747	100	1460	5.26	3811	13.73	5918	21.33	16484	59.41	73	0.26

资料来源：根据2015年全国农民工监测调查报告整理。

(四) 农民工/农民的迁居意愿：需要多样化的城镇化路径

以上主要是针对已经发生流动行为的农民工进行的分析，而对于那些居住在农村的农民或正在城镇务工的农民工，他们的迁居意愿也将影响未来城镇化的发展路径。考察其迁居意愿，有助于辨识推进多尺度城镇化的必要性和可能性。黄振华、万丹（2013）利用全国30个省267个村4980位农民调查问卷，了解其进城定居意愿和对不同层级城镇的偏好，研究发现60.94%的农民仍希望停留在农村或农村社区，39.06%的农民愿意到城镇定居，其中选择到建制镇和县（县级市）定居的合计占24.95%，到地级及以上城市定居的合计占14.11%（见图3-6）。由此可见，对于居住在农村的农民而言，他们大都并不希望迁移到大城市定居，推进县域内的就地城镇化更加符合农民的城镇化意愿。然而，对于农民工而言，则表现出明显的大城市定居偏好（孙中伟，2015）。张翼（2011）利用2010年国家人口和计划生育委员会流动人口监测调查数据，发现只有11%左右的农民工愿意交回承包地实现"户籍"非农化，其中这些农民工中的70%是想在大城市落户；孙中伟（2015）的研究也得到类似结论，发现约50.41%的农民工愿意定居大城市，认为"大城市优先"的城镇化道路更能够得到农民工的响应与支持。可见，对于不同群体，其城镇化意愿具有显著的差异性，单一的城镇化路径不足以满足不同群体的需要，有必要发展多尺度城镇化以满足其多样化的需求。

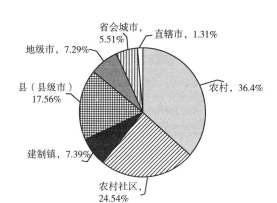

图 3 - 6　农民对不同规模城镇的定居偏好

资料来源：黄振华、万丹（2013）。

三、政策基础：城镇发展的相关政策

中国城镇化自 1949 年以来，经历了曲折复杂的过程，表现出明显的阶段性。改革开放前，属于政府控制型城镇化发展，政治上的动荡和政策的多变，使城市发展一波三折，城镇化进程缓慢。改革开放后，中国城镇化虽进入了较快发展时期，但城市发展方针特别是城市规模政策摇摆不定，总体上一直鼓励小城镇的发展（见表 3 - 4）。尽管如此，但小城镇的发展并不理想（方创琳，2014），而近年来，国家在政策层面，以"扩权强县"和"强镇扩权"为标志的行政体制改革、户籍制度在中小城市的优先放开以及公共服务的统筹，特别是近年来国家又提出了特色小镇、乡村振兴等战略，这都为促进小城镇以及就地就近城镇化的发展提供了新的制度支撑和政策优势。

表 3 - 4　　　　　　　　中国城镇发展方针演变

发展时期	年限	城市化发展方针或政策的主要内容	对国家城市化进程的指导效果
"一五"时期	1953 ~ 1957	项目带动，自由迁徙，稳步前进	项目带动的自由城市化进程
"二五"时期	1958 ~ 1962	调整、巩固、充实、提高	盲进盲降的无序城市化进程
"三五"时期	1966 ~ 1975	控制大城市规模，搞小城市	动荡萧条的停滞城市化进程
"四五"时期			
"五五"时期	1976 ~ 1980	严格控制大城市规模、合理发展中等城市和小城市	改革恢复的积极城市化进程

发展时期	年限	城市化发展方针或政策的主要内容	对国家城市化进程的指导效果
"六五"时期	1981～1985	严格控制大城市规模，积极发展小城镇	抓小控大的农村城市化进程
"七五"时期	1986～1990	严格控制大城市规模、合理发展中等城市和小城市	大中小并举的多元城市化进程
"八五"时期	1991～1995	开发区建设拉动大城市发展	大城市主导的多元城市化进程
"九五"时期	1996～2000	严格控制大城市规模，突出发展小城镇	大中小并举的健康城市化进程
"十五"时期	2001～2005	大中小城市和小城镇协调发展	大中小并进的协调城市化进程
"十一五"时期	2006～2010	以城市群为主体，大中小城市和小城镇协调发展	中国特色的健康和谐城市化进程
"十二五"时期	2011～2015	城市群与大中小城市和小城镇协调发展	符合国情的积极稳妥城市化进程

资料来源：方创琳（2014）。

随着县域经济的发展壮大，20 世纪 80 年代以来实行的市管县体制逐步暴露出城乡悖论、财政悖论、效率悖论等各种弊端（庞明礼，2007），"市卡县""市刮县""市县博弈"问题突出。与此同时，由于乡镇合并、撤乡设镇等行政体制改革导致东部沿海省份一批特大型乡镇崛起，其经济实力接近甚至强过县域经济（汪宇明、张洁玉、花露，2010），并暴露出政府人员编制与其人口规模不相称、财政不足、基础设施滞后、公共服务供给不足等问题，形成了"小马拉大车"的发展困境（上海城市管理编辑部，2010）。近年来，国家不断重视和加大力度推进"省管县"改革（钟晓敏、操世元，2011），党的十八大报告明确提出"优化行政层级和行政区划设置，有条件的地方可探索省直接管理县（市）改革，深化乡镇行政体制改革"；一些地方也逐步开始探索"镇级市"改革。这些行政体制机制改革的相关政策，有助于县和特大型乡镇的发展，提高其吸引力，扭转小城镇"发展不理想"的局面，从而促进县域内就地城镇化的发展。

在户籍制度改革方面，《国家新型城镇化规划（2014—2020 年）》明确提出了"全面放开建制镇和小城市落户限制",使农村转移人口落户城镇,实现县域内就地转移成为可能。并提出把加快发展中小城市作为优化城镇规模结构的主攻方向,加强中小城市的市政基础设施和公共服务设施建设,增强城市集聚能力。在城镇化发展路径上,2014 年中央农村工作会议首次提出"三个 1 亿人"的战略思路,2014 年的中央政府工作报告进一步明确提出"促进约 1 亿农业转移人口落户城镇、改造约 1 亿人居住的城镇棚户区和'城中村'、引导约 1 亿人在中西部地区就近城镇化"。这也为促进就地就近城镇化发展创造了良好的政策环境。

此外,中国地域广阔,区域差异巨大,在现行体制下,人口流动距离越大,农业转移人口与迁入地居民享有同样公共服务的可能性就越小(金三林,2015)。例如,对跨省流动人口子女而言,就要面临异地高考的问题,而省内流动人口则并不存在该问题。同样,对于跨省流动人口而言,养老保险和医疗保险是重要的社会保障,目前二者虽逐步实现了跨省转移,但仅限于个人缴纳部分,而社会统筹部分的养老保险只能转移 60%、基本医疗保险则不能转移①。另外,对于"异地就医、即时报销"也仍存在很大困难,2015 年城镇职工医疗保险和城镇居民医疗保险,仅有北京、上海、天津、重庆、海南、西藏等省市实现了省内统筹;而在地级市尺度,90% 的地级市实现了统筹,解决了 60% 以上的异地就医问题。对于参加新农村合作医疗的农民而言,目前仅有北京、内蒙古、吉林、江苏、安徽、河南、湖北、湖南、海南等 9 个试点地区初步实现跨省就医即时报销②。由此可见,目前公共服务统筹的层次,也决定了发展省内就地就近城镇化的可能性,当然国家层面的不断统筹完善也为未来异地城镇化质量的提高提供了可能。

总体来看,县域改革中相继提出的"扩权强县""省管县""扩权强镇""强镇扩权"以及户籍制度放开等举措,使得中小城市和小城镇更加获得了推动就地就近城镇化发展的制度和政策支持(折晓叶,2014)。省市内社会保险统筹、就医报销的便利以及流动人口子女高考政策等,也更加有利于实

---

① 2015 年社保跨省转移新政策 https：//wenku. baidu. com/view/000bc53142323968011ca300a6c30c225901f0ac. html.

② 医保跨省结算启动,你被覆盖了吗? http：//health. sina. com. cn/z/jiankangruihuati09/;中央部委 2015 年民生任务落实追踪. http：//www. xinhuanet. com/politics/2015 – 12/06/c_1117370242. htm.

现就地就近城镇化，从而为多尺度城镇化的形成奠定基础。

第三节 多尺度城镇化的发展演进

从中国城镇化的发展过程来看，多尺度城镇化现象一直存在，但在不同时期，多尺度城镇化的发展有所侧重或不同尺度的城镇化在不同时期占据不同地位。对改革开放以来的城镇化进程而言，大致可以划分为三个阶段。

一、以就地城镇化为主导时期：1978～1991 年

中国的改革首先从农村开始。1981 年中央一号文件正式提出农村家庭联产承包责任制，此后中国农村开展了大规模的"家庭联产承包责任制"改革（许学强、周一星、宁越敏，2009）。在包产到户制度的推行下，农民生产积极性显著提高，粮食产量显著增加，同时也产生了大量剩余劳动力。20 世纪80 年代初期，由于城镇企业改革尚未开始以及知青返城等因素的影响，城镇劳动力需求小、就业压力大，此时政府主要通过鼓励农民发展非农产业和搞"多种经营"（李占才、运迪，2009）。此时，农民流动规模较小，据估计，改革初期全国到县以外就业的农村劳动力不超过 200 万人（赵树凯，1998）。

80 年代中期开始，随着农村经济体制改革的深化，农村剩余劳动力问题更加突出，此时乡镇企业的崛起对乡村剩余劳动力的吸引以及农村经济发展发挥了促进作用（何念如、吴煜，2007）。1984 年的中央一号文件及以后的文件制定了"允许务工、经商、办服务业的农民自理口粮到集镇落户"的政策，主要把农民进城限制在县城以下的集镇。在小城镇发展的同时，城市体制改革步伐加快，城市经济活力不断提高，一部分农民也开始向沿海地区和大城市转移，不过跨地区长距离的省际流动在此期间相对还比较少。1989 年的农村劳动力流动人数为 3000 万人，其中跨省流动的人数为 700 万人[①]，第四次人口普查数据显示，1985～1990 年省际迁移人口共计 1186.5 万人，年平均 221.3 万人（查瑞传、曾毅、郭志刚，1996）。80 年代末，国家经济形

---

① 中国农村劳动力流动的回顾与展望. http://finance. people. com. cn/GB/43429/43544/59613/4204322. html.

势发生波动，涌入城市的"民工潮"给城市交通、社会治安等带来了负面影响，于是政府政策从前期的"允许流动"向"控制盲目流动"转变。1989年3月，国务院办公厅发布《关于严格控制民工盲目外出的紧急通知》，4月民政部、公安部联合发出《关于进一步做好控制民工盲目外流的通知》，要求各地政府严格控制当地民工盲目外流（《南方都市报》特别报道组，2012）。

总体来看，这一时期农业剩余劳动力的空间转移主要局限于进入城镇、集镇以及就地转换，其中大多数属于就地转换（许学强、周一星、宁越敏，2009），"离土不离乡、进厂不进城"成为该时期城镇化发展的主要模式。

二、异地城镇化快速发展时期：1992～2008 年

随着1992年邓小平南方谈话以及中共十四大的召开，中国改革开放进入新时期，改革开放不断深入，融入全球化进程加快（李占才、运迪，2009）。人口流动和城镇化发展也进入新阶段，在该阶段以跨省、跨区域的长距离迁移发展最为突出（殷江滨、李玓，2012）。

20世纪90年代前半期，外商直接投资的迅速增加、乡镇企业尤其是沿海地区乡镇企业的快速发展对农村劳动力产生了大量需求（农村劳动力流动课题组，2006），同时城市票证制度的取消也为农民进城务工提供了便利（李占才、运迪，2009），流动人口快速增长。在政策层面，1993年党的十四届三中全会通过了《中共中央关于建立社会主义市场经济体制若干问题的决定》，明确提出鼓励和引导农村剩余劳动力逐步向非农产业转移和地区间的有序流动；但与此同时还建立了就业证、暂住证等制度对流动人口进行规范管理，在实践中农民除需持有身份证外，还需要办理就业证、务工证、流动人口婚育证明、暂住证等，在山东、辽宁等地还需缴纳流动人口管理费等（《南方都市报》特别报道组，2012）。1993年跨省流动达到2200万人，比1989年增长了2.14倍；到1995年时进一步增加到2500万～2800万人①。90年代后半期，受亚洲金融危机影响、国有企业下岗职工增加以及乡镇企业吸纳农村劳动力的能力下

---

① 中国农村劳动力流动的回顾与展望．http：//finance. people. com. cn/GB/43429/43544/59613/4204322. html.

降等，使这一时期的人口流动有所减缓（李占才、运迪，2009）。

　　进入 21 世纪，中国加入 WTO 进一步加快了中国的全球化进程，东中西区域差距也不断加大，从中西部地区向东部地区跨省流动的人口持续增多。2000 年，全国省际流动人口增长到约 4242 万人，占全国流动人口的 29.4%①。2000 年以来，政府加强对流动人口的培训和服务工作，改善流动环境，保障农民工合法权益，颁布了一系列的相关政策。2004 年 1 月，中共中央国务院《关于促进农民增加收入若干政策的意见》指出"进一步清理和取消针对农民进城就业的歧视性规定和不合理收费，简化农民跨地区就业和进城务工的各种手续"；同时指出"进城就业的农民已经成为产业工人的重要组成部分"。2005 年 1 月，中共中央国务院《关于进一步加强农村工作提高农业综合生产能力若干政策的意见》发布，开始明确鼓励农民进城务工；2 月，劳动和社会保障部进一步明确农村劳动者外出务工，不再需要办理就业证卡（《南方都市报》特别报道组，2012）。与 20 世纪 90 年代相比，政府取消了农民进城就业的诸多不合理规定，农民进城务工更加自由，自身权益也不断得到保障。尽管如此，但农民工在城市的生活和就业状况仍不容乐观，城市农民工因没有城市户籍，不能享受完善的城市公共服务，同时还面临劳动条件差、工资拖欠、社保缺失、居住条件差、子女教育和就医困难等问题。

　　如果说 20 世纪 90 年代是有条件的放开了人口流动，那么进入 21 世纪以来则可以说是彻底放开了人口流动，并从管理向服务转变。总体来看，该时期人口流动表现出从中西部向东部流动、并同时向大中城市集中的特征。跨省流动人口快速增长，特别是进入 21 世纪，2000 ~ 2010 年跨省流动人口数量几乎翻了一番，表现出明显的异地城镇化快速发展特征。

三、就地就近城镇化发展时期：2009 年以来

　　随着东部沿海地区劳动密集型产业向中西部地区转移，西部大开发与中部崛起等政策的深入实施，以及"一带一路"、长江经济带等区域发展战略的推进，流动人口的区域流向正在发生转变。特别是以 2008 年底席卷全球的

---

① 国务院人口普查办公室、国家统计局人口和社会科技统计司. 中国 2000 年人口普查资料 [R]. 中国统计出版社，2002.

金融危机为转折点，农业转移人口回流的趋势更加凸显。受 2008 年金融危机影响，很多企业被迫减产、停产、外迁甚至倒闭，据统计，2008 年上半年全国有 6.7 万家规模以上的中小企业倒闭（杨智勇、李玲，2015），与此同时也导致大量农民工失业并提前返乡，2008 年底约 1200 万农民工因金融危机影响而返乡（盛来运、王冉、阎芳，2009）。与 2005 年相比，2009 年东部地区外出农民工占外出农民工总量的比重由 75.4% 降至 62.5%，中西部地区则分别由 12.3%、12.0% 增至 17.0% 和 20.2%。尽管外出农民工仍以东部地区为主要就业地，但农民工开始从东部向中西部转移，跨省外出的农民工比重开始下降（国务院发展研究中心课题组，2011），未来农村劳动力向内陆地区流动的数量将会超过东部沿海地区的数量（蔡昉、王美艳、曲玥，2009），城镇化的重点将从沿海地区转向中西部地区（李晓江等，2014）。

伴随着农民工流向的转变，全国流动人口总量有所减少，且人口流动稳定性趋于增强。从全国来看，1982 年以来，中国流动人口规模持续增加，从 1982 年的 657 万人增加到 2014 年的 25300 万人。然而，自 2015 年流动人口总量开始下降，2015 年、2016 年中国流动人口总量为 2.47 亿人和 2.45 亿人，分别较上一年减少 568 万人和 171 万人。2010 年以来，新型城镇化成为国家战略重点，突出强调以人为核心，在落户政策上提出"严格控制城区人口 500 万人以上的特大城市人口规模"，并提出要加快发展中小城市和小城镇。在现实发展中，北京、上海等特大城市通过整顿集贸市场、违章建筑等手段"驱赶"外来人口，使得其外来人口持续减少，以中西部省会城市为代表的二线城市则快速崛起。在城镇化发展路径上，国家更加强调就地就近城镇化的发展，提出"引导约 1 亿人在中西部地区就近城镇化"，并于 2017 年在十九大报告中提出实施乡村振兴战略。就地就近城镇化的政策倾斜以及乡村振兴战略的实施，将会进一步影响异地城镇化快速发展的态势。可以说，人口从远距离迁移转向本区域和省内的近距离流动（王桂新、黄祖宇，2014；李晓江等，2014），以省内流动为主的就地、就近城镇化或将成为未来一段时期内城镇化发展的主导趋势（刘涛、齐元静、曹广忠，2015）。不过由于区域差距的长期存在，跨省流动的异地城镇化在未来城镇化进程中仍将发挥一定作用。

总体来看，如果说前一时期的城镇化是中西部农村人口向东部大城市跨省流动、快速集中的异地城镇化,未来中国的新型城镇化则应是以省内中短距离人口流动为主的就地、就近城镇化(徐匡迪,2013)。

第四节　本章小结

本章以已有文献和相关研究为基础,从多尺度城镇化的形成、内涵以及机制等方面构建了多尺度城镇化的分析框架;进而结合中国的发展现实,分析了多尺度城镇化发展的现实基础;最后从历史维度考察了改革开放以来中国多尺度城镇化的发展演进过程。通过研究,本章主要得到以下几点结论。

第一,改革开放以来,在市场化、分权化、全球化的宏观背景下,地方政府的崛起、人口跨地区流动以及地方政府竞争等,使由农村向城镇转移的单一人口城镇化模式产生分化。地方政府通过设置制度壁垒,使外来人口与本地人口不能享受同等的公共服务,从而使农民城镇化、市民化的成本产生分化;跨越的尺度越大,农民城镇化的成本越高、难度越大,从而形成了多尺度城镇化。多尺度城镇化成为深入分析中国城镇化的新视角。

第二,结合中国人口流动的多尺度性、城镇化路径以及行政区划的层级性特点,中国的多尺度城镇化包含了跨省流动人口的异地城镇化、省内跨县流动人口的就近城镇化和县内流动人口的就地城镇化。三种尺度的城镇化共同构成了国家和地区的城镇化,三者在国家和地区城镇化中都具有重要地位。然而,不同时期三者的主导性有所区别。总体来看,改革开放以来中国的城镇化经历了以就地城镇化为主导的时期(1978~1991年)、异地城镇化快速发展时期(1992~2008年)和就地就近城镇化发展时期(2009年以来),在未来以省内流动为主的就地就近城镇化将在中国城镇化进程中扮演更重要的角色。

第三,多尺度城镇化特别是就地就近城镇化发展,具有一定的现实可能性,也具有重要的现实意义。劳动密集型产业转移为中西部地区推进就地就近城镇化提供了经济基础;农民工回流、越来越多的农民工倾向于在省内务工以及农民和农民工的多样性定居倾向,为多尺度城镇化发展提供了社会基础;随着新型城镇化的推进,中小城市和小城镇获得更多政策优惠,相关公共服务在省市内的优先统筹等也为就地就近城镇化发展提供了政策支撑。通过发展多尺度城镇化不仅有助于促进区域城镇化水平的提升和协调发展，同时有助于促进大中小城市和小城镇的协调发展，也将有助于进一步减轻人口长距离流动导致的农村问题。

| 第四章 |

异地城镇化的人口集聚与形成机制：
全国案例

改革开放以来，伴随着全球化、市场化、工业化和城镇化进程的加快以及人口流动政策的转变，中国流动人口规模急剧扩大。其中，跨省流动人口亦快速增长，特别是 2000 年以来，跨省流动人口从 2000 年的 4241.9 万人增加至 2010 年的 8587.6 万人，近 10 年增长量超过了以往年份的累计总量。相对于省内流动，省际流动是长距离、大尺度的人口流动现象（丁金宏等，2005），其对区域社会经济发展、人口空间再分布都具有重要的意义（Ma，1996），同时形成了典型的跨省异地城镇化现象。人口流动迁移的尺度越大，其迁移成本越高，同时由于户籍制度的影响，其城镇化过程也更加困难，对于推进以农业转移人口市民化为重要内容的新型城镇化也构成了更大挑战。分析跨省流动人口的空间格局，有助于辨识异地城镇化的人口集聚特征；考察跨省人口流动的影响因素，也有助于进一步明晰异地城镇化的生成机制。

20 世纪 80 年代以来，国内外学者就一直关注中国省际人口流动的空间格局、迁移流向、影响因素等，在第二章文献综述部分已经进行了较为全面的回顾与总结，此处不再赘述。总体来看，以往研究较为全面地总结了改革开放以来中国省际人口流动空间格局的演变过程，但这些研究还多是基于"六普"之前的流量数据，而对存量省际流动人口的关注较少，由于存量省际流动人口与户籍制度相关（Fan，2008），在反映现实流动人口及城镇化发展上更具有意义。

为此，本章以 2000 年和 2010 年第五次和第六次人口普查数据为基础，以中国 31 个省（区、市）未发生户口变动的省际流动人口为研究对象，即户口所在地与现住地不在同一省（区、市）的所有流动人口，重点考察其空间特征、城镇化效应及影响机制。本章所使用的数据主要来源于 2002 年和

2012 年由中国统计出版社出版的《中国 2000 年人口普查资料》和《中国 2010 年人口普查资料》，从中搜集了 2000 年和 2010 年全国 31 个地区的总人口、跨省流入流出人口及城镇化率等数据，影响机制解释所使用的数据主要来源于 2000 年和 2010 年的《中国统计年鉴》。

本章的主要研究内容包括三个部分。首先，采用多种指标和方法对中国跨省流动人口的空间格局与演化特征进行考察，尝试利用社会网络分析方法考察省际人口迁移网络特征的变化，然后利用改进后的复合指标法对省际流动人口的地域类型进行划分；其次，通过构建相关公式，从定量的角度估算省际流动人口对全国和地区城镇化发展产生的影响，即省际流动人口的异地城镇化效应；最后，运用社会网络分析方法中的二次指派程序（QAP）回归分析，对异地城镇化的形成机制进行分析。

第一节　跨省流动人口的空间特征

一、空间分布

2000 年以来，随着中国加入 WTO 和东部沿海地区全球化进程的加快，吸引了更多省际流动人口在东部沿海地区集聚，流动人口规模增长迅猛，与此同时省际流动人口的空间分布也发生较大变化。以往研究多采用迁移率指标考察流动人口的分布格局，但由于迁移率取决于某地区人口迁移量与该地区总人口的比值，并不能反映该地区省际流动人口在全国的发展水平，所以此处利用不同地区流入、流出人口占全国省际流动总人口的比重来刻画省际流入、流出人口的分布格局。

同时，为了反映省际流动人口空间分布的集中程度，采用地理集中指数来进行分析。地理集中指数越大，表明省际流动人口的分布越集中；反之，地理集中指数越小，省际流动人口的分布越分散，计算公式为（保继刚、楚义芳，1999）：

$$G = 100 \times \sqrt{\sum_{i=1}^{n} (T_i/T)^2} \qquad (4-1)$$

式（4-1）中，G 为省际流动人口的地理集中指数，T_i 为 i 地区省际流入（流出）人口，T 为全国省际流动人口总量。

为了更直观地反映人口分布变化态势，借鉴物理学重心概念，构造人口迁移重心。假设某一区域由若干小区构成，其中，i 地区的中心坐标为（X_i, Y_i），M_i 为该地区某种属性意义下的"重量"，则该属性意义下的重心坐标如公式（4-2）（徐建华、岳文泽，2001）：

$$\begin{cases} x' = \sum_{i=1}^{n} M_i X_i \Big/ \sum_{i=1}^{n} M_i \\ y' = \sum_{i=1}^{n} M_i Y_i \Big/ \sum_{i=1}^{n} M_i \end{cases} \quad (4-2)$$

M_i 为各地区流出、流入人口；由于省会城市通常是其所属省的人口集中地，所以在计算迁移重心时均采用各地区省会城市的地理坐标（X_i, Y_i）（王桂新、徐丽，2010）。

（一）流入人口

2000 年时，省际流入人口占全国省际流动人口比重在 5% 以上的地区主要为广东、浙江、上海、江苏、北京、福建等地，各地区流入量均在 200 万人以上；其中，广东省际流入人口高达 1500 多万，占到了全国省际流动人口总量的 1/3 以上，形成了"一枝独秀"的格局（见图 4-1. a）。2010 年时，省际流入人口的分布格局与 2000 年具有类似特征，省际流入人口占全国省际流动人口比重在 5% 以上的地区仍为广东、浙江、上海、江苏、北京、福建，但各地迁入量均增加到 400 万人以上。而广东省所占比重降至 25.0%，伴随着广东省流入人口所占比重的下降，浙江、上海、江苏、北京、天津等地则快速突起，分别上升了 5.1 个、3.1 个、2.6 个、2.4 个、1.8 个百分点，形成了多极化的分布格局（见图 4-1. b）。

从全国层面看，反映省际流入人口空间分布集中程度的 G 指数从 2000 年的 39.2 降至 2010 年的 33.8，表明省际流入人口的分布呈分散化态势；但是，从局部来看，省际流入人口则在东部沿海的珠三角（广东）、长三角（上海、浙江、江苏）、京津冀（北京、天津、河北）三大城市群进一步集聚，三者合计占省际流动人口的比重由 2000 年的 67.3% 升至 2010 年的 71.2%。可见，省际流入人口的空间分布具有整体分散和局部集聚并存的特征，同时也说明东部三大城市群是省际流入人口的重要集聚地。如果从地级市尺度来看，省际流入人口还具有明显的向东部大城市集中的倾向，省外流入人口规模排名前 10 位的城市分别为上海、北京、深圳、东莞、苏州、广州、天津、温州、佛山、宁波，占全国省际流动人口的比重超过 50%（张耀军、岑俏，2014）。

省际流入人口的重心从 2000 年的东经 114°16′12″、北纬 29°47′24″偏移至 2010 年的东经 115°31′12″、北纬 30°45′36″，表现出明显的向北向东偏移趋势。向东偏移与省际流动人口进一步向东部三大都市圈集聚相契合，向北偏移则印证了省际流入人口由广东省"一枝独秀"向北方多极化分布的演变。这一格局的转变与中国经济重心的转移具有密切关系，20 世纪 90 年代以来浦东开发开放下的长三角快速崛起以及近年来滨海新区的蓬勃建设等都促进了中国经济重心的北移；然而西部大开发、中部崛起等政策虽有所促进经济重心西移，却并未能有效改变东西差距，使省际流动人口依然在东部大量集聚（徐家伟、侯景伟、宋宏权，2011；Shen，2013）。

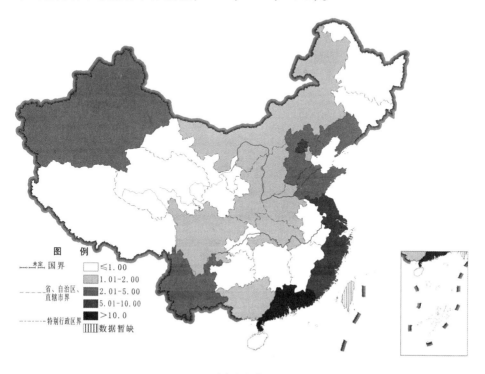

图　例

—— 未定 国界
—— 省、自治区、直辖市界
------ 特别行政区界

≤1.00
1.01-2.00
2.01-5.00
5.01-10.00
>10.0
▨▨数据暂缺

（a）2000 年

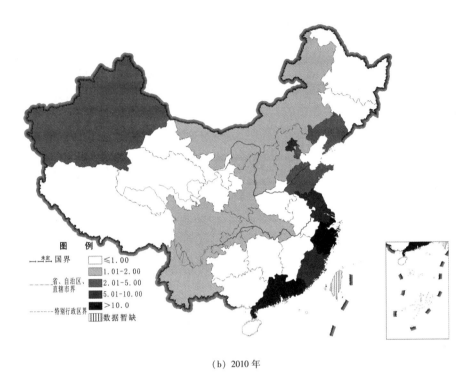

（b）2010 年

图 4 - 1　2000 年与 2010 年省际流入人口分布格局

注：审图号为 GS（2019）1083 号。

（二）流出人口

省际流出人口的分布格局与省际流入人口的分布格局基本成互补关系，流入人口较多的地区往往人口流出相对较少，例如，北京、天津、上海等地流出人口占全国省际流出人口的比重不到 1%；此外，地处边疆的西藏、青海、宁夏、新疆等地流出人口也较少，所占比重都在 0.4% 以下。2000 年时，人口流出较多的地区主要为四川、安徽、湖南、江西等地，其流出人口规模均在 350 万人以上，占全国省际流动人口的比重均在 8% 以上；紧随其后的为河南、湖北、广西等地，其规模也都超过 200 万人，所占比重在 5% 以上（见图 4 - 2.a）。与 2000 年相比，2010 年流出人口的分布格局变化不大，但四川、江西、湖南等地的流出人口占全国的比重分别下降了 6.0、1.9、1.7 个百分点；而河南和安徽的流出人口则快速增长，其流出人口比重分别上升了 2.8 个和 1.0个百分点；安徽超越四川成为省际流出人口最多的地区，达到 962.3 万人。安徽、四川、河南、湖南成为新的四大流出地（见图 4 - 2.b）。

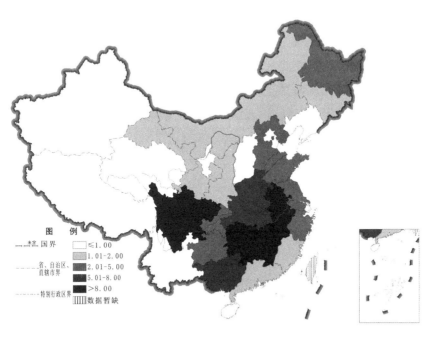

（a）2000 年

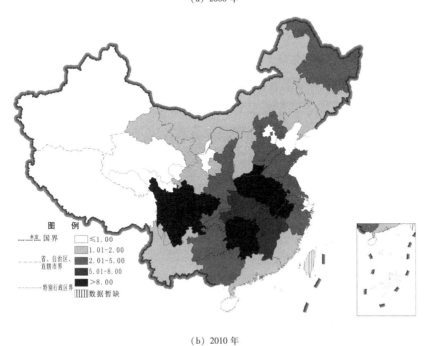

（b）2010 年

图 4 - 2　2000 年与 2010 年省际流出人口分布格局

注：审图号为 GS（2019）1083 号。

反映省际流出人口集中程度的 G 指数从 2000 年的 27.7 降至 2010 年的 25.3，表明省际流出人口的分布也呈现进一步分散化态势；与省际流入人口相比，省际流出人口的 G 指数远低于省际流入人口的 G 指数，表明省际流出人口的分布更为分散。省际流出人口的重心从 2000 年的东经 112°40′48″、北纬 31°19′48″迁移至 2010 年的东经 112°57′0″、北纬 31°49′48″，表现出轻微的向东向北偏移，这与四川、江西流出人口所占比重下降以及河南、安徽所占比重上升有密切关系；同时迁出重心的偏移量较迁入重心的偏移量较小，表明流出人口分布格局的变化更小。

二、迁移流向

随着社会经济要素流动网络化趋势的凸显（张敏、顾朝林，2002），人口流动网络也正逐步形成，有必要利用新方法对人口流动的网络特征进行分析。社会网络分析作为重要的跨学科研究方法（刘军，2004），其以行动主体之间的关联为数据（王珏、陈雯、袁丰，2014），近年来在地理学领域已被广泛用于产业集群、交通网络、旅游网络、城市网络等研究（潘登、梁勤欧，2013），而在人口迁移方面则由于数据限制，应用还相对较少。一些学者基于城市人口和经济数据，利用引力模型测度城市之间的引力，进而间接构建起城市间的相对人口流动网络（张永庆等，2006；王珏、陈雯、袁丰，2014），这种基于属性数据的相对人口流动网络明显存在一定缺陷。然而人口普查中省际流动矩阵数据的提供，使以实际流动人口构建省际人口流动网络成为可能，一些学者也已开始分析省际人口流动的复杂网络特征（陈锐等，2014；董上等，2014），但针对不同时期的网络进行比较却还未涉及。

为此，利用省际人口净流动数据，以净流动人口规模 20 万为划分标准，当两地之间具有 20 万人及以上的净迁移量时，表明两地之间存在较为密切的联系记为 1、反之记为 0，构建起中国省际人口流动网络。进而利用社会网络分析的相关指标对其网络特征进行分析。

（1）利用网络密度反映节点联络的紧密程度，该值越大，联系越多，人口流动性越强，网络密度 D 的计算公式如式（4-3）（刘军，2004）：

$$D = \frac{L}{n(n-1)} \tag{4-3}$$

式中：L 为省际人口迁移网络中的迁移关系数；n 表示省际人口迁移网络中的地区数目。

（2）利用关联度和聚类系数测量人口迁移网络节点间的可达性，关联度表示网络连通程度，而各个点的个体网密度系数的均值等于整个网络的聚类系数，关联度 C 和聚类系数 CC 计算公式如式（4-4）（王珏、陈雯、袁丰，2014；刘军，2009）：

$$C = 1 - \frac{V}{N(N-1)/2}; CC = \frac{\sum_{i=1}^{n} CC_i}{n} \qquad (4-4)$$

式中：V 表示网络中不可达的点对数目；N 为网络规模；CC_i 为地区 i 的个体网密度。

（3）中心性是衡量迁移网络中某一地区与其他地区在互动中的影响力（刘军，2004）；中心势指网络的整体中心性，值越大表示迁移人口分布越集中，结构趋于不均衡，计算公式如式（4-5）（刘军，2009；王珏、陈雯、袁丰，2014）：

$$C_{D,in}(n_i) = \sum_j r_{ji}; C_{D,out}(n_i) = \sum_j r_{ij}; C_D = \frac{\sum_{i=1}^{g} \left[C_D(n^*) - C_D(n_i) \right]}{\max \sum_{i=1}^{g} \left[C_D(n^*) - C_D(n_i) \right]}$$

$$(4-5)$$

式中：$C_{D,in}(n_i)$ 为内向中心性，$C_{D,out}(n_i)$ 为外向中心性，C_D 表示网络中心势；r_{ji} 表示从 j 到 i 的有向联系，r_{ij} 表示从 i 到 j 的有向联系；$C_D(n^*)$ 为网络中最大的中心度。

利用软件 Ucinet 6 构建人口流动网络，可以发现，地区之间 20 万人以上的净迁移流关系数从 2000 年的 32 条增至 2010 年的 70 条，地区间的联系更加紧密。具体来看，20 万～50 万人的人口净迁移流增长最快，从 16 条增至 40 条；50 万～100 万人的净迁移流从 9 条增至 15 条，100 万～200 万人的净迁移流从 4 条增至 8 条，200 万人以上的净迁移流从 3 条增至 7 条（见图4-3）。根据公式（4-3）、公式（4-4）、公式（4-5）计算，发现省际人口迁移网络的密度、关联度和聚类系数分别从 2000 年的 0.034、0.127、0.109 增至 2010 年的 0.075、0.729、0.181，表明流动网络趋于紧凑，可达性提高；

内向度数中心势和外向度数中心势分别从 2000 年的 0.906、0.853 降至 2010 年的 0.812、0.749，表明网络结构趋于均衡化，流入流出人口分布呈现分散化态势。此外，内向度数中心势高于外向度数中心势，与 G 指数所反映的格局基本一致，表明流入人口较流出人口分布更为集中。

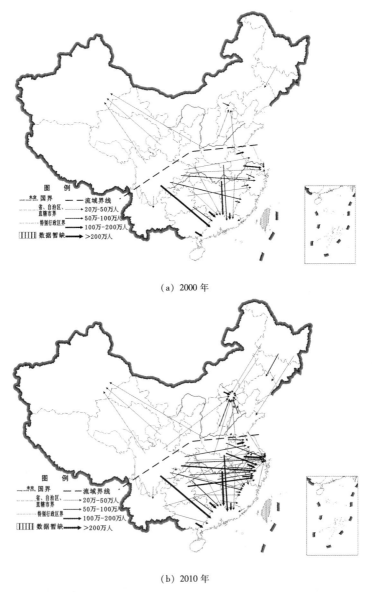

（a）2000 年

（b）2010 年

图 4-3　2000 年与 2010 年中国省际人口流动网络

注：审图号为 GS（2019）1083 号。

将流动网络投影于地图，进一步观察省际人口流动的空间指向特征（见图4-3）。在区域层面，迁移流突出表现为从中西部地区指向东部地区。东部地区作为最主要的流动人口集聚地呈现进一步集聚态势，省际流入人口总数由2000年的3211.5万升至2010年的6813.6万，占全国省际流动人口的比重由75.7%升至79.3%。而中西部地区作为最主要的人口流出地的格局始终未发生改变，两者流出人口之和占全国省际流动人口的比重始终维持在75%左右；其中，中部地区流出人口占全国的比重进一步提高，由2000年的43.6%升至2010年的44.5%，"人口塌陷"特征更加明显。东北地区的省际流入流出规模都相对较小，人口流动较为均衡，但总体仍以人口流出为主。

在省际层面，2000年已有的迁移流依然持续且规模不断增大，2010年规模较大的迁移流主要在2000年基础上形成，例如，由四川、广西、湖南、湖北向广东迁移，由安徽向江苏、浙江、上海迁移，由河北向北京迁移等。可见迁移存量对迁移规模具有重要影响，这主要与基于血缘和地缘关系建立的关系网，降低了迁移成本，促进后续迁移发生有密切关系（严善平，2007）。与2000年相比，新增迁移流集中指向长三角、京津冀及福建等东部沿海经济较为发达的地区，其中北京、上海、福建、江苏、浙江分别增加了8、7、6、5、4条迁移流，合计占增加迁移流总量的78.9%，可见经济水平对吸引外来人口依然具有重要影响。另外，依据流动距离和经济差异，迁移流的空间指向特征形成了三种典型模式：第一种是流出地与流入地之间存在较大经济差异，由不发达地区迁往发达地区，四川→广东、河南→广东、湖南→广东等属于此类；第二种则是从流出地流向经济更发达但与流出地相邻近的目的地，例如，河北→北京、山东→北京、天津、上海、江苏→上海、福建→广东等，这也就不难解释山东、江苏、福建等地既有较多流入人口的同时还具有相对较多流出人口的现象；第三种则是诸如河南→京沪、安徽→上海、安徽→江苏、江西→广东等，具备了以上两种模式的共同特点（Fan，2005）。三种模式的共同作用使以安徽、四川、河南、湖南为代表的辐散中心和以京津、长三角和珠三角为代表的辐合中心，以及丁金宏等（2005）划分的东南和西北两大"流域"更加明晰（见图4-3）。

三、地域类型

在以往流动人口地域类型划分中，多是采用迁入率、迁出率、净迁移率和总迁移率等指标。净迁移率可以反映区域人口流入流出的方向性，但其不能测度区域流动人口的活跃程度；而总迁移率虽能反映区域流动人口的活跃程度，但却无法分辨区域人口流动的方向性（刘盛和、邓羽、胡章，2010）。刘盛和、邓羽、胡章（2010）对这些指标进行了综合考虑和改进，提出复合型指标法并将其较好的用于划分县域流动人口地域类型，此处尝试运用该方法对中国省际人口流动的地域类型进行划分。

首先，计算人口流动的相关指数，具体公式（4-6）（刘盛和、邓羽、胡章，2010）：

$$RNM_i = \begin{cases} NM_i \times \dfrac{I_i}{\sum\limits_{i=1}^{n} I_i} \times 100 (NM > 0) \\[4ex] NM_i \times \dfrac{O_i}{\sum\limits_{i=1}^{n} O_i} \times 100 (NM < 0) \end{cases};$$

$$RGM_i = GM_i \times \dfrac{I_i + O_i}{\sum\limits_{i=1}^{n} I_i + \sum\limits_{i=1}^{n} O_i} \times 100 ; R = r \times \overline{RGM} \quad (4-6)$$

式中：RNM_i 和 RGM_i 分别为 i 地区修正后的净迁移率和总迁移率；NM_i 和 GM_i 分别为 i 地区净迁移率和总迁移率；I_i 和 O_i 分别为 i 地区迁入和迁出人口；$\overline{RGM}$ 为全国平均总迁移率；r 为活跃度阈值；R 为调整后的活跃度阈值。

利用公式（4-6）对省际流动人口地域类型进行划分。首先确定人口迁移活跃区与非活跃区的阈值，2000年和2010年省际流动人口占总人口的比重分别为3.4%和6.4%，综合考虑将活跃度阈值 r 分别设为0.04和0.07，根据公式（4-6）修正后的活跃度阈值 R 则分别为0.013和0.038。然后依据中国省际流动人口地域类型的分类标准，将中国31个地区划分为净流入型活跃区、平衡型活跃区、净流出型活跃区以及非活跃区四种类型（见图4-4）。

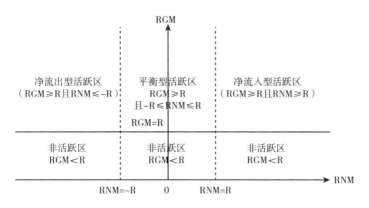

图 4-4　省际流动人口地域类型划分标准

对比 2000 年与 2010 年省际人口流动地域类型格局，可以发现：净流入型活跃区数量大大减少，由于人口净迁入率的下降，云南、辽宁、海南、山西等地由净流入型活跃区变为均衡型活跃区；2010 年，净流入型活跃区主要集中于东部沿海地带以及西部的新疆（见图 4-5）。新疆由于丰富的土地资源、棉花生产及其与中亚国家繁荣的边境贸易（汪学华、刘月兰、唐湘玲，2010；Loughlin and Pannell，2001；Liang and Ma，2004），吸引了中西部一些贫困地区的人口迁入，导致其迁入率较高。平衡型活跃区变动较大，一是由净流入型活跃区转换而来；二是由于流出人口规模激增，导致净迁出率和总迁移率都相对提高，转换为净流出型活跃区，如河北；另外，山东和内蒙古则由于省际流入与流出始终相当，所以未发生变化（见图 4-5）。净流出型活跃区的数量和分布变化不大，主要集中于中部地区（安徽、江西、河南、湖北、湖南）和西部地区（广西、重庆、四川、贵州、陕西、甘肃），其中东部的河北省和东北地区的黑龙江、吉林亦在此列。非活跃区主要为西藏、青海、宁夏等少数民族人口较为集中的地区（见图 4-5），这些地区由于地理位置以及民族文化因素，人口流入和流出均相对较少，例如，2010 年西藏省际迁入人口为 16.5 万，省际流出人口仅有 5.5 万。总体来看，所划分的地域类型较好地反映了各地区人口流动的方向和强度。

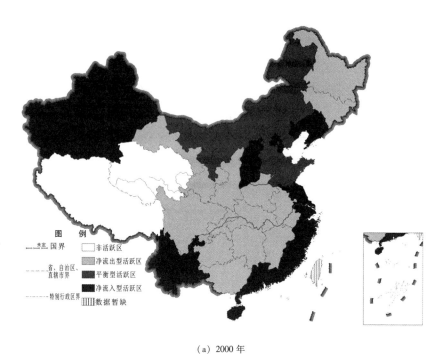

（a）2000 年

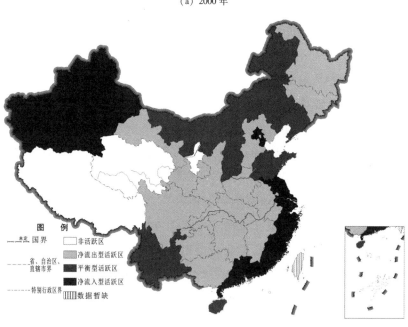

（b）2010 年

图 4 - 5 2000 年与 2010 年中国省际流动人口地域类型

注：审图号为 GS（2019）1083 号。

第二节　跨省流动的异地城镇化效应

人口流动通过城镇人口变动的"分子效应"和总人口变动的"分母效应"对城镇化发展产生正效应，从而加速了中国的城镇化进程（朱宝树，1995）。以往相关研究对于乡—城迁移对城镇化产生的影响进行了广泛研究，而省际人口流动作为乡—城迁移的重要组成部分，其对城镇化发展影响的研究还相对薄弱。本节在以往乡—城迁移研究的基础上，进一步细化跨省人口流动对我国各地区城镇化率和城乡人口规模变动的影响，定量考察跨省流动人口的异地城镇化效应。

城镇人口增加是人口城镇化的重要内涵，其增加的一般途径主要包括城镇人口的自然增长、迁移增长以及行政区划变动等（王桂新、黄祖宇，2014）；而待城镇化进入成熟期后，城镇建制及辖区范围趋于稳定、城镇人口的自然增长率也相对稳定且较低，所以人口的迁移增长就成为影响城镇人口数量的主要因素（蔡建明，1990）。对于一个省域而言，城镇人口的迁移增长则包括了省内和省际迁移的共同作用，其中省际迁移主要通过人口跨省迁入和迁出引起省域总人口和城镇人口的变动，进而导致城镇化率相应变动。因此，如若能计算出不存在省际人口流动时各地区的城乡人口和城镇化率，然后与现实状况比较，就可以得到省际人口流动对全国和各地区城镇化的影响。

为此，需要估算不存在省际人口流动时各地区的城镇化率和城乡人口规模，然后与实际情况进行比较，具体估算方法如公式（4－7）：

$$P'_i = P_i - I_i + O_i; U'_i = U_i - (U_i \times a_i) + (O_i \times b); X'_i = U'_i/P'_i$$

$$(4-7)$$

式中：P'_i 和 U'_i 分别为不存在省际人口流动时 i 地区的总人口和城镇人口；P_i 和 U_i 分别 P_i 为 i 地区常住人口和实际城镇人口；I_i 和 O_i 分别表示 i 地区流入和流出人口；a_i 表示流入 i 地区城镇的人口占 i 地区城镇人口的比重；b 表示流出人口中城镇人口的比重；X'_i 表示不存在省际人口流动时 i 地区城镇化率。

由于当前人口普查主要是基于现住地进行统计，即仅统计流入到某一地区城镇的人口数量，而没有统计由该地区城镇迁出的人口数量①；因此公式（4-7）中流入到某地区城镇的人口占该地区常住城镇人口的比重 a 可以通过人口普查数据直接求得，而对于流出人口中城镇人口的比重 b 却不能获得。然而，由于省际流动人口中绝大多数为农民工，所以可假设某地区的省际流出人口扣除该地区跨省流出的农民工数量即为由该地区城镇流出的人口数量。据统计，2010 年全国跨省农民工数量为 7229 万人（国家统计局，2011），占省际流动人口总量的 84.2%，也就是说剩余的 15.8% 可以理解为由城镇流出的省际流动人口。具体到全国 31 个不同地区时，这一比重肯定会存在差异，但由于当前数据的限制，故此处统一假设各地区迁出人口中城镇人口的比重 b 均为 0.15。进而利用公式（4-7），计算得到不存在省际人口流动时各地区的总人口、城乡人口及城镇化率。

一、对城镇化率的影响

大部分省际流动人口来自农村且主要流向城镇，其中 2010 年时流向城镇的省际流动人口占总省际流动人口的 83.4%，而且在常住地城镇居住半年以上即统计为城镇人口；由此来看，省际流动促进了农村人口的减少和城镇人口的增加，应该有助于促进中国城镇化率的提升。事实上，根据估算结果可以发现，2000 年和 2010 年存在省际流动时的城镇化率分别比不存在省际流动时的城镇化率高出 1.37 个和 3.81 个百分点，表明省际人口流动确实促进了中国城镇化率的提升。同时，随着省际流动人口的增加，省际流动对城镇化率的贡献度逐步提升，2010 年比 2000 年增加了 2.44 个百分点（见表 4-1）。在此期间，中国城镇化率相应从 36.22% 升至 49.68%，增加了 13.46 个百分点，而其中省际流动人口的贡献占到了 18.13%。另外，2000 年全国 31 个地区不存在省际人口流动和存在省际人口流动时的城镇化率变异系数分别为 0.47 和 0.46，2010 年分别为 0.31 和 0.29。可见，两个年份不存在省际人口流动比存在省际人口流动时的城镇化率变异系数都要大，说明省际流动人口的空间再分布也促进了城镇化率省际差异的缩小，对促进城镇化协调发展具有一定作用。

---

① 在当前的人口普查中，在流入地城镇居住半年以上就统计为城镇人口。

表4-1　省际人口流动对2000年和2010年城镇化率的影响

单位：%

地区	2000年			2010年		
	A	B	贡献度	A	B	贡献度
全国	36.22	34.85	1.37	49.68	45.87	3.81
北京	77.54	75.10	2.44	85.96	82.21	3.75
天津	71.99	70.17	1.82	79.55	73.91	5.64
河北	26.08	25.40	0.68	43.94	41.90	2.04
山西	34.91	34.41	0.50	48.05	46.56	1.49
内蒙古	42.68	41.46	1.22	55.50	52.65	2.85
辽宁	54.24	53.35	0.89	62.10	59.97	2.13
吉林	49.68	48.64	1.04	53.35	51.05	2.30
黑龙江	51.54	50.16	1.38	55.56	52.66	2.90
上海	88.31	87.16	1.15	89.30	89.18	0.12
江苏	41.49	39.98	1.51	60.22	57.15	3.07
浙江	48.67	45.79	2.88	61.62	56.33	5.29
安徽	27.81	26.79	1.02	43.01	38.76	4.25
福建	41.57	39.17	2.40	57.09	52.10	4.99
江西	27.67	26.40	1.27	44.06	40.28	3.78
山东	38.00	37.34	0.66	49.70	47.79	1.91
河南	23.20	22.70	0.50	38.50	36.27	2.23
湖北	40.22	38.64	1.58	49.70	45.93	3.77
湖南	29.75	28.57	1.18	43.30	40.09	3.21
广东	55.00	50.27	4.73	66.18	59.26	6.92
广西	28.15	26.98	1.17	40.00	37.17	2.83
海南	40.11	37.86	2.25	49.80	46.24	3.56
重庆	33.09	31.92	1.17	53.02	47.73	5.29
四川	26.69	25.51	1.18	40.18	37.13	3.05
贵州	23.87	22.83	1.04	33.81	31.03	2.78
云南	23.36	21.64	1.72	34.70	32.87	1.83
西藏	18.93	16.36	2.57	22.67	19.34	3.33
陕西	32.26	31.32	0.94	45.76	43.21	2.55
甘肃	24.01	23.26	0.75	35.97	33.95	2.02
青海	34.76	33.06	1.70	44.72	41.02	3.70
宁夏	32.43	31.25	1.18	47.90	44.88	3.02
新疆	33.82	32.37	1.45	43.01	39.91	3.10

注：A＝存在省际人口流动时的城镇化率，B＝不存在省际人口流动时的城镇化率。

具体到 31 个地区，可以发现 2000 年和 2010 年 31 个地区存在省际人口流动时的城镇化率均高于假设不存在省际人口迁移时的城镇化率（见表 4 - 1），表明省际人口流动对省域城镇化率的提高也具有促进作用。2000 年和 2010 年省际流动人口迁入率和城镇化率两者的相关系数分别为 0.766 和 0.840，都在 0.01 水平上显著相关。依据全国 31 个地区的数据建立城镇化水平与迁入率的回归方程，也可以看出，省际外来人口的流入对于城镇化率的提高具有明显的正效应，流动人口比重的提升会促进城镇化率的提高。

$$U_{2000} = 29.497 + 2.423N; R = 0.766, R^2 = 0.586 \qquad (4-8)$$

$$U_{2010} = 41.569 + 1.234N; R = 0.840, R^2 = 0.705 \qquad (4-9)$$

其中，U 表示城镇化率，N 表示迁入率。

但省际流动人口对城镇化率提升的贡献度存在较大差异，例如，2010 年贡献度最高的广东省为 6.92 个百分点，而最低的上海仅为 0.12 个百分点（见表 4 - 1）。这主要是由于城镇化率是一个相对指标，其取决于城镇人口和总人口的比值；而省际人口流动不仅影响流入地和流出地的城镇人口规模，还会影响其总人口规模，两者共同决定了省际流动对城镇化率的贡献度。其中 2010 年上海市省际人口流动对城镇化率的贡献度较低，这主要是由于在假设不存在省际流动时上海市城镇化率已经较高达到 89.18%，而省际流动导致其增加的城镇人口和增加的总人口比值为 89.49%，与其城镇化率接近；最终导致城镇人口增加效应和总人口增加效应相互抵消，从而对城镇化率提高作用不明显。但是不容忽视的是省际人口流动促进了上海市城镇人口规模的增加，2010 年省际流动使上海市城镇人口增加了780.97 万。

二、对人口规模的影响

依据公式（4 - 7），同时也可以计算出 2000 年和 2010 年省际人口流动对各地区总人口、城镇人口和农村人口的影响，通过分析各地区人口规模的变化将更加有助于理解省际人口流动对城镇化率提升背后的作用机制。由于是存量数据，所以此处重点分析 2010 年时省际人口流动对各地区人口规模的影响。依据总人口、城镇人口和农村人口三者的变化态势，可以发现31个地区主要通过四种模式促进了城镇化率的提高（见图4-6）。

第一种类型，省际流动导致区域总人口、城镇人口和农村人口均呈增加趋势，其中城镇人口增加效应更为突出，从而促进了城镇化率的提升。这些地区主要包括东部发达地区的广东、浙江、上海、北京和西部的新疆等地，其城镇和农村对于外来人口都具有较强吸引力（见图4-6）。例如，浙江省2010年时吸引了25.8%的省际流入人口分布在乡村，这与其县级以下行政区的民营企业发达有一定关系；而新疆农村流入人口较多，则与前面提及的其土地资源丰富以及棉花生产是吸引外来人口迁入的原因相契合。

第二种类型，省际流动促进了总人口和城镇人口的增加，而农村人口呈减少趋势，主要包括江苏、天津、福建、辽宁、内蒙古、海南、宁夏、西藏、青海等地（见图4-6）。这些地区的城镇对于省际流动人口具有较强吸引力，而农村对本地人口的吸引力较弱，农村人口呈净迁出趋势。但总体来看，这些地区城镇净增加的外来人口仍然超过了本地农村净流出人口，属于人口净流入区。例如，2010年时省际流动使江苏省城镇人口增加488.6万，农村人口减少56.5万；福建省城镇人口增加322.1万，农村人口减少57.5万。另外，从城乡人口规模变动的角度也可以更清晰的解释前面提及的江苏和福建等地同时具有较多流入和流出人口的现象。

第三种类型，省际流动促进了区域城镇人口增加，而总人口和农村人口减少。其中，减少的农村人口大于增加的城镇人口，属于人口净流出区，这显然有助于城镇化率的提升。这些地区主要包括山西、云南、吉林、山东、陕西、甘肃、黑龙江、河北、重庆、广西等地（见图4-6）。

第四种类型，省际流动使区域总人口、城镇人口和农村人口均呈减少态势，而且农村人口减少的更为突出，使城镇化率相对提升，具有典型的异地城镇化特征。这些地区主要是人口流出较多的地区，其城镇和农村吸引力都相对较弱，主要包括安徽、河南、四川、湖南、江西、湖北、贵州（见图4-6）。

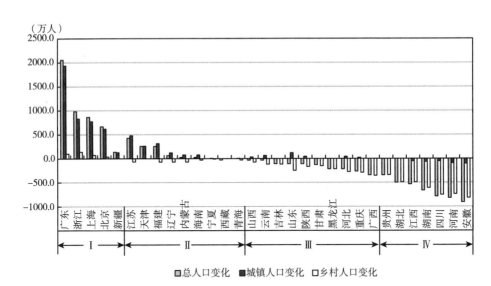

图 4 - 6 2010 年省际人口流动对各地区人口规模的影响

资料来源：作者计算所得。

三、对城镇化模式的影响

以上主要是分析了省际人口流动对城乡人口规模的影响，但若从省际流动人口与省内流动人口比例结构的角度考察，则构成了各地区多样的城镇化发展模式。在省际人口流入较多的地区，例如，上海、北京、浙江、广东等地省际流入人口占该地区全部流动人口的比重均在 50% 以上（见表 4 - 2），超过了省内流动人口的数量，形成了以外地人口迁入为主、本地人口转移为辅的城镇化发展模式（宁越敏、李健，2009）。而对于人口流出较多的一些地区，例如，四川、安徽、河南、贵州等地则形成了以人口外迁为主的异地城镇化发展模式，跨省流出人口占到了该地区所有流动人口的 50% 左右（见表 4 - 2）。同时，一些外来人口并不是很多的地区，其省际流动人口占全部流动人口的比重相对较低，则形成了以本地人口转移为主、外来人口迁入为辅的城镇化发展模式，例如，江苏、山东等地。以山东省为例，2010 年山东省流动人口总量为 1369.8 万人，具体细分，县（市、区）内流动人口为 657.5 万人，省内跨县（市、区）流动人口为 500.8 万人，省外流入人口为 211.6 万人，三者各占合计流动人口的比重分别为 48.0%、36.6% 和 15.5%。

可见山东省外来人口相对较少，人口流动主要为省内流动，特别是县（市、区）内流动占到近半数，使山东省的就地就近城镇化特征突出。在后面的章节还将进一步对山东省进行深入分析。每个地区的城镇化都有其独特的发展模式，很难统一划分，针对不同地区还需要具体的深入研究。

表4-2　　　　　2010年中国31个地区的流动人口构成　　　单位:%

地区	本县市区	省内跨县市区	跨省流入	跨省流出
北京	14.7	17.4	65.4	2.5
天津	21.0	16.6	57.2	5.2
河北	36.1	22.3	11.9	29.7
山西	46.4	27.9	11.9	13.8
内蒙古	33.2	36.3	17.5	13.0
辽宁	37.8	35.1	17.3	9.8
吉林	44.6	24.0	7.8	23.5
黑龙江	34.5	27.7	6.2	31.5
上海	12.9	15.8	69.4	1.9
江苏	21.4	29.6	34.7	14.4
浙江	21.3	15.9	54.4	8.5
安徽	20.5	17.7	4.3	57.5
福建	24.8	28.2	33.9	13.1
江西	29.3	13.1	5.4	52.2
山东	39.1	29.8	12.6	18.4
河南	28.5	21.4	3.2	46.9
湖北	29.4	25.0	6.7	38.9
湖南	27.6	19.9	4.8	47.8
广东	14.4	26.2	57.0	2.3
广西	24.2	27.8	8.0	39.9
海南	27.7	31.5	27.8	13.0
重庆	29.5	20.8	10.6	39.2
四川	23.4	28.0	5.5	43.1
贵州	23.3	21.2	8.8	46.7
云南	28.1	35.8	16.4	19.7
西藏	0.5	30.0	52.2	17.4

续表

地区	本县市区	省内跨县市区	跨省流入	跨省流出
陕西	35.3	27.4	12.4	25.0
甘肃	31.6	25.4	9.2	33.9
青海	25.5	34.0	23.0	17.5
宁夏	35.6	30.6	20.9	12.8
新疆	27.7	26.7	39.2	6.5

第三节　异地城镇化的主要影响因素

人口跨省流动形成了典型的异地城镇化现象，促进了全国和地区城镇化率的提高，而背后驱动人口跨省流动的主要影响因素则可以视为促进异地城镇化发生的机制。进入20世纪90年代以来，国内外学者结合中国的特有国情，在借鉴经典人口迁移理论基础上，对中国人口跨省流动的影响因素进行了广泛研究。以往的研究很好地揭示了省际人口流动的影响因素，总体来看，主要包括社会因素、经济因素、空间距离因素等方面（见图4-7）。已在第二章进行详细综述，此处不再展开。然而以往发现多是基于对流入地和流出地属性数据分析得到的，而人口流动不仅受流入地和流出地本身属性的影响，两地之间变量的差异也是影响人口流动的重要因素（刘法建、张捷、陈冬冬，2010）。

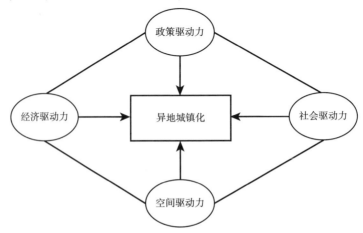

图4-7　异地城镇化机制的分析框架

基于此，有些学者开始将流入地和流出地两地间的变量差异作为自变量，来分析省际人口流动的机制（段成荣，2001；严善平，2007；Fan，2005），发现地区经济差距、就业机会差距是省际人口流动的重要因素。但是，在以上模型中，因变量却不是面向关系的，段成荣（2001）是基于迁移行为的虚拟变量，而严善平（2007）则是基于迁移率，这样导致属性数据的因变量无法表达全部迁移信息，存在信息损耗（肖群鹰、刘慧君，2007）。肖群鹰、刘慧君（2007）在此基础上，以流入地和流出地两地特征变量的差值为自变量，修正扩展重力模型并利用社会网络分析中的 QAP 回归，对省际劳动力迁移的动因进行了解释，可以说是对以往研究的不足之处进行了有利的弥补。不过其研究对象为 1995~2000 年的迁移人口，在变量选取上也存在一些不足，例如，对于公共服务、城镇化水平、失业率等都没有涉及，所以还可进一步完善。为此，沿着肖群鹰、刘慧君（2007）的研究思路，以省际人口流动网络为被解释变量、以流入地和流出地要素差值组成的网络为解释变量，进一步对省际人口流动的机制进行分析和完善，以期能够明晰异地城镇化的形成机制。

一、变量设置

以跨省流动人口的数量作为衡量异地城镇化发生强度的指标，通过搜集 31 个地区之间的人口流动数据，构建省际人口流动网络。全国 31 个地区，共形成 930 条迁移流，以每条迁移流上跨省流动人口的数量作为因变量。

基于对以往文献归纳总结的基础上，认为空间驱动力、经济驱动力和社会驱动力构成了人口跨省流动的主要影响因素，因而重点从这三个方面选取不同指标来分析异地城镇化的主要动力机制（见表 4-3）。

空间驱动力主要通过两地迁移距离来反映，迁移距离反映了流动人口的迁移成本，迁移距离越大、迁移成本越高，往往会降低人口流动的可能性，具体通过两地省会城市之间的铁路里程来表示。

经济驱动力主要表现为三个方面：经济发展水平、经济外向度和工资收入水平。具体而言，经济发展水平以人均 GDP 表达，人均 GDP 越高经济发展水平越高，就业机会也相对较多。经济外向度以外商直接投资额进行表达，

表 4-3   变量定义与设置

一级指标	二级指标	三级指标	具体定义
空间驱动力	迁移距离	铁路里程	两地省会城市的铁路里程（公里）
经济驱动力	经济发展水平	人均地区生产总值	地区生产总值与常住人口的比值（元）
	工资收入水平	城镇居民收入	城镇居民可支配收入（元）
		职工平均工资	制造业职工平均工资（元）
		生活成本	居民消费水平（元）
	经济外向度	外商投资	外商直接投资额（万美元）
社会驱动力	社会发展水平	城镇化率	城镇人口占常住人口的比重（%）
		就业机会	城镇登记失业率（%）
	公共服务水平	人均公共服务支出	人均社会保障、就业和医疗卫生财政支出（元）
	社会网络	迁移存量	2000 年时的迁移存量

外商投资额的多少反映了地区集聚资本能力的大小，不仅代表了地区经济发展的外向性程度，同时也意味着市场化水平的高低和就业机会的多少（刘生龙，2014）。工资收入水平分别通过城镇居民可支配收入和制造业职工平均工资来表示，基于托达罗的预期收入理论，两者都可以看成是影响人口流动的潜力因素。之所以选取城镇居民可支配收入来代表收入水平，是考虑到跨省流动人口主要流向城镇，所以较高的城镇居民可支配收入对流动人口可能具有较强的吸引力；采用制造业职工平均工资考察工资水平，是考虑到大量的流动人口主要从事制造业工作，单纯的城镇职工平均工资会掩盖流动人口的真实工资水平，所以重点选取制造业职工平均工资。

　　社会驱动力主要表现为三个方面：社会发展水平、公共服务水平和社会网络。社会发展水平通过城镇化率表达，城镇化率是指城镇人口占总人口的比重，在某种程度上可以看成是反映地区社会经济综合发展水平的重要指标；公共服务水平通过人均社会保障事业和医疗卫生事业财政支出来表达；社会网络通过2000年的迁移存量来表达，基于血缘和地缘关系的迁移网络有助于降低迁移成本，所以从一个地区到另一个地区的流动人口越多，有利于同一方向上的人口加速流动（严善平，2007；Fan，2005）。

考虑到地区差异是影响人口跨省流动的重要因素和以往研究对地区差异关注的不足，所以此处参考相关研究来构建自变量的差值矩阵（段成荣，2001；肖群鹰、刘慧君，2007；王珏、陈雯、袁丰，2014）。其中，空间距离和迁移存量为从一个地区到另一个地区的铁路里程数和实际流动人口数，不进行差值处理，其余变量均为两个地区的差值矩阵。

二、研究方法

引力模型是分析人口流动影响因素的重要模型，认为人口流动与流入地和流出地的人口呈正相关，与两地之间的距离呈负相关（Zipf，1946）。

$$M_{ij} = k \frac{P_i^a P_j^b}{d_{ij}^c} \qquad (4-10)$$

式中，M_{ij}表示从i地区流动到j地区的人口数，d_{ij}为地区i和地区j之间的距离，a，b，c和k分别为系数。

由于人口流动影响因素的多重性，朱农、曾昭俊（2004）在最初引力模型基础上进一步扩展，形成了扩展后的引力模型。

$$M_{ij} = k \frac{\prod_{n=1}^{m} X_{i,n}^{a_n} \prod_{n=1}^{m} X_{j,n}^{a_n}}{d_{ij}^c} \qquad (4-11)$$

式中，M_{ij}表示从i地区流动到j地区的人口数，X代表迁入地和迁出地两地成对出现的特征因素，m代表变量个数，d_{ij}为地区i和地区j之间的距离，a，b，c和k分别为系数。

当考察的因变量和自变量为关系矩阵时，可将扩展引力模型，进一步调整（肖群鹰、刘慧君，2007）。

$$M = k \frac{\prod_{n=1}^{m} X_n^{a_n}}{D^c} \qquad (4-12)$$

式中，M表示由迁移流构成的省际人口流动网络矩阵，X表示迁入地与迁出地之间的差值（关系）矩阵，D 表示两地之间的距离矩阵，a，c，k 分别为系数，m 表示差值（关系）矩阵个数。对公式两边取对数，就得到了线性方程。为消除变量量纲不同的影响并考虑到需要对变量取对数，所以对数据进行极差标准化，以避免标准化后负值的产生（肖群鹰、刘慧君，2007；刘法建、张捷、陈冬冬，2010）。

$$\ln M = \ln k + \sum_{n=1}^{m} a_n \ln X + c \ln D \qquad (4-13)$$

由于对基于关系数据的网络数据进行分析时，QAP 算法要优于 OLS 算法（Krackardt，1988），所以对于模型各要素的相关和回归分析，采用 QAP 进行计算。QAP 相关是对两个网络矩阵计算皮尔逊相关系数，并对系数进行非参数检验；QAP 回归是对多个自变量矩阵和一个因变量矩阵进行回归，对 R^2 和回归系数进行显著性检验（刘军，2009；肖群鹰、刘慧君，2007）。

三、影响因素

由 QAP 相关分析的结果可以看出（见表 4-4），反映空间驱动力的两地之间的铁路里程与两地之间的迁移量呈显著负相关，说明较长的迁移距离阻碍了两地之间的人口跨省流动。反映经济驱动力的人均 GDP 差距、城镇居民收入差距、工资收入水平差距、消费水平差距等与两地之间跨省流动人口数量呈正相关，这与以往的研究结论相一致，表明为了获得预期收益，劳动力倾向于从经济欠发达地区向发达地区流动。反映社会驱动力的人均社保、就业和医疗卫生财政支出差距、城镇化率差距与两地之间的迁移量表现出了显著的正相关，表明流动人口倾向于流向公共服务水平较高、城镇化水平较高的发达地区；失业率差距变量虽不显著，但与两地间的迁移量呈负相关，这与以往的研究相一致，即如果迁入地比迁出地的失业率高将阻碍人口跨省流动。反映社会网络的迁移存量表现出了高度的显著正相关性，这表明 2000 年的迁移存量奠定了 2010 年人口流动的格局，对 2010 年的人口跨省流动具有重要影响。

表 4 - 4　　　　　　　　跨省异地城镇化的影响因素

自变量	省际人口流动网络					
	QAP 相关		QAP 回归 1		QAP 回归 2	
	相关系数	P 值	标准系数	P 值	标准系数	P 值
两地铁路里程	- 0.385 ***	0.000	- 0.073 ***	0.001	- 0.072 ***	0.001
人均 GDP 差值	0.267 ***	0.000	0.011	0.198		
城镇居民收入差值	0.224 ***	0.002	0.035 ***	0.007	0.037 **	0.007
人均制造业工资差值	0.266 ***	0.001	0.025 *	0.080	0.029 **	0.050
居民消费水平差值	0.288 ***	0.001	- 0.126 **	0.027	- 0.132 **	0.027
外商直接投资差值	0.088	0.148	0.024 *	0.074	0.024 *	0.077
人均社保财政支出差值	0.131 *	0.090	0.012	0.244		
城镇化率差值	0.332 ***	0.000	0.248 ***	0.002	0.256 ***	0.003
失业率差值	- 0.051	0.152	- 0.002	0.427		
迁移存量	0.910 ***	0.000	0.841 ***	0.000	0.843 ***	0.000
截距			0.000		0.000	
R^2			0.860 ***	0.000	0.860 ***	0.000
调整后 R^2			0.859		0.859	

注：* 表示 $p < 0.1$，** 表示 $p < 0.05$，*** 表示 $p < 0.01$。

为了更加准确地辨识以上变量与人口流动网络的关系，选取所有自变量与省际人口流动网络进行 QAP 回归分析，模型拟合效果较好，可以解释省际人口流动网络 86.0% 的变异。由于模型中一些变量未能通过显著性检验，进一步采取逐步回归方法，剔除掉不具有统计意义的变量，模型解释力并未发生明显下降，仍为 86.0%，表明剔除掉的这几个变量对人口流动网络的影响确实较小。回归结果与相关分析的结论基本一致。

在控制其他变量后，两地之间的铁路里程对人口跨省流动依然具有显著负影响，说明距离较近的两个地区更容易发生人口跨省流动，相反较长的迁移距离增加了迁移成本，降低了人口流动的可能性。

在控制其他变量后，反映经济驱动力的相关变量对人口跨省流动的影响发生了变化。首先，反映地区间经济发展水平差距的人均 GDP 差距变量对人口跨省流动的影响不再显著。其次，城镇居民收入差距和制造业职工平均工资差距对人口跨省流动的影响依然呈显著正影响，表明流动人口倾向于收入较高、工资较高的发达地区；与相关分析相比，居民消费水平差距对人口跨省流动的影响变为负效应，表明较高的消费水平限制了人口的跨省流动，这主要是由于较高的消费水平往往也意味着较高的生活成本，不利于外来人口在流入地生活，特别是目前跨省流动人口中多为农民工，对这一变量更加敏感。最后，反映市场外向性的外商直接投资差距对人口跨省流动的影响变得显著，且呈正影响，这主要是由于外商直接投资较多的地区经济往往较为发达，且外资多投资于劳动密集型产业，因而较多的外商投资也创造了较多的就业机会，所以流动人口倾向于从外商投资较少的地区向外商投资较多的地区流动。

在控制其他变量后，反映社会驱动力的变量只有城镇化率差值和迁移存量对人口跨省流动具有显著影响。两地较大的城镇化率差距，促进了人口从城镇化率较低的地区跨省流向城镇化率较高的地区。由于城镇化率在某种程度上反映了社会综合发展水平，因而可以说跨省流动人口更加倾向于从社会发展水平较低的地区流向社会发展水平较高的地区。反映社会网络的迁移存量对人口跨省流动具有显著正影响，表明 2000 年时从一个地区到另一个地区跨省流动的人口越多，则越有助于同一方向上的人口加速流动，促进了人口流动的持续发生，这与前面分析迁移流向时得到的结论相一致。尽管在前面的章节中提到了农民工回流的趋势，但从此处流动人口存量的角度来看，很大程度上，人口流动的宏观格局并未发生明显转变，可以说是形成了人口流动的"马太效应"：强者恒强、强者更强。

总体来看，空间驱动力、经济驱动力和社会驱动力三种力量的共同作用促进了人口的跨省流动，形成了异地城镇化现象。除此之外，还有在模型中未能纳入的另一重要变量——政策驱动力，也不容忽视。政府干预很大程度上决定了人口跨省流动的基本格局（Liang and White，1996），改革开放以来，国家层面的体制转轨、农村改革以及人口流动政策的放松等，自上而下的创造了有利的人口流动环境（周其仁，1997；盛来运，2007）。东部地区率先发展以及全球化进程的加快，使外资大量集中于东部沿海地区，劳动密集型产业的发展促进了对劳动力的需求，而区域发展的不平衡，进一步促进中西部的人口向沿海东部地区流动（宁越敏，1997；盛来运，2007；段成荣、杨舸、马学阳，2012）。可以说，政策驱动力塑造了人口跨省流动的宏观背景。

在未来，随着时间的推移，交通条件不断完善，空间距离对人口跨省流动的影响将逐步减弱。在经济驱动力方面，随着国家对中西部地区的战略支持和产业转移的新趋势，经济差距将逐步缩小，因而经济驱动力对人口跨省流动的作用在未来亦有可能减弱。而在社会驱动力方面，尽管城镇化率的省际差异将会不断缩小，但公共服务水平仍存在较大差距，且优质的公共服务资源多集中于东部地区特别是大城市。随着新生代农民工的崛起，流动人口已经由最初的生存型向发展型转变，对公共服务更加重视。尽管在本书中，公共服务差距对跨省流动人口的影响并不显著，但笔者认为未来公共服务差距对人口跨省流动的影响或许会呈增强趋势，是一个潜在动力。

总体而言，政策驱动力塑造了异地城镇化的宏观背景，空间驱动力构成了异地城镇化的地理基础，经济驱动力构成了异地城镇化的核心动力，社会驱动力形成了异地城镇化的持续动力和潜在动力。在以上四种动力的共同作用下，促进了人口从中西部地区向东部沿海发达地区的大城市群、大城市集中，且主要流向城镇，形成了典型的异地城镇化（见图4-8）。

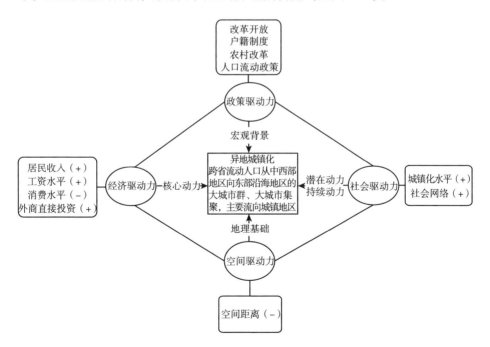

图 4 - 8 异地城镇化的形成机制

第四节 本章小结

相对于省内人口流动，省际人口流动对区域社会经济发展、人口空间布局及城镇化战略等具有更重要影响，表现出典型的异地城镇化特征。本章通过分析2000~2010年中国省际流动人口的格局变化、异地城镇化效应及其主要影响因素，探讨了异地城镇化的人口集聚特征与形成机制，主要研究结论有以下几点。

第一，省际流入和流出人口在空间分布上呈现分散化态势，其中省际流出人口分散化趋势更为明显；迁入迁出重心均向北向东偏移，流入人口的变动更加突出。省际人口流入地由广东省"一枝独秀"向多极化演变，且同时具有典型的向东部沿海大城市群和大城市集聚的倾向。安徽、四川、河南、湖南成为新的四大流出地。

第二，跨省人口流动的网络化趋势更加突出，网络趋于紧凑、可达性提高、网络结构趋于均衡化；迁移流在空间上表现为从中西部地区指向东部地区，新增迁移流集中指向长三角、京津以及福建等经济发达地区；迁移存量、经济差异以及迁移距离的共同作用，形成了不同的流动模式。

第三，人口的跨省流动形成了净流入型活跃区、平衡型活跃区、净流出型活跃区以及非活跃区四种地域类型。其中，净流入型活跃区主要集中于东部沿海地带以及西部的新疆；平衡型活跃区主要为山东、内蒙古、辽宁、山西、云南、海南等地；净流出型活跃区主要位于中西部地区；非活跃区主要为少数民族人口较为集中的地区。

第四，跨省流动人口通过四种模式改变了流入地和流出地的城乡人口结构，导致不同地区总人口、城镇人口和农村人口发生变化，形成了城镇化发展的不同模式。省际人口流动具有突出的异地城镇化效应，促进了全国和31个地区城镇化率的提升，其中，对2000~2010年全国城镇化率增加的贡献占到了18.13%。另外，跨省流动还促进了城镇化率省际差异的缩小，对于区域城镇化协调发展具有一定作用。

第五，通过QAP分析，发现空间驱动力、经济驱动力和社会驱动力三种力量的共同作用促进了人口跨省流动和异地城镇化的形成，此外政策驱动力也不容忽视。总体而言，政策驱动力塑造了异地城镇化的宏观背景，空间驱动力构成了异地城镇化的地理基础，经济驱动力构成了异地城镇化的核心动力，社会驱动力形成了异地城镇化的持续动力和潜在动力。具体而言，工资和收入水平差距、消费水平差距、外商直接投资差距、城镇化水平差距、迁移存量、迁移距离等变量是影响人口跨省流动和异地城镇化的具体因素。

　　在本章中，跨省流动人口的异地城镇化效应主要是基于省际流动人口完全市民化的角度，而没有考虑城镇化质量问题。事实上，我国省际流动人口中大部分为农民工，他们没有流入地的户籍，不能与城市户籍人口享有同等待遇，极大地降低了城镇化质量，很大程度上是半城镇化。所以，针对跨省流动人口，新型城镇化应转移到以推进农业转移人口市民化为重点来提升异地城镇化质量。同时，如果要想减少人口跨省异地流动，促进均衡发展，应着重从缩减地区差距入手，不仅包括经济差距还应包括社会差距，特别是公共服务水平的差距。从中央层面统筹建立与常住人口相挂钩的财政跨省转移支付机制，整体推进全国跨省流动人口的异地城镇化，具体到各地区则应结合实际探索多途径的城镇化道路。

| 第五章 |

就近城镇化的人口集聚与形成机制：
山东案例

省内人口流动与省际人口流动相对应，由于省内流动规模较大，因而省内人口流动对城镇化和区域发展也具有重要影响，被认为是中国未来城镇化发展的主导模式（刘涛、齐元静、曹广忠，2015），然而省内人口流动却还相对较少受到关注。如果说跨省人口流动形成了异地城镇化，省内人口流动则形成了就地就近城镇化的发展模式。依据当前流动人口的统计，省内流动还可以进一步划分为省内跨县（市、区）和县（市、区）内流动两种类型①，本书将前者界定为流动人口的就近城镇化。以往有关省内人口流动的少数研究多是从总体上考察省内人口流动的宏观特征，并未对省内跨县和县内流动做详细区分，因而对于省内跨县（市、区）人口流动的研究也较少。另外，就近城镇化的概念主要出现于 2010 年以后，目前也还没有明确的定义（胡小武，2011；王景全，2014；李强，2015），其相关研究也比较缺乏。基于此，本章试图通过对省内跨县（市、区）的人口流动进行研究，进而对就近城镇化的人口集聚特征与主要影响因素进行探索。

由于是研究省内跨县（市、区）人口流动的特征，所以将研究尺度进行缩放，以县（市、区）作为基本分析单元，综合考虑选取了山东省 108 个县市区作为研究案例（见图 5 - 1）。山东省是中国的人口大省，2010 年常住人口 9579 万人，仅次于广东省。山东省也是中国的经济大省，改革开放以来经济持续快速发展，地区生产总值从 1978 年的 225.45 亿元增长到 2011 年的 45361.9 亿元，占全国的比重从 1978 年的 6.1% 增长到 2011 年的 9.6%，经

---

① 由于省内跨市流动人口的数据，在目前公布的普查数据中较难获得，因此本章没有做详细区分。

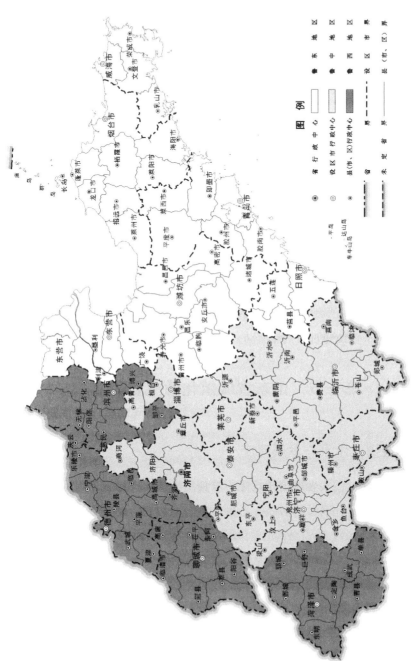

图 5 - 1　山东省 2010 年行政区划及东中西划分示意

注：审图号为鲁 SG（2019）030 号。

济实力不断提升。经济的快速发展促进了城镇化进程的加快，2012 年山东省人口城镇化水平为 52.4%，正处于城镇化发展的中期加速阶段。山东省作为中国转型发展的缩影，区域差异明显，具有显著的东中西分异，使其城镇化发展特征与全国具有一定的相似性，同时也表现出明显的独特性。更为重要的是，山东省省际流动人口较少，省际流入流出较为均衡；其省内流动人口较多，2010 年为 1158 万人，仅次于广东省；而省内跨县（市、区）流动亦较多，为 500 多万（次于广东、四川和江苏），占省内流动人口的 43.24%①。因此，选取山东省作为分析案例，对于研究省内跨县（市、区）人口流动和就近城镇化的发展具有较好的代表性。

本章首先对山东省城镇化特征进行整体分析，以了解山东省城镇化发展的宏观格局；其次，以县（市、区）为基本统计单元，识别跨县市区流动人口，并对其空间集聚特征进行分析；再次，进一步分析其对山东省城镇化水平和城镇规模体系的影响；最后，基于空间计量回归模型，考察影响省内跨县流动人口集聚的主要因素，归纳就近城镇化的形成机制。为了突出省内跨县市区人口流动的特征，本章还同时与省外流动人口的集聚特征及影响因素进行对比分析。

第一节　山东省城镇化的主要特征

一、城镇化水平与发展速度

改革开放前，山东省城镇化总体上呈现出发展缓慢且波动性较强的特征，经历了起步发展（1949～1957 年）、超常发展（1958～1960 年）和波动发展的阶段（1961～1977 年）。在改革开放后，伴随着国民经济快速增长和城镇发展方针的调整，城镇化发展逐渐步入正常轨道，先后经历了恢复发展（1978～1990 年）、平稳发展（1991～2000 年）和加速发展的阶段（2000 年至今）（孙靖、张强，2008）。

---

① 之所以不选取广东、四川和江苏作为研究对象，主要是考虑到广东和江苏的省际流入人口较多，而四川则是省际流出人口大省，相对于省内跨县流动，省际流动对三个地区的城镇化发展具有更大的影响。

进入 21 世纪以来，山东省城镇化率从 2000 年的 38.2% 增至 2010 年的 49.7%，但 2010 年东部地区除山东、海南、河北三省城镇化率低于 50% 以外，其余省市均在 50% 以上，山东省城镇化水平明显滞后于东部沿海其他发达地区；2000 年也表现出同样的发展格局。从城镇化水平增长速度上看，山东省城镇化速度与东部沿海其他地区相比差距依然较大。2000~2010 年，全国城镇化水平年均增长 1.35 个百分点，而山东省相对较慢，年均增长仅为 1.17 个百分点，比全国增长速度低 0.18 个百分点；与东部沿海的江苏、河北、福建、浙江等地区相差更大，四者增长速度分别为 1.87 个、1.79 个、1.55 个、1.30 个百分点。但山东省人口基数庞大，使其城镇人口规模也相应较大，城镇人口从 2000 年的 3432.59 万人增至 2010 年的 4766.35 万人，年均增长 133.4 万人；2010 年的城镇人口规模仅次于广东省的 6903.03 万人，位居全国第二位。①

二、人口流动与县域城镇化

根据第六次人口普查数据，2010 年山东省流动人口总量为 1369.8 万人，其中，县（市、区）内流动人口、省内跨县（市、区）流动人口和省外流入人口分别为 657.5 万、500.8 万和 211.6 万，三者占山东省流动人口的比重分别为 48.0%、36.6% 和 15.4%。与 2000 年相比，三者规模都显著增加，但县（市、区）内流动人口所占比重下降，而省内跨县（市、区）流动人口所占比重显著提升，2000~2010 年增加了 14.4 个百分点（见表 5-1），表明在此期间山东省就近城镇化获得了较快发展。

表 5-1　　　　2000 年与 2010 年中国 31 个地区的流动人口结构与变化　　　　单位：%

地区	2000 年			2010 年			2000~2010 年变化		
	县市区内流动	省内跨县市区流动	跨省流入	县市区内流动	省内跨县市区流动	跨省流入	县市区内流动	省内跨县市区流动	跨省流入
全国	45.5	25.2	29.4	34.6	32.5	32.9	-10.8	7.3	3.5
北京	43.9	3.0	53.1	15.1	17.8	67.1	-28.8	14.8	14.0
天津	63.7	2.6	33.7	22.1	17.5	60.4	-41.6	14.9	26.7

① 国务院人口普查办公室、国家统计局人口和社会科技统计司. 中国 2000 年人口普查资料 [R]. 中国统计出版社，2002；国务院人口普查办公室、国家统计局人口和就业统计司. 中国 2010 年人口普查资料 [R]. 中国统计出版社，2012.

地区	2000 年			2010 年			2000~2010 年变化		
	县市区内流动	省内跨县市区流动	跨省流入	县市区内流动	省内跨县市区流动	跨省流入	县市区内流动	省内跨县市区流动	跨省流入
河北	56.3	24.6	19.1	51.4	31.7	16.9	-4.9	7.1	-2.1
山西	60.8	21.3	17.9	53.9	32.4	13.8	-6.9	11.1	-4.2
内蒙古	53.7	32.0	14.3	38.1	41.8	20.1	-15.6	9.7	5.8
辽宁	64.4	19.5	16.1	41.9	38.9	19.2	-22.5	19.5	3.1
吉林	68.0	21.6	10.5	58.4	31.4	10.2	-9.6	9.9	-0.2
黑龙江	52.4	37.3	10.3	50.4	40.5	9.1	-2.0	3.2	-1.1
上海	19.0	22.8	58.2	13.2	16.1	70.8	-5.9	-6.7	12.5
江苏	45.0	27.1	27.9	24.9	34.6	40.5	-20.0	7.4	12.6
浙江	36.9	20.2	42.9	23.2	17.3	59.4	-13.6	-2.9	16.5
安徽	66.7	26.8	6.5	48.3	41.6	10.1	-18.5	14.8	3.6
福建	35.6	28.1	36.3	28.6	32.5	39.0	-7.0	4.4	2.7
江西	70.0	22.5	7.5	61.2	27.5	11.3	-8.8	5.0	3.8
山东	64.0	22.1	13.8	48.0	36.6	15.4	-16.0	14.4	1.6
河南	61.3	29.5	9.2	53.7	40.3	6.1	-7.6	10.7	-3.1
湖北	60.8	28.6	10.7	48.1	41.0	11.0	-12.7	12.4	0.3
湖南	59.7	32.3	7.9	52.8	38.0	9.2	-6.9	5.7	1.2
广东	16.8	23.7	59.5	14.7	26.9	58.4	-2.1	3.2	-1.1
广西	43.0	43.8	13.2	40.3	46.3	13.4	-2.7	2.6	0.1
海南	33.1	27.8	39.0	31.8	36.3	31.9	-1.3	8.4	-7.1
重庆	66.3	18.3	15.4	48.5	34.2	17.4	-17.8	15.8	2.0
四川	58.8	33.2	8.0	41.1	49.3	9.6	-17.7	16.1	1.6
贵州	48.1	35.0	16.9	43.7	39.8	16.5	-4.4	4.8	-0.4
云南	35.1	34.8	30.1	35.0	44.6	20.4	-0.1	9.8	-9.6
西藏	28.4	20.8	50.8	0.6	36.3	63.1	-27.8	15.5	12.3
陕西	56.0	26.0	18.0	47.0	36.5	16.5	-9.0	10.5	-1.5
甘肃	54.0	31.4	14.6	47.7	38.4	13.9	-6.2	7.0	-0.7
青海	40.9	35.3	23.8	30.9	41.2	27.9	-10.1	6.0	4.1
宁夏	45.5	25.9	28.5	40.9	35.1	24.0	-4.6	9.2	-4.5
新疆	32.3	17.9	49.9	29.6	28.5	41.9	-2.7	10.6	-8.0

注：此处省内跨县（市、区）流动人口未扣除市辖区之间的人户分离。

资料来源：2000 年和 2010 年中国人口普查资料。

　　由表 5−1 可以看出，山东省跨省流入人口相对较少，人口流动主要为省内流动，特别是县（市、区）内流动占到近半数，这与上海、北京、广东、浙江等地存在显著差异。由于当前山东省省内人口流动仍以县（市、区）内流动为主，致使山东省县域城镇化特征突出，2010 年 17 个地级市市辖区城镇人口为 2214.3 万人，仅占全部城镇人口的 46.5%，而 53.5% 的城镇人口分布在县级市或县。

　　与市辖区相比，县域城镇化发展速度较快，县域城镇化率从 2000 年的 25.7% 升至 2010 年的 39.5%，年均增加 1.38 个百分点；而市辖区城镇化率从 2000 年的 69.9% 升至 2010 年的 70.9%，年均增加仅为 0.1 个百分点。可见，市辖区城镇化进程缓慢，开始进入诺瑟姆曲线后期的平稳增长阶段，而县域城镇化发展迅速，对山东省城镇化水平的整体提升具有重要贡献。但当前山东省县域城镇化水平依然较低，不仅落后于市辖区 30 多个百分点，而且还低于全省平均水平。可见，县域城镇化是山东省新型城镇化发展的重要突破点。

　　另外，由于人口以县内流动为主，使山东省大量农民在当地县城从事非农产业，形成了"白天在县城做工，晚上回农村睡觉""工作离土，居住不离乡"的现象，导致当地农民的身份转换滞后于产业转移；再加上跨省外来农民工的影响，进而促进了城市二元结构的形成，半城镇化现象显著。2000 年以来，山东省非农人口比重一直低于城镇人口比重 10 个百分点左右（杨传开、张凡、宁越敏，2015）。

三、城镇化的区域差异特征

　　山东省地域空间分异明显，在某种程度上就是中国经济地域空间的一个缩影（孙虎、刘彦随，2011），城镇化发展亦是如此。由于地理位置、经济发展水平以及地域文化等因素的影响，使山东省城镇化发展水平在空间上亦表现出明显的区域差异，其中在地级市和县域层面均有突出表现。

　　地级市层面，2010 年山东省 17 地级市的城镇化水平均达到了 30% 以上，开始进入加速发展阶段，其中青岛、济南、淄博、东营、威海、烟台、莱芜、泰安八市的城镇化水平还超过了 50%。与 2000 年相比城市之间的相对差距呈收敛趋势，变异系数从 2000 年的 0.29 降至 2010 年的 0.18，但绝对差异依然较大，同时高于全省平均水平的城市由 10 座减少至 8 座。在空间上，形成了以青岛和济南为中心的两大高值区，东西部差距明显，东、中、西部平均城镇化水平分别为 55.6%、51.1%、39.1%；山东半岛城市群内的城市城镇化水平普遍较高，而西部地区和鲁南地区的城镇化水平相对较低[①]。在增长速度方面，西部地区增长速度最快，年均增加 1.46 个百分点；中部地区其次，年均增加 1.16 个百分点；东部地区最慢，年均增加仅为 0.89 个百分点[②]。同时，城市群内部的城市增长速度较慢，年均增加 0.86 个百分点；而城市群外部的城市增长较快，年均增加 1.31 个百分点。

2010 年，山东省共有 49 个市辖区、31 个县级市和 60 个县，除个别地区外，各县（市、区）城镇化均快速发展。在 91 个县市中，城镇化水平超过 50% 的县市从 2000 年的 1 个增长到 2010 年的 8 个，城镇化水平低于 30% 的县市从 2000 年的 62 个下降到 2010 年的 13 个，多数县市正位于 30%～50% 的快速发展阶段。91 个县市城镇化水平的变异系数从 2000 年的 0.69 降至 2010 年的 0.42，各县市间的城镇化差异正在缩小；但绝对差距仍然较大，2010 年城镇化率最高的兖州市达到 62.8%，最低的嘉祥县仅为 21.5%，两者差距达到 40 多个百分点，前者是后者的近 3 倍。从空间特征上来看，东部沿海县市的城镇化率总体高于内陆县市；地级市内部，市辖区城镇化率普遍高于周边县市，但是其中一些市辖区的城镇化水平却非常低，例如，2010 年枣庄市山亭区、潍坊市坊子区的城镇化率均低于 30%。

第二节　山东省流动人口的空间集聚

一、数据处理与研究方法

（一）跨县市区流动人口的界定

依据山东省 2000 年和 2010 年的第五次和第六次人口普查资料，每个县

---

① 鉴于都市区是城市群的基本组成单元，此处所指的山东半岛城市群是以宁越敏（2011）在都市区基础上界定的城市群为标准的，具体包括济南、青岛、淄博、潍坊、烟台、威海等六市。

② 此处延续了传统的山东省三大区域划分方法：东部地区包括青岛、烟台、威海、潍坊、日照、东营六市，中部地区包括济南、淄博、济宁、泰安、枣庄、莱芜、临沂七市，西部地区包括菏泽、聊城、德州、滨州四市。

（市、区）的县域内流动人口和省外流动人口数量均可以直接获取，对于县、县级市以及仅由一个市辖区构成的市区其省内跨县（市、区）流动人口数量也可以直接获得①。但是对于由两个及两个以上市辖区组成的市区其省内跨县市区流动人口则并不能直接获取，这主要是由于在同一地级市范围内，市辖区之间的人口流动多为人户分离，并不能算真正的流动人口，他们与从市区以外其他地方流入的人口存在显著差别（段成荣、孙玉晶，2006）。为此，在按地级市范围将市辖区归并为市区后，不能简单地直接将每个市辖区的跨县市区流动人口数据进行加总，需要先扣除市辖区之间的人户分离人口，才能作为该市区跨县市区的流入人口。

按照国家统计局口径，市区的人户分离人口是指一个地级市所辖的区内和区与区之间，居住地和户口登记地不在同一乡镇街道的人口（国家统计局，2011）②，同时省内流动人口也是以跨越乡镇街道边界进行统计的，所以：

$$P_1 = A + B \qquad (5-1)$$

式（5-1）中：P_1表示市区内人户分离人口，A表示市辖区内的人户分离人口，B表示市辖区间的人户分离人口。

$$P_2 = B^* + C \qquad (5-2)$$

式（5-2）中：P_2表示市区省内跨县市区流动人口，B^*表示市辖区之间的流动人口，C表示市区以外其他地方的流入人口。

原则上，$B = B^*$，通过以上两式的变换，得到：

$$C = P_2 + A - P_1 \qquad (5-3)$$

这样就可以求得市区以外的省内其他县市区的流入人口C。原则上，C应该小于P_2，因为C是P_2扣除了市辖区间的流动人口B^*后才得到的。然而，

① 市区是指将某一设区城市的所有市辖区进行归并，而市辖区在本书中仅指具体的某一市辖区，例如，2010年山东省有49个市辖区，按地级市范围归并后，合计有17个市区，其中有5个地级市仅有1个市辖区，12个地级市有两个及以上的市辖区。

② 国家统计局：2010年第六次全国人口普查主要数据公报（第1号）．http：//www.stats.gov.cn/tjsj/tjgb/rkpcgb/qgrkpcgb/201104/t20110428_30327.html.

由于人口普查的复杂性和统计口径的不一致性，导致按照上述步骤进行计算后，有一些地级市的 $C > P_2$，笔者认为这不符合现实情况，故不能完全按照上述步骤对拥有两个及两个以上市辖区的地级市的市区跨县（市、区）流动人口进行计算。

对于山东省 2010 年整体的情况，该计算过程还较为合理。通过这个过程计算出 2010 年山东省市辖区之间的人户分离人口约占山东省市辖区跨县（市、区）流动人口的 12.5%。为了研究结论的相对可靠性，对 12 个由两个及以上市辖区构成的地级市统一采用山东省的这一比重，进而扣除掉地级市内部市辖区之间的人户分离人口。尽管不同地级市市辖区间的人户分离人口所占市区跨县（市、区）流动人口的比重会存在差别，但碍于数据限制，在目前可得数据下，这种处理方法要比不做任何处理相对更准确一些。

（二）全局空间自相关 _Moran's I_

考虑到山东省流动人口在空间分布上可能存在空间自相关性，所以需要对其空间自相关性进行考察。全局 _Moran's I_ 能够衡量空间邻接或相邻区域单元属性值的相似程度，从而能够反映属性值的空间相关性，为此利用该指标测度山东省各县市区流动人口分布的空间关联性。_Moran's I_ 取值一般为（-1~1），小于 0 表示负相关，等于 0 表示不相关，大于 0 表示正相关，如公式（5-4）（王劲峰、廖一兰、刘鑫，2010）：

$$Moran's\ I = \frac{\sum_{i=1}^{n} \sum_{j \neq 1}^{n} W_{ij}(X_i - \overline{X})(X_j - \overline{X})}{S^2 \sum_{i=1}^{n} \sum_{j \neq 1}^{n} W_{ij}} \qquad (5-4)$$

式（5-4）中：n 为县市区个数；X_i、X_j 为区域 i、j 的流动人口数（流入率）；W_{ij} 为空间权重矩阵（两地相邻为 1，不相邻为 0）；S^2 为流动人口（流入率）的方差；$\overline{X}$ 为流动人口（流入率）平均值。采用标准化统计量 Z 对 _Moran's I_ 结果进行统计检验，$Z(I) = I - E(I) / \sqrt{VAR(I)}$，一般当 $|Z| > 1.96$ 时，表明在空间分布上具有明显的自相关性（王劲峰、廖一兰、刘鑫，2010）。

（三）局部空间自相关指数 I_i

Moran's I 是对属性值在整个区域的空间自相关特征的描述，而不能检测属性值局部空间集聚特征。因此，需要采用局部空间自相关指数 I_i 来检测属性值的局部空间相关性，探测区域单元属于高值集聚还是低值集聚的空间分布模式（徐建华，2010），利用该指标进一步测度山东省流动人口分布的局部集聚特征，其公式为：

$$I_i = \frac{(X_i - \overline{X})}{S^2} \sum_{j \neq i}^{n} W_{ij}(X_j - \overline{X}) \qquad (5-5)$$

式（5-5）中：n 为县市区个数；X_i、X_j 为区域 i、j 的流动人口数（流入率）；W_{ij} 为空间权重矩阵（两地相邻为 0，不相邻为 0）；S^2 为流动人口（流入率）的方差；$\overline{X}$ 为流动人口（流入率）平均值。采用标准化统计量 Z 对 I_i 结果进行统计检验，如果 I_i 为正，表示区域 i 周围相似值（高值或低值）的空间集聚；如果 I_i 为负，则表示非相似值的空间集聚（徐建华，2010）。

二、流动人口的横向集聚

分别从流动人口空间分布、流入强度（流入率）及空间自相关性三个方面考察省内跨县（市、区）流动人口的横向集聚特征，并与省外流动人口的空间集聚特征进行比较。

（一）流动人口的空间分布

总体来看，山东省流动人口的空间分布表现出一定的不均衡性，空间差异明显。省外流动人口在空间分布上具有较强的空间选择性，东部地区集聚了近70%的省外流动人口；而省内流动人口的空间分布相对较为均衡，东、中、西三个区域所占比重分别为53.3%、42.6%和4.1%（见表5-2）。

表5-2　　　　　　　　山东省流动人口的地区分布

区域	省内跨县（市、区）流动人口		省外流动人口	
	规模（人）	占比（%）	规模（人）	占比（%）
东部地区	2419945	53.3	1469490	69.5
中部地区	1934280	42.6	541406	25.6

区域	省内跨县（市、区）流动人口		省外流动人口	
	规模（人）	占比（%）	规模（人）	占比（%）
西部地区	183843	4.1	104697	4.9
合计	4538068	100	2115593	100

具体来看，山东省跨省流入人口在青岛市区和济南市区形成了两个极核，省外流入人口分别为 41 万和 23 万，各占全省省外流动人口的比重为 19.4% 和 10.8%。另外，青岛市区周边的即墨市和胶南市、烟台市区、威海市区及其周边的荣成市、潍坊市区、东营市区、日照市区，以及中部地区的淄博市区、临沂市区省外人口亦较多，其规模都在 5 万人以上。鲁中、鲁西及鲁西南地区的县域省外流入人口较少，普遍少于 1 万人，仅有个别市区省外流动人口较多，达到 2 万人以上，如德州市区、泰安市区等（见图 5－2）。

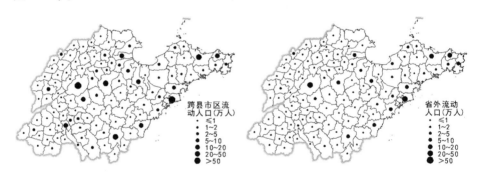

图 5－2　2010 年山东省省内跨县市区和省外流动人口空间分布

注：审图号为鲁 SG（2019）030 号。

对于省内跨县市区流动人口而言，一方面，在省外流动人口较多的一些地区也集聚较多，例如，济南市区省内跨县市区流动人口达到 79.8 万，占全省的比重为 17.6%；除此之外，青岛市区、潍坊市区、淄博市区、临沂市区、东营市区省内跨县市区流动人口相对较多，其规模都在 10 万人以上（见图 5－3）。另一方面，在内陆地区的一些市区也形成了省内跨县（市、区）流动人口集聚的高地，例如，聊城市区、泰安市区、济宁市区等，其省内跨县市区流动人口超过 5 万人。除此之外，对于一些省外流动人口较多的东部沿海地区的县级市和市区，省内跨县市区流动人口则相对较少，例如，威海市区、烟台市区、荣成市、即墨市、胶南市、胶州市、文登市、龙口市等其省内跨县（市、区）流动人口所占全省比重都要低于该地区省外流动人口占全省的比重1个百分点以上。

通过两者对比，总体可以发现省外流动人口的空间分布具有向省会城市及沿海发达大城市的市区和县级市集中的倾向，形成了以济南市区、青岛市区和烟台市区、威海市区为核心的三个高值集中片区；而省内流动人口的空间分布则相对均衡，除具有向省会城市和沿海地区的大城市市区和县级市集中的倾向外，在其他地级市的市区和部分较发达的县级市省内跨县市区流动人口也较多，总体形成了以青岛和济南为双核心、其他地级市市区为次中心的多中心集聚特征。

（二）流动人口的流入强度

进一步采用流入率指标考察人口流动的强度，可以看出流入率较高的地区也多为流入人口规模较大的地区（见图5-2，图5-3），省外流动人口和省内跨县市区流动人口的规模与其流入率的空间格局表现出类似特征，两者的相关系数分别高达0.754和0.819。具体来看，就省外流动人口而言，东部地区的青岛市区及外围的胶南市、胶州市、即墨市以及日照市区、烟台市区、威海市区及其周围的荣成市、文登市、乳山市以及潍坊市区、东营市区等，还有中部的济南市区，其流入率都在3%以上。可见，不论省外流动人口的规模还是流入强度，东部沿海地区和省会济南市区都是省外人口的重要集聚地。而流入率较低的地区则仍然主要是中西部地区的广大县域。

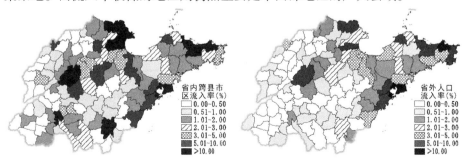

图5-3　2010年山东省省内跨县市区流动人口和省外人口流入率

注：审图号为鲁SG（2019）030号。

就省内跨县（市、区）流动人口的流入强度而言，在空间上形成了多个流入率超过10%的高值区，这些地区不仅包括省外人口流入率较高的青岛市区、烟台市区、威海市区、东营市区、济南市区等，还包括了中部地区的济宁市区和临沂市区等；除此之外，中西部地区的其他市辖区和一些县级市省内跨县（市、区）人口流入率亦较高，如聊城市区、德州市区、莱芜市区、济南周边的章丘市、邹平县、济宁市区周边的兖州市、曲阜市等，流入率都在3%以上。可见，省内跨县（市、区）流动人口流入强度的空间分布也要比省外流动人口流入强度的空间分布较均匀，与其规模分布相匹配。

（三）空间自相关性

计算山东省省外流入人口流入规模和流入率的空间自相关系数 *Moran's I*，其值分别为0.135和0.541，均为正值且正态统计量 *Z* 都大于1.96（见表5-3），表明省外流动人口的空间分布具有显著的正空间自相关性，即省外流入人口较多的地区趋于集聚、省外流入人口较少的地区趋于集聚，这与前面空间格局的分析相一致。计算省内跨县市区流动人口规模和流入率的空间自相关系数，其值则分别为0.008和0.155（见表5-3），均为正值，但前者并不显著，而后者较为显著。这表明省内跨县市区流动人口的规模分布并不具有显著的空间自相关性，这与前面分析的省内跨县市区流动人口的分布较为均匀的结论相契合；而流入率则表现出了一定的正向空间自相关性，即流入率较高的地区趋于集中，流入率较低的地区趋于集中；但与省外流动人口的空间自相关性相比，其 *Moran's I* 值和 *Z* 值都明显较小（见表5-3），说明并不如省外流动人口的空间集聚性突出。

表5-3　　　　　　　　山东省流动人口的空间自相关性

流动人口	*Moran's I*	*P* 值	*Z* 值	显著性
省外流动人口规模	0.135	0.018	3.03	**
省外人口流入率	0.541	0.001	9.89	***
跨县市区流动人口规模	0.008	0.264	0.41	不显著
跨县市区流动人口流入率	0.155	0.009	2.93	***

注：** 和 *** 分别表示在95%和99%的水平下显著。

由于省内跨县（市、区）流动人口和省外流入人口的流入率均表现出了显著的空间自相关性，所以对其进一步计算局部空间自相关指数，分析省外流入人口和省内跨县（市、区）流入人口流入率的局部空间集聚特征，以探测流动人口集聚的高值区和低值区如图5-4所示。由图5-4（b）可以看出，省外流入人口的空间分布形成了两个高值集中连片区，分别是以青岛市区为核心、周边县级市为外围构成的青岛高—高集聚区以及烟台市区和威海市区及周边县级市构成的烟台—威海高—高集聚区，即这些地区及其周边地区的省外人口流入率都较高；而济南市区尽管其省外人口流入率较高，但与周围的县级市和市辖区并未形成显著的高—高或高—低集聚区。省外流入人口在鲁西南地区形成了成片的低—低集聚区，这些地区主要属于欠发达的菏泽市和济宁市的一部分县。

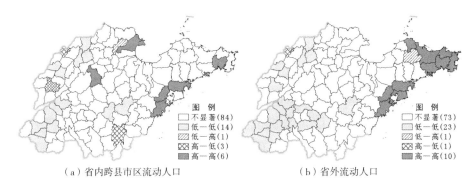

（a）省内跨县市区流动人口　　　　　（b）省外流动人口

图5-4　2010年山东省流动人口流入率的局部空间自相关

注：审图号为鲁SG（2019）030号。

省内跨县（市、区）流动人口形成了四处高—高集聚区，分别是青岛市区周边、烟台—威海市区周边、东营市区周边以及济南市区周边，如图5-4（a）所示，说明这些地区及其周边地区的省内跨县（市、区）流动人口的流入率相对较高；除此之外，德州市区、聊城市区和临沂市区还形成了高—低集聚的格局，即这些地区的流入率较高，而其周边地区的流入率较低，具有典型的"核心—边缘"特征。低—低集聚区除了分布于鲁西南地区外，在临沂、聊城、德州的一些县域也形成了低—低集聚区。与省外流动人口的局部集聚格局相比，省内跨县（市、区）流动人口的低—低集聚区数量相对较少，特别是鲁西南菏泽地区的低—低集聚区；而高—高和高—低集聚区的数量虽然与省外流动人口的高—高和高—低集聚区数量相差不大，但在空间分布上则更加均匀，不再仅局限于东部沿海地区，如图 5 - 4（a）所示，由此，也能看出省内跨县（市、区）流动人口的分布较省外流动人口的分布较为均衡。

三、流动人口的竖向集聚

前面主要是从空间分布上考察了流动人口的横向集聚特征，下面分别从城市行政等级和城市规模等级两个方面，分析两种流动人口的竖向集聚特征。

（一）城市行政等级

将 108 个县市区划分为县、县级市和市区三种类型。由表 5 - 4 可以看出，两种流动人口都青睐于向市区集聚，2010 年市区的省外流动人口和省内跨县（市、区）流动人口分别占全省的 64.7% 和 78.8%。县级市对省外流动人口的吸引力也较强，集聚了 26.0% 的省外流动人口，而仅集聚了 13.4% 的省内跨县（市、区）流动人口。由于山东省县级市主要位于东部地区，所以这实际上与前面的空间分布分析相一致，即省外流动人口分布更倾向于东部地区，不论是市区还是县级市；而省内跨县市区流动人口则主要是对市辖区表现出了较强的集聚倾向。综合比较，可以说省外流动人口的分布很大程度上是一种横向的空间不均衡，而省内跨县（市、区）流动人口的分布则更多的是一种竖向的空间不均衡。

表 5 - 4   山东省不同行政等级城市的流动人口结构   单位:%

地区	常住人口		城镇人口		省外人口		省内跨县市区人口	
	2000 年	2010 年	2000 年	2010 年	2000 年	2010 年	2000 年	2010 年
市区	28.7	32.6	51.3	46.5	52.5	64.7	80.2	78.8
县级市	29.1	27.6	28.3	25.3	34.1	26.0	11.9	13.4
县	42.1	39.8	20.4	28.1	13.4	9.3	7.9	7.8
合计	100.0	100.0	100.0	100.0	100.0	100.0	100.0	100.0

笔者认为，之所以会形成这种格局，是因不同类型的流动人口在迁移决

策时考虑的重点因素有所差别而致。理论上，社会经济发展水平的不均衡导致流动人口趋于向社会经济发展水平更高的地区集聚以寻找就业机会（Lewis，1954）。省外流动人口已经选择了长距离流动，不能顾及家庭利益，只能更多的关注经济收益，所以尽可能会选择经济发达的地区，至于是何种政区类型（市辖区、县级市、县）则并不重要。对于省内流动人口而言，因为是在省内流动，其在关注经济收益的同时，根据新迁移经济学的理论，还会考虑到家庭整体效益的最大化（Stark and Bloom，1985），所以尽可能会选择在离家较近的地区就业。而所在地级市的市区往往是一个就业机会相对较多、经济发展水平较高的地区，因而成为省内跨县（市、区）流动人口首选的集聚地。本书的数据，虽不能直接判定地级市市区的省内跨县（市、区）流动人口主要来源于本地级市其他县或县级市，但由于迁移距离增加，迁移成本也会增加，因而从理论上可以推断本地级市的农民会首先倾向于在本地级市内近距离流动。当然，如济南或青岛这样的大城市，相较于其他地级市的市区因集聚了更多的经济资源、教育资源、医疗资源等，从而使省内跨县（市、区）流动人口在综合博弈家庭收益、在本地市辖区就业的社会经济收益以及在济南或青岛这样的大城市就业的社会经济收益之后，最终仍会选择社会经济收益更高的大城市就业，从而也导致济南市区和青岛市区的省内跨县（市、区）流动人口较多。田盼盼（2014）基于福建省的研究，也得到了类似结论，认为省外流动人口在选择流入地时具有经济发展水平主导型特征，而省内流动人口则兼具经济发展水平和社会事业发展水平两个属性的特征。

（二）城市规模等级

城市人口规模分布满足分形特征，同时又多服从城市位序—规模分布模式，所以，此处借用位序—规模分布方法考察山东省流动人口的竖向集聚特征（戚伟、刘盛和，2015），公式如下：

$$\ln P_i = \ln P_1 - q\ln R_i \qquad (5-6)$$

其中，P_i是流动人口规模等级为i城市的流动人口数；P_1为流动人口规模最大城市的流动人口数；R_i为第i城市的流动人口规模位序；q为常数。当$q>1$时，表明流动人口分布较集中，在高位序城市分布突出；当$q<1$时，表明流动人口的规模分布较分散，在低位序城市分布相对较多；当$q=1$时，

表示首位城市与最小城市的流动人口规模之比恰好为区域内整个城镇体系的城镇数目。

根据式（5－6）计算省内流动人口和省外流动人口的分形维数 q 分别为 1.738 和 1.588（见图 5－5），二者均大于 1，表明两类流动人口的规模分布比较集中，在高位序城市分布较为突出，在低位序城市分布较少，首位度较高。特别是省内流动人口的分形维数还要大于省外流动人口的分形维数，即省内流动人口较省外流动人口在高位序城市的分布更加集中。事实上，两类流动人口都与城镇人口规模呈显著正相关，特别是省内流动人口与城镇规模的相关系数达到 0.946，显著高于省外流动人口与城镇规模的相关系数 0.872，表明二者在向高位序城市集聚的过程中，也表现出向大城市集聚的特征，且省内流动人口更加明显，这也说明了省内流动人口分布竖向不均衡的特点。

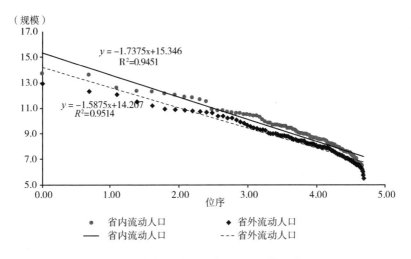

图 5－5 山东省流动人口的位序—规模分布特征

具体来看，2010 年城镇规模排名前两位的济南市区和青岛市区分别集聚了 30.18% 的省外流动人口和 37.28% 的省内跨县（市、区）流动人口，城镇规模排名前 5 位的城市所占比重则进一步上升到 45.62% 和 54.36%（见表 5－5）。与 2000 年相比，省内跨县（市、区）流动人口向大城市集聚的速度更快，2000～2010 年省内跨县（市、区）流动人口和省外流动人口在城镇人口规模排名前 2 位的城市所占比重分别增加了 11.76 个和

10.02 个百分点。

表 5 - 5　　　　　山东省流动人口在不同规模等级城镇的分布　　　　单位:%

城镇人口规模	省外流动人口			省内跨县市区流动人口		
	2000 年	2010 年	2000 ~ 2010 年增加	2000 年	2010 年	2000 ~ 2010 年增加
前 2 位的城市占比	20.16	30.18	10.02	25.52	37.28	11.76
前 5 位的城市占比	32.68	45.62	12.94	41.20	54.36	13.16
前 10 位的城市占比	42.03	53.82	11.79	56.00	68.75	12.75
前 50 位的城市占比	86.74	89.87	3.13	86.73	92.41	5.68
全省	100.00	100.00	0.00	100.00	100.00	0.00

由于市区的城镇人口规模往往较大，所以此处分析的结论实际上与前面有关流动人口在不同行政等级城市的竖向集聚基本一致。两者结合，即省内跨县（市、区）流动人口倾向于以市区为主的大城市集聚；而省外流动人口除倾向于以市区为主的大城市集聚外，人口规模相对较小的发达县级市亦是其重要的流入地。

第三节　就近城镇化的主要影响机制

省内人口流动不同于省际人口流动，二者的驱动机制并不完全相同（王国霞，2008），因而通过省际人口流动研究得出的一些结论在省内人口流动中不一定适用。近年来一些学者也开始对省内人口流动的机制进行研究，总体上发现省内人口流动有以下几个特点：在空间上，省内流动人口趋向于省会城市、邻近区域以及具有较高工资水平的区域（郭永昌，2012）；在经济因素方面，较高的第三产业从业人员比重、较高的经济发展水平、较多的固定资产投资等是吸引省内流动人口集聚的重要因素（王国霞，2008；张耀军、岑俏，2014；张苏北等，2013）；在社会因素方面，社会公共资源、迁移存量、基本公共服务等对省内人口流动具有重要影响（张耀军、岑俏，2014；杨风，2014；田盼盼，2014）。除此之外，交通条件以及开发政策等也对省内人口流动的格局具有重要影响（黄向球等，2014）。在以往研究的基础上，此处进一步对山东省省内跨县（市、区）流动人口的影响因素进行分析，以明晰省内就近城镇化的影响机制。

一、数据来源与变量设置

此处所使用的人口数据主要来源于 2010 年《山东省人口普查资料》，县和县级市的社会经济数据主要搜集于《山东省统计年鉴 2011》以及《中国区域经济统计年鉴 2011》，市辖区数据主要来源于《中国城市统计年鉴 2011》，此外部分数据来源于《山东省城镇化发展报告 2011》。

首先，以每个县（市、区）的省外流动人口规模和省内跨县（市、区）流动人口规模作为因变量；其次，参照以往的研究，从经济因素、社会因素、制度因素以及地理因素四个方面选取了个 10 自变量（见表 5 - 6）。

表 5 - 6　　　　　　　　　　　变量定义与设置

	变量	变量名称		变量设置
因变量	Y_1	省内跨县市区流动人口规模	lnKX	对省内跨县市区流动人口取自然对数
	Y_2	省外流动人口规模	lnSWAI	对省外流动人口数量取自然对数
经济因素	经济水平	人均 GDP	lnGDPper	对人均 GDP 取自然对数
	产业结构	二产比重	sec-industry	第二产业增加值占 GDP 比重（%）
		三产比重	ter-industry	第三产业增加值占 GDP 比重（%）
	经济外向度	经济外向度	eco-open	出口总额占 GDP 比重（%）
	工资水平	城镇在岗职工平均工资	lnWage	对城镇在岗职工平均工资取对数
社会因素	教育资源	高等本科学校数	university	高等本科学校数
	社会发展水平	城镇化率	urbanization	城镇人口占地区常住人口的比重（%）
制度因素	政区类型	市辖区	district	市辖区 = 1，县和县级市 = 0

变量		变量名称		变量设置
地理因素	地理位置	东部地区	east	东部地区＝1，非东部地区＝0
		是否与其他省份邻接	neighbor	是＝1，否＝0

具体来看，在经济因素方面，选用人均GDP反映地区经济发展水平，理论上人均GDP越高，对外来人口越有吸引力；选用第二产业比重和第三产业比重反映地区产业结构，第二产和第三产比重越高提供的就业机会越多，特别是第三产业的发展；选用地区出口总额反映地区经济发展的外向度，外向度越高的地区，其提供的就业机会相对较多，对外来人口也具有较强吸引力；选用城镇在岗职工平均工资反映地区工资水平，工资水平越高，对外来人口吸引力越强。在社会因素方面，分别选取地区高等本科院校数和地区城镇化率，前者反映公共资源对外来人口的影响，后者反映社会综合发展水平对外来人口的影响；高等学校越多、城镇化率越高，对外来人口的吸引力越强。在制度因素方面，选用地区政区类型考量制度因素和城镇规模对外来人口的影响，将市辖区设置为1，县和县级市设置为0；行政等级越高，集聚资源的能力越强，城市规模往往也越大，对外来人口的吸引能力也越强。最后选用是否位于东部地区和是否与其他省份邻接（都为虚拟变量）来衡量地理位置对外来人口的影响。东部地区经济发达对外来人口的吸引力较强；而与其他省份邻接的地区，地理位置相对较偏，对省内流动人口的吸引力可能较弱，但对于周边省份的省外流动人口却可能存在一定的吸引力。为减少异方差和共线性问题的影响，对一些数据进行了自然对数变换（见表5-6）。

二、研究方法

回归分析经常用来研究自变量和因变量之间的具体数量关系，但当变量存在空间交互作用时，如仍采用OLS进行估计，会使系数估计值产生偏差或无效（徐建华，2010），而采用极大似然值法估计的空间滞后模型（SLM）和空间误差模型（SEM）则可以用来解决这种问题（Anselin，1988）。由于前面在流动人口的横向集聚分析中，已发现两种流动人口的空间分布都存在一定的空间自相关性。所以，此处同时采用 OLS 模型、空间误差模型和空间滞后模型进行比较分析，然后选取最优结果。

空间滞后模型：该模型考虑了因变量的空间自相关性，可以用来反映相邻地区是否存在扩散或集聚效应，其表达式为（徐建华，2010；王劲峰、廖一兰、刘鑫，2010）：

$$y = \rho Wy + X\beta + \varepsilon \qquad (5-7)$$

式（5-7）中：y 为因变量，X 为自变量，W 为空间权重矩阵，Wy 为空间滞后因变量，β 为待估系数，ρ 为空间误差系数，ε 为随机误差且服从正态分布。

空间误差模型：该模型主要是考虑了存在于误差项中的空间相互作用，其表达式为（徐建华，2010；王劲峰、廖一兰、刘鑫，2010）：

$$y = X\beta + \varepsilon \qquad (5-8)$$

$$\varepsilon = \lambda W\varepsilon + \mu \qquad (5-9)$$

式（5-8）、式（5-9）中：y 为因变量，X 为自变量，W 为空间权重矩阵，β 为待估系数，λ 为空间误差系数，ε、μ 分别为随机误差且 μ 服从正态分布。

由于事先无法判断哪种空间模型更加符合实际，所以在运行模型前，有必要依据相关参数进行初步判断，一般包括 *Moran's I* 检验、两个拉格朗日乘数形式的 *LM-lag* 和 *LM-error* 检验、稳健的 *R-LM-lag* 和 *R-LM-error* 检验（徐建华，2010）。Anselin（2004）认为可以先进行 OLS 回归，如果在空间相关性的检验中发现，*LM-lag* 较 *LM-error* 在统计上更加显著，且 *R-LM-lag* 显著而 *R-LM-error* 不显著，则此时空间滞后模型更加适合；相反，如果 *LM-error* 较 *LM-lag* 在统计上更加显著，且 *R-LM-error* 显著而 *R-LM-lag* 不显著，则此时空间误差模型更加适合[①]。

---

① Anselin L. Geoda：an introduction to spatial data analysis ［EB/OL］. http：//geoda-center. asu. edu. /pdf/geodaGA. pdf. 2004.

三、影响因素

对省内跨县市区流动人口进行分析，*Moran's I*（误差）检验表明，OLS 回归误差的空间相关性比较明显（显著性水平 0.000），有必要选用空间模型。拉格朗日乘数滞后和误差及其稳健性检验表明，统计量 *LM-lag* 和 *LM-error* 都通过了 1% 水平的显著性检验，但 *R-LM-error* 在 0.05 水平下显著而 *R-LM-lag* 并不显著，由此推断空间误差模型应该更加适合于跨县（市、区）流动人口的分析。对省外流动人口而言，*Moran's I*（误差）检验表明，OLS 回归误差的空间相关性比较明显（显著性水平 0.1），也有必要选用空间模型。拉格朗日乘数滞后和误差检验表明，统计量 *LM-lag* 在 0.05 水平上显著，而 *LM-error* 并不显著，由此推断空间滞后模型应更适合于省外流动人口的分析（见表 5 – 7）。

表 5 – 7　　　　　　　　　　　空间回归模型的选取与检验

变量	省内跨县市区流动人口		省外流动人口	
	统计值	*P* 值	统计值	*P* 值
Moran's I（error）	4.568	0.000	1.822	0.068
LM-lag	9.326	0.002	4.726	0.030
R-LM-lag	0.743	0.389	3.315	0.069
LM-error	14.476	0.000	1.538	0.215
R-LM-error	5.893	0.015	0.137	0.711

进一步比较不同模型的结果，采用 GeoDa 软件估算了人口流动影响因素的 OLS、SLM 和 SEM 三个模型，比较对数似然值（LogL）、赤池信息准则（AIC）和拟合优度（R^2）（蒋伟，2009）。可以发现：对于省内跨县市区流动人口而言，三个模型中 SEM 模型的 LogL 最大、AIC 最小、R^2 最大（见表 5 – 8），说明省内跨县（市、区）流动人口的空间效应更多地体现在空间误差项上，空间误差模型更加适合。

表5-8　山东省流动人口分布的影响因素

变量		省内跨县（市、区）流动人口						省外流动人口					
		OLS		SLM		SEM		OLS		SLM		SEM	
		Coef.	S. E.	Coef.	S. E.	Coef.	S. E.	Coef.	S. E.	Coef.	S. E.	Coef.	S. E.
截距	constant	-2.801	2.716	-1.738	2.481	-3.001	2.552	-0.468	2.631	-0.001	2.428	0.062	2.610
人均GDP	lnGDPper	0.405**	0.183	0.332*	0.175	0.811***	0.192	0.143	0.177	0.081	0.170	0.249	0.185
工资水平（ln）	lnWage	0.445	0.228	0.206	0.211	0.055	0.197	0.337	0.221	0.200	0.206	0.187	0.211
二产比重	sec-industry	0.014	0.012	0.011	0.010	0.013	0.009	0.024**	0.011	0.022**	0.010	0.024**	0.010
三产比重	ter-industry	0.036**	0.016	0.030**	0.015	0.043***	0.013	0.034**	0.016	0.028*	0.015	0.034**	0.014
经济外向度	eco-open	0.005	0.007	0.000	0.006	0.005	0.006	0.014**	0.007	0.009	0.006	0.009	0.006
高等本科学校数	university	0.081**	0.039	0.071**	0.035	0.049	0.033	0.102***	0.037	0.099***	0.034	0.091***	0.035
城镇化率	urbanization	0.022**	0.011	0.024**	0.010	0.017**	0.009	0.026**	0.010	0.028***	0.010	0.027***	0.009
市辖区	district	1.349***	0.277	1.550***	0.255	1.406***	0.215	0.472*	0.268	0.604**	0.252	0.508**	0.241
东部地区	east	0.413**	0.190	0.281	0.175	0.294	0.248	1.029***	0.184	0.808***	0.191	0.965***	0.207
是否与其他省份邻接	neighbor	-0.587***	0.162	-0.472***	0.148	-0.379**	0.148	0.041	0.157	0.069	0.145	0.032	0.154
空间滞后项				0.266***	0.082					0.222**	0.095		
空间误差项						0.591***	0.094					0.302**	0.127
R^2		0.835		0.851		0.874		0.809		0.819		0.817	
LogL		-103.631		-98.999		-94.038		-100.187		-97.760		-98.830	
AIC		229.262		221.999		210.070		222.374		219.520		219.659	
N		108		108		108		108		108		108	

注：* 表示 $p<0.10$，** 表示 $p<0.05$，*** 表示 $p<0.01$，Coef. 为系数，S. E. 为标准误。

　　而对于省外流动人口而言，SLM 模型的 LogL 最大、AIC 最小、R^2 最大（见表 5-8），说明省外流动人口的空间效应更多地体现在空间滞后项上，空间滞后模型更加适合。下面，分别选取省内跨县（市、区）流动人口 SEM 模型和省外流动人口的 SLM 模型对其主要影响因素进行分析。

　　由表 5-8 可以看出，省内跨县（市、区）流动人口的就近城镇化和省外流动人口异地城镇化的影响因素并不完全一致。

　　在经济因素方面，流入地经济发展水平（lnGDPper）对省内流动人口规模存在显著正影响，而对省外流动人口的影响并不显著，这说明省内流动人口更倾向于流向经济较为发达的地区。对省外流动人口的影响不显著，可能与省外流动人口在东部地区集中，而显著的 east 一定程度上降低了 lnGDPper 的影响有关。工资水平被认为是引起人口流动的重要因素，但在模型中 lnWage 对两类流动人口的影响都不显著，可能由于该变量反映的主要是城镇在岗职工的平均工资，但大部分流动人口主要是在非正规部门就业或并不统计为在岗职工，因而这一工资水平对其可能并不具有重要意义。第三产业比重（ter-industry）对两类流动人口的集聚都具有显著影响，而第二产业比重（sec-industry）仅对省外流动人口的集聚具有显著影响。第三产业能提供较多的就业机会，特别是第三产业中的批发零售业、住宿餐饮业、居民服务业等，从而对省内、省外流动人口集聚都发挥了较强的吸引作用。2014 年山东省流动人口监测数据显示，从事第三产业的省内跨县和省外流动人口占比分别为76.0% 和 75.1%，其中从事批发零售业、住宿餐饮业、居民服务业的省内、省外流动人口分别占其总流动人口的比重为 27.8% 和 28.8%、16.7% 和 22.0%、16.9% 和 16.5%①。第二产业之所以对省外流动人口具有较强吸引力，主要是由于山东省大部分地区仍以第二产业为主，特别是东部地区城市的第二产业比重较高，就业机会较多，因而对省外流动人口形成了较强吸引力。例如，2010 年东营市区第二产业比重高达 75.1%，吸引了 5 万多省外流动人口集聚。经济外向度（eco-open）对两类流动人口的影响都不显著，但在省外流动人口的 OLS 模型中却表现出了一定的显著性，说明经济外向度对省

---

　　① 数据来源于国家人口计生委发布的 2014 年流动人口动态监测调查数据，由于不能得到 2010 年的调查数据，所以此处用 2014 年的数据来进行分析。

外流动人口的集聚也具有一定作用，这与第四章在国家尺度以省域为分析单元考察省际人口流动影响因素的结论相一致。

在社会因素方面，选取地区高等本科院校数（*university*）和地区城镇化率（*urbanization*）两个指标，分别用来反映高等级公共服务资源和社会综合发展水平对流动人口的影响。*university* 对省内流动人口的影响并不显著，这与学习培训在省内人口流动的原因中不占主导具有一定关系。而 *university* 对吸引省外流动人口具有显著的正向作用，这应与省外流动人口除因务工经商（52.5%）、随迁家属（12.6%）等流动原因外，学习培训（11.9%）亦是其十分重要的流动原因相一致（见表5-9）。城镇化水平（*urbanization*）对两类流动人口均具有显著正向影响，表明两类流动人口都倾向于流向城镇化率较高、社会综合发展水平较高的地区。

表5-9　　　　　　　　山东省省外流动人口的迁移原因　　　　单位:%

地区	合计	务工经商	工作调动	学习培训	随迁家属	投亲靠友	拆迁搬家	寄挂户口	婚姻嫁娶	其他
合计	100	52.5	5.8	11.9	12.6	5.3	2.1	0.3	4.5	5.1

在制度因素方面，选用政区类型考量制度因素对外来人口的影响，结果显示市区（*district*）比县和县级市对两类流动人口都具有更高的吸引力。市区通常是地级市的政治和经济中心，具有较强的集聚资源能力，社会经济发展水平通常较高、就业机会相对较多，因而对流动人口形成了较强的吸引力。不过，*district* 对两类流动人口影响的显著性存在一定差别。对于省内跨县（市、区）流动人口而言，三个模型均在 0.001 水平上显著；而对于省外流动人口而言，SLM 和 SEM 模型仅在 0.05 水平上显著，OLS 模型仅在 0.1 水平上显著，可以看出市辖区对于省内流动人口的集聚作用更加突出。

在地理因素方面，选用是否位于东部地区（*east*）和是否与其他省份邻接（*neighbor*）来衡量地理因素对流动人口的影响。其中，*east* 对吸引省外流动人口具有显著正向作用，而对于吸引省内流动人口的作用并不显著。这主要是由于山东省地域空间分异明显，东部沿海地区发展水平整体较高，因而 *east* 对省外流动人口形成了较强的吸引力；而根据前面的分析，省内跨县（市、区）流动人口由于更倾向于临近地区就业，所以 *east* 并未对其形成显著影响。*neighbor* 对省内流动人口具有显著负面作用，这主要是因为这些地区多位于位置较偏且经济发展水平相对较低的鲁西和鲁南，因而对省内流动人口并不具有较强吸引力。*neighbor* 对省外流动人口的影响虽不显著，但呈正相关，表明这些地区对省外流动人口也具有一定吸引力，这主要是由于这些地区与其他省份邻接，流动成本低，同时一些地区的经济发展水平还相对较高，从而吸引了临近省份的人口跨省流入，例如，2010 年德州市区的省外流动人口 28457 人，其中来自邻接的河北省的流动人口占 55.9%。

总体上看，较高的经济水平、较高的第三产业比重、较高的城镇化水平促进了省内流动人口向市辖区和非省际边缘区的集聚。由此，可以总结出以省内跨县（市、区）人口流动为特征的就近城镇化形成机制。在省域社会经济发展水平并不十分均衡的现实背景下，省内跨县（市、区）流动人口趋向于流向社会经济发展水平更高的地区寻找就业机会，而这些地区往往是省内地级市的市辖区和部分发达的县级市。由于流动距离越远，迁移成本越高，同时也增加了与家庭成员分离的社会成本，所以省内跨县（市、区）流动人口一定程度上会首先趋于流向距离其较近的地级市市辖区或县级市，但当在这些地区的收益显著低于在更远处其他地级市的市辖区或县级市的收益时，就会选择更发达的省会城市或其他地级市的市辖区作为流入地。最终形成了以省会城市市区和发达地级市的市区（青岛）为核心集聚地，以其他一般地级市市区为次级集聚地，以个别发达的县级市为第三级集聚地的相对均匀的空间格局。可以说，就近城镇化人口集聚格局的形成既受到区域社会经济发展不均衡的影响，同时也受到迁移个体、家庭等其他非经济因素的影响。

第四节　本章小结

本章选取具有一定代表性的山东省作为研究对象，在分析山东省城镇化整体发展特征的基础上，进一步以山东省 108 个县（市、区）作为空间分析单元，对山东省省内跨县（市、区）流动人口的空间分布格局以及主要影响因素进行了研究，并同时与省外流动人口进行对比，进而探索了省内就近城镇化的人口集聚特征与主要影响机制。通过本章的分析，得出以下几点结论：

第一，山东省跨省流入人口相对较少，人口流动主要为省内流动，特别是县（市、区）内流动占到近半数，县域城镇化特征突出。由于地理位置、经济发展水平以及地域文化等因素的影响，使山东省城镇化发展水平在空间上表现出明显的区域差异，东部沿海县市的城镇化率总体高于内陆县市，市辖区城镇化率普遍高于周边县市。

第二，山东省省内跨县（市、区）流动人口水平分布相对均衡，更多的是一种竖向的空间不均衡，而省外流动人口的集聚主要是水平分布的不均衡。省内跨县（市、区）流动人口除向省会城市和沿海发达地区大城市的市区和县级市集聚外，也在其他地级市的市区和部分较发达的县级市集聚较多，形成了以青岛市区和济南市区为双核心、其他地级市市区和部分县级市为次中心的多中心集聚特征。省外流动人口的空间分布则主要集聚于省会城市及沿海发达大城市的市区和县级市，形成了以济南市区、青岛市区、烟台市区和威海市区为核心的三个高值集中片区。基于空间自相关性的分析，验证了省内跨县（市、区）流动人口水平分布较为均衡、省外流动人口水平分布较为集中的观点，表现为省内跨县（市、区）流动人口的空间自相关性并不显著，而省外流动人口的空间自相关性较为显著。进一步利用局部自相关指数的空间格局分析也得到了类似结论。

第三，在竖向集聚上，两类流动人口的规模分布比较集中，高位序城市分布较为突出，低位序城市分布较少，且两种不同尺度的流动人口均表现出向大城市和市辖区集聚的倾向，在中小城市以及县、县级市分布较少，其中，省内跨县（市、区）流动人口对城市规模和行政等级更加敏感。

第四，基于空间计量模型考察两类流动人口集聚的主要影响因素，发现两种流动人口的影响因素并不完全一致。较高的经济水平、较高的第三产业比重、较高的城镇化水平促进了省内流动人口向市辖区和非省际边缘区的集聚；而较高的第二和第三产业比重、较多的高等教育资源、较高的城镇化水平则促进了省外流动人口在东部地区和市辖区的集聚。回归到多尺度城镇化的分析框架，在省域层面，社会经济发展水平的不均衡导致流动人口趋于向社会经济发展水平更高的地区集聚以寻找就业机会，这些地区往往是市区和部分发达的县级市。由于流动距离越大，迁移成本越高，因而流动人口会首先倾向于附近的市区和县级市转移，但远处的省会城市和其他大城市往往集聚了更多的优质资源，当在大城市的收益显著高于附近市区或县级市的收益时，流动人口就会向更发达的省会城市或大城市的市区或县级市集聚，最终形成了省内跨县（市、区）流动人口空间分布相对均衡的就近城镇化。

尽管省内流动人口通过就近城镇化实现完整城镇化要比跨省流动人口容易，但事实上省内流动人口的就近城镇化过程也存在较大差异。首先，对于同一地级市内部的跨县（市、区）流动实现完整城镇化要比地级市间的跨县（市、区）流动更容易；其次，由于市区多存在较严格的户籍限制，特别是像济南和青岛这样的大城市，因此跨越县市边界流动要比跨越市区边界更容易。另外，通过本章的整体分析，可以看出从多空间尺度视角研究人口流动的优势。在国家尺度上，以省域为研究单元分析人口流动时，仅能观察到省域人口流入流出的整体格局，但随着研究尺度的缩小，所能观察到的人口集聚格局更加复杂。即使在人口净流出的省域，其背后也存在着人口的跨省流入和省内人口的流动集聚，可以更清晰地看到两种流动人口在省域内不同县（市、区）的集聚特征。

| 第六章 |

就地城镇化的人口集聚与形成机制：
诸城案例

　　就地城镇化并不是一个新生概念，早在 20 世纪 80 年代初就已出现了自下而上的乡村城镇化现象（崔功豪、马润朝，1999）；在延续乡村城镇化研究的基础上，朱宇更加强调了乡村聚落向城镇类型的就地转换，进而提出了"就地城镇化"的概念（Zhu，2000）。时至今日，就地城镇化的形式不断演变，特别是进入 21 世纪以来，地方政府在探索新型城镇化发展过程中结合地方实际，多个省市通过撤村并点、乡村合并等措施开展了新型农村社区建设，形成了以农村新型社区建设为主要路径的新型就地城镇化发展模式（张颖举，2014），其表现形式与动力机制与 20 世纪 80 年代的就地城镇化相比已经发生了巨大变化。

　　但笔者认为农村就地转换为城镇的现象目前还仅局限于较为发达的少数乡村地区，很多乡村地区伴随着乡镇企业的衰落、城镇化背景下乡村人口的流失以及自身地理条件和发展基础的薄弱，尚不具备由乡村就地裂变为城镇的可能；至于地方实践中形成的社区城镇化，显然只能作为解决农村人口就地城镇化的途径之一。此外，根据前面的分析，在乡镇地域范围内从业的本地农民工规模较大，且农业转移人口在县域范围内的城乡之间通勤流动更加频繁。因此，笔者更赞同把整个县域作为农民空间转移实现城镇化的最小地域单元进行考察①，从而把农业转移人口在县域范围内向不同层级的城镇或社区集聚视为一种就地城镇化过程。

　　县域是统筹城乡发展的重要平台，推动县域城镇化发展，有助于带动县城、小城镇和乡村的发展，从而促进大中小城市和小城镇协调发展。2010

---

　　① 本章所指的县域是指县级行政区所形成的地理空间，仅包括县和县级市，不包括市辖区。

年，全国县市区内流动人口9037万人，占全国流动人口的34.8%，可见县内流动人口的就地城镇化在中国新型城镇化发展进程中具有重要作用。县域作为我国行政区划的基本单元，具有相对完整的社会经济体系，农民在同一县域内转移流动实现城镇化的成本相对较低，例如，农民可以在附近的城镇务工早出晚归、乡城户籍转换相对容易、城乡公共服务也较便于实现均等化，相较于省内跨县（市、区）和跨省的流动人口也更加容易实现城镇化。因此，县内人口流动的活跃度在很大程度上可以看作是衡量县域就地城镇化发展程度的一个指标。以往有关就地城镇化的研究，多是讨论就地城镇化的概念和理论，较少从人口流动的视角考察就地城镇化的发展特征，同时研究区域也主要集中于外资较多、外来人口较多的珠三角、福建、浙江、苏南等地（崔功豪、马润朝，1999；潘海生、曹小锋，2010；祁新华、朱宇、周燕萍，2012；崔曙平、赵青宇，2013）。

为此，笔者尝试以县内人口流动为切入点探索县域就地城镇化的特征，并选择与以往研究案例不相同的山东省诸城市作为具体研究案例。诸城市的外资和外来人口都相对较少，但其就地城镇化和社区城镇化发展却都较为成熟，探讨其县域就地城镇化及社区城镇化的特征与形成机制，有助于丰富就地城镇化理论和实践，也有助于为其他地区的县域就地城镇化发展提供经验借鉴。本章主要包括三个方面：首先，以山东省91个县和县级市作为分析对象，通过县域内人口流动的活跃程度，考察县域就地城镇化的发展程度，识别就地城镇化发达地区的主要社会经济特征；其次，进一步缩放尺度，以诸城市作为研究对象，分析诸城市县域就地城镇化的人口集聚特征；最后，对诸城市县域就地城镇化的生成机制进行分析，以进一步完善就地城镇化理论。

第一节　山东省县内人口流动整体特征

一、空间分布格局

2010年山东省县域内流动人口合计6452万，占县域常住人口的6.01%，其中近90%的县域内流动人口在城镇居住或工作半年以上，对县域城镇化率的贡献占到了13.62%（见表6-1），可见县域内流动人口的就地城镇化对山东省县域城镇化的发展具有重要作用。县级市和县内流动人口约各占县域内流动人口的一半，但县级市的县域内人口流动较为活跃，其人口流动率为7.71%，而县的县域内人口流动率仅为4.83%（见表6-1），表明县级市的人口就地城镇化趋势更加明显。

表6-1　　　　2010年山东省县和县级市县域内流动人口规模和流动率

地区	常住人口（人）	城镇人口（人）	县内流动人口（人）			县内流动率（%）	对城镇化的贡献率（%）
			合计	城镇	乡村		
县级市	26413225	12067554	2036058	1834023	202035	7.71	15.20
县	38111690	13399620	1842080	1634224	207856	4.83	12.20
合计	64524915	25467174	3878138	3468247	409891	6.01	13.62

　　资料来源：山东省统计局．山东省人口普查办公室：《山东省2010年人口普查资料》，中国统计出版社，2012年。

　　从县域内流动人口规模上看，县级市的县域内流动人口规模较大，大部分县级市的县域内流动人口数量都在5万人以上，仅少数的县级市在5万人以下，例如，文登市、荣成市、乳山市、蓬莱市、昌邑市、曲阜市、禹城市、临清市等。而县的县域内流动人口则普遍相对较少，绝大多数县的县域内流动人口规模都在5万人以下，仅一些经济实力较好、人口规模较大的县域其县内流动人口规模超过5万人，例如，临朐县、昌乐县、莒县、沂水县、平邑县、高唐县、曹县、单县等，如图6-1所示。在空间分布上，由于山东省的县级市在东部地区分布比较密集，因而县域内流动人口在东部也相对较多，而中西部相对较少。

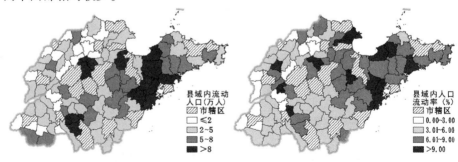

图6-1　2010年山东省县域内人口流动格局

注：审图号为鲁SG（2019）030号。

县域内流动人口的规模与其县域常住人口规模具有密切关系，两者的相关系数为 0.709（显著性为 0.01），因此，衡量就地城镇化的发展程度不仅要考察其规模，还需要考虑其人口流动的活跃程度，即县域内流动人口占常住人口的比重。由图 6-1 可以看出，人口流动较为活跃的县域仍以县级市为主，83.9% 的县级市县域内人口流动率都超过了山东省平均水平 6.0%，仅蓬莱市、曲阜市、临清市、新泰市、禹城市 5 个县级市的县域内人口流动率低于 6.0%。60 个县中，只有 17 个县的流动率超过了全省平均水平，12 个县的流动率低于 3% 且主要位于鲁西地区。在空间上，总体仍以东部地区的县域内人口流动率较高，鲁中地区其次，西部地区最低，这与县域经济的发展格局基本相一致，在某种程度上说明经济较发达的地区，人口就地城镇化的趋势越明显。

二、社会经济特征

通过前面的格局分析，可以初步判断县级市比县、东部地区比中西部地区、经济较为发达地区比经济欠发达地区的县域就地城镇化趋势更为明显，下面进一步深入分析，探索就地城镇化发达地区的具体社会经济特征。利用相关分析，计算相关社会经济指标与县域内人口流动率的皮尔逊相关系数（见表 6-2）。

表 6-2　　　　　　县域内人口流动率与相关指标的相关系数

指标	县内流动率	指标	县内流动率
人均 GDP	0.551 ***	城镇化率	0.572 ***
人均固定资产投资	0.574 ***	万人拥有卫生技术人员数	0.524 ***
财政收支比	0.628 ***	人均城市道路面积	0.356 ***
二产占比	0.390 ***	农民纯收入	0.601 ***
三产占比	-0.036	人均粮食产量	-0.226 **
城镇在岗职工平均工资	-0.032	人均耕地面积	-0.192 *

注：* 表示 $p < 0.1$，** 表示 $p < 0.05$，*** 表示 $p < 0.01$。

由表 6-2 可以看出，县域内人口流动率的大小与县域人均 GDP、人均固定资产投资、财政收支比呈高度显著正相关，这些指标主要反映了地区经济发展水平；可以看出经济发展水平较高的地区，其县域流动人口的就地城镇化也越突出。这主要是由于经济发展水平越高的地区，其可以为本地人口提供较多的就业机会，从而促进人口选择在本县域内流动。

由于山东省县域普遍以第二产业为主，因而第二产业在县域人口就业中具有重要作用，相关分析显示第二产业比重也与县域内人口流动率的大小呈正相关；而第三产业占比和城镇在岗职工平均工资并没有显著的相关关系，且均呈负相关。

万人拥有卫生技术人员数、人均城市道路面积和城镇化率分别反映了县域公共服务水平、城市基础设施建设水平和城镇化水平，三者都与县域内人口流动率呈正相关，说明在城镇化水平较高、县域公共服务水平较高、基础设施较好的地区，本地人口的就地城镇化趋势越明显。

农民纯收入与县域内人口流动率呈正相关，表明农民纯收入越高的地区，其本地人口的就地城镇化也越突出，这可能是由于农民在本地生活水平相对较好，从而不愿意离开本地。另外，非农经济是促进农民收入提高的重要手段，较高的农民纯收入可能意味着本地拥有较发达的非农经济和较多的非农就业机会，从而促进了县域内流动人口在本地的非农就业和就地城镇化。人均粮食产量和人均耕地面积主要反映了县域农业发展水平，而两者均与县域内人口流动率呈负相关，说明农业发展水平较高地区的人口就地城镇化程度较弱；这主要是由于耕地较多的地区，往往还需要较多的农村劳动力维持，因而在某种程度上减弱了人口在县域内的流动。

总体来看，社会经济发展水平越高、农民收入越高的地区，其县域人口的就地城镇化越明显；而在那些耕地较多、粮食产量较高、社会经济发展水平较低的地区，县域内流动人口比重还较低，就地城镇化程度较弱。

第二节　诸城市就地城镇化的主要特征

前面主要是从整体上识别了山东省就地城镇化的空间格局以及就地城镇化发达地区的社会经济特征，但对于县域内部人口流动的具体特征及就地城镇化形成机制还未进行探讨，所以此处通过选取一个具体的县域进行深入分析。本章选取了山东省诸城市作为研究对象。

诸城市位于山东省东南部，地处青岛、潍坊、日照、临沂四地市交界，是潍坊市辖县级市，面积 2151. 36 平方千米，2010 年常住人口 108. 6 万人，下辖 3 个街道、10 个建制镇、1 个省级开发区（见图 6 - 2）。诸城市于 1987 年撤县建市，是国务院确定的全国沿海对外开放城市、综合体制改革试点市和乡村城市化试点市。1978 年诸城市地区生产总值 2. 22 亿元，财政收入 3171 万元，城镇居民人均可支配收入 293. 1 亿元，农民人均收入 105 元，是一个典型的农业大县、工业小县、财政穷县（韩俊，2009）。改革开放以来，诸城市先后创造了商品经济大合唱、贸工农一体化、农业产业化、中小企业产权制度改革、农村社区化、统筹城乡一体化发展等在山东省乃至全国都有一定影响的经验（韩俊，2009）。2013 年诸城市地区生产总值 642. 7 亿元，财政总收入 79 亿元，三次产业结构为 8. 9：57. 1：34. 0，城镇居民人均可支配收入 23788 元，农民人均纯收入 14408 元，县域经济基本竞争力位居全国百强县（市）第 32 位，城镇化率达到 55. 5% 。①

图 6 - 2　诸城市行政区划示意

注：审图号为鲁 SG（2019）030 号。

---

① 2013 年诸城市国民经济和社会发展统计公报，http：//xxgk. zhucheng. gov. cn/STJJ/201406/t20140626_879030. htm.

诸城市社会经济发展水平较高、就地城镇化特征明显，同时其社区城镇化也具有一定的典型性，可以为其他地区的发展提供借鉴，其就地城镇化特征主要有以下几个方面。

一、城镇化水平较高且本地外出人口相对较少

通过估算，可以计算出 2010 年山东省 91 个县和县级市的流出人口规模①。由于山东省整体属于净流出型地区，所以山东省绝大多数县域的流入人口也都少于其流出人口，仅有 23.1% 的县域其流入人口数量高于流出人口数量，属于净流入型地区（见图 6 - 3）。2010 年诸城市常住人口为 108.6 万人，其中流入人口 35144 人，流出人口 60367 人，净流出人口为 25223 人，也属于净流出型地区②。但与山东省流出人口较多的中西部县域相比，不论流出规模还是流出率（流出人口占户籍人口的比重）都并不十分突出（见图 6 - 3）。总体来看，诸城市虽然属于人口净流出型地区，但其人口的外出倾向相对较弱，本地化流动趋势较为明显。

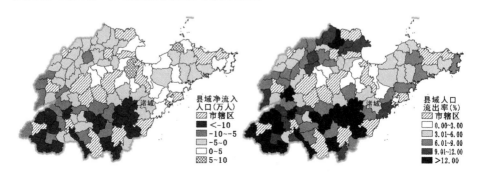

图 6 - 3　2010 年山东省县域净流入人口规模和人口流出率

注：审图号为鲁 SG（2019）030 号。

诸城市的城镇化水平较高且发展较快，特别是进入 2000 年以来，诸城市城镇化率从 2000 年的 36.0% 快速增长到 2010 年的 54.0%，年均增加约 1.8

---

① 根据人口普查的统计口径，可以推算离开县域半年以上外出人口的规模，其计算公式为：离开县域半年以上的外出人口＝户籍人口＋外来人口（离开户籍地半年以上，包括省内跨县市区和省外）＋户口待定＋出国人口－常住人口。

② 国务院人口普查办公室、国家统计局人口和就业统计司. 中国 2010 年人口普查资料［R］. 中国统计出版社，2012.

个百分点，比同期山东省城镇化率增长速度高出 0.7 个百分点。10 年间，诸城市城镇人口相应地从 2000 年的 379142 人增长到 2010 年的 586652 人，年均增长 20751 人（见表 6-3）。目前，诸城市城镇化发展水平不仅高于山东省平均水平，与山东省其他县市相比也处于遥遥领先的位置。2010 年，诸城市在山东省 91 个县市城镇化率排名中位居第 4 名，仅次于兖州市 62.8%、龙口市 56.5% 和胶南市 54.3%[①]。

表 6-3 　　　　　　　　2010 年诸城市镇街城镇人口规模及城镇化率

地区	城镇人口（人）	城镇化率（%）	地区	城镇人口（人）	城镇化率（%）
总计	586652	54.0	相州镇	22487	36.4
密州街道	192933	90.0	昌城镇	51279	81.1
龙都街道	129053	86.0	百尺河镇	13028	30.4
舜王街道	87539	64.9	辛兴镇	16550	43.3
枳沟镇	20128	46.6	林家村镇	14077	15.9
贾悦镇	11333	12.2	皇华镇	13723	20.9
石桥子镇	7925	13.5	桃林镇	6597	20.7

资料来源：诸城市 2010 年第六次人口普查资料。

区域差异是普遍存在的现象，不仅在国家和省域层面有突出表现，在县域内部也较为明显，诸城市也不例外。诸城市城镇化水平虽然较高，但人口分布不均衡、极化特征明显，且城镇化水平的镇街差异也十分突出。由于地理位置、发展历史、资源条件和产业基础不同，诸城市域内镇街发展差异较大。以中心城区为依托，市域中部与东部镇和农村社区交通便捷，发展较快；而南部与西部的镇和社区受山区地形、交通和人才等各方面因素的制约，经济发展水平相对滞后。例如，密州街道城镇人口规模为 192933 人，而南部的桃林镇仅为 6597 人；城镇化率最高的密州街道为 90.0%，西部的贾悦镇仅为 12.2%，两者相差近 78 个百分点（见表 6-3）。

二、县城和中心镇成为就地城镇化的主要载体

诸城市人口表现出不断向中心城区集聚，小城镇人口呈下降的趋势，人

---

① 国务院人口普查办公室、国家统计局人口和就业统计司. 中国 2010 年人口普查资料［R］. 中国统计出版社，2012.

口集聚的极化特征较为明显。与 2000 年相比，相州镇和贾悦镇的人口均减少了 1 万多人，林家村镇、石桥子镇、百尺河镇、皇华镇也都减少了 7000 人以上；而中心城区和发展条件较好的昌城镇人口则呈增加趋势，三街道常住人口增加了 9 万多人，人口集聚势头明显（见表 6 - 4）。

表 6 - 4　　　　　　　诸城市 2000 年与 2010 年常住人口及变动

地区	常住人口（人）		变动（人）	地区	常住人口（人）		变动（人）
	2000 年	2010 年			2000 年	2010 年	
总计	1053695	1086222	32527	相州镇	78234	61748	- 16486
密州街道	167716	214252	46536	昌城镇	62304	63208	904
龙都街道	123118	150143	27025	百尺河镇	49760	42913	- 6847
舜王街道	113326	134890	21564	辛兴镇	38213	38200	- 13
枳沟镇	46169	43152	- 3017	林家村镇	96440	88509	- 7931
贾悦镇	105208	93228	- 11980	皇华镇	71698	65646	- 6052
石桥子镇	66175	58538	- 7637	桃林镇	35334	31795	- 3539

资料来源：诸城市 2000 年和 2010 年人口普查资料。

随着人口向中心城区集聚，诸城市的半城镇化问题也较为明显。根据"六普"数据统计，诸城市非农人口比重为 15.4%，非农人口占当年城镇人口的比重为 28.0%，也就是说还有 70% 多的城镇人口尚没有取得城镇户籍，半城镇化问题十分突出。笔者认为县级城市的半城镇化大致可分为两种类型（见图 6 - 4）：一类是外来人口较多，形成了"以外来人口为主"的半城镇化问题，例如，2010 年昆山市外来人口达到 97.6 万人，占本地区常住人口的 59.4%；另一类则是外来人口相对较少，形成了"以本地进城农民为主"的半城镇化问题。后一种类型的形成原因，一方面是由于行政区划调整，将乡镇合并为街道，在统计时将街道居民全部划转为城镇人口，但其中有相当多的居民仍为农民，身份和职业并未发生明显转变；另一方面，则是由于农民在附近的乡镇和县市城区就近务工经商，早出晚归所造成的（唐宗力，2015）。

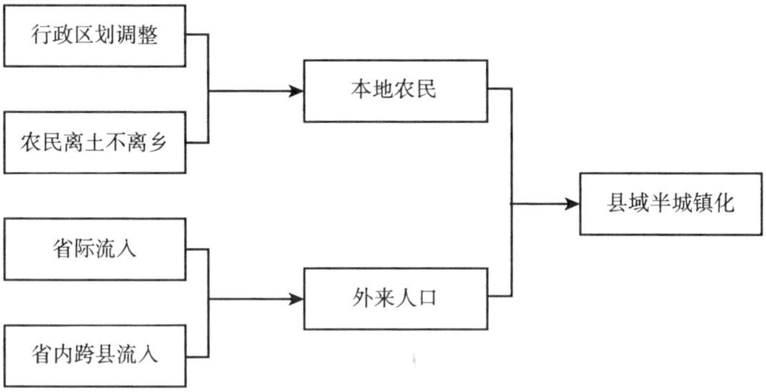

图6-4　县域半城镇化的形成机制

从流动人口的视角进一步深入分析，2010年诸城市流动人口为127391人，其中户口登记地在本市其他乡镇街道的人口为92247人，户口登记地在山东省其他县（市、区）的人口为19485人，户口登记地在外省的人口为15659人，三者各占合计流动人口的比重为72.4%、15.3%和12.3%。可见，诸城市的流动人口主要以本地区的县域内流动为主，属于前面提及的以本地农民进城为主的半城镇化，农民"早出晚归，白天在县城做工，晚上回农村睡觉"现象较为普遍，具有明显的县域内就地城镇化特征。笔者曾于2013年7月在诸城市对312户农民进行调研①，在问及农民就业状况时，其中有近45.5%的农民表示会在农闲时到市内打零工；另外还有9.2%的农民表示基本不务农，主要在市内工作或经商。

在空间分布上，诸城市流动人口主要集中于城区的三个街道，三者合计109089人，占全部流动人口的85.6%，具有明显的空间集聚特征，进一步印证了县城对本地农民及外来人口的吸引集聚能力，与前面常住人口变动集聚的态势相一致。这表明，中心城区和少数发展条件较好的镇对本地人口及外来人口具有较强的吸引力，与推进以县城和中心镇为重点的县域城镇化路径相契合（辜胜阻、李华、易善策，2008）。

---

① 2013年7月，笔者曾对诸城市居村农民的城镇化意愿进行调研。在诸城市10个镇街选取了10个自然村，采用封闭式填表和开放式提问相结合的形式进行入户调查。在问卷发放过程中，为保证所选样本的代表性和均匀性，问卷调查以空间均匀、随机抽样为基本原则，最终共获得有效问卷312份。

三、农村新型社区成为就地城镇化的新型载体

伴随着工业化、城镇化的深入推进,城镇建设用地日益紧张,而农村劳动力大量流动,农户兼业化、村庄空心化、人口老龄化趋势明显,促进农民集中居住和农村土地集约利用意义重大。在此背景下,全国多个地区结合城乡建设用地增减挂钩政策的实施,轰轰烈烈地展开了以农民集中居住为核心内容的新型城镇化建设,如表 6-5 所示(张颖举,2014)。集中居住具有多种推进模式,其中农村新型社区建设是重要的方式之一。所谓农村新型社区是指在规划引导下农村居民点集中建设,形成具有一定规模和产业支撑、基础设施和公共设施完善、管理民主科学的农村新型聚落形态①。按照地形地貌、区位特点、建设模式、空间布局和生产方式等,可划分为城镇聚合型和村庄聚集型两类,前者将逐步纳入城镇管理(见图 6-5)。

表6-5 部分省市农村社区建设情况

省份	规划情况	实施情况
江苏	现有 25 万个村落逐步调整到 4 万多个(2006 年提出)	2006~2012 年行政村减少了 12.5%
浙江	至 2015 年村落由 11 万减少到 9 万个(2010 年提出)	2012 年全年完成 3600 个村庄建设
上海	至 2020 年 5 万多村归并到 600 个左右(2006 年提出)	2012 年全年完成 527 个村庄改造
天津	至 2020 年 3821 个村庄调整为 1870 个(2011 年提出)	2007~2012 年有 45 万农民迁入新村
山东	5 年左右实现农村社区建设全覆盖(2009 年提出)	至 2013 年共建成新社区 5190 个
河北	至 2012 年完成 7500 个新民居点建设(2010 年提出)	至 2013 年改造完成 8029 个村
黑龙江	至 2025 年撤并 1.2 万个村建 4500 个新村(2010 年提出)	2012 年改造和新建 423 个中心村
湖南	5 年基本完成 1 万个村的新农村建设(2012 年提出)	2012 年 121 个重点镇开展了建设
河南	建 9000 个新社区,村庄由 21 万减到 9 万(2010 年提出)	至 2012 年开工建设 2300 个
陕西	3 年建设 1000 个新社区,20% 的农村社区化(2012 年提出)	2013 年开工建设 1000 个

资料来源:张颖举(2014)。

---

① 《山东省农村新型社区和新农村发展规划(2014-2030)》。

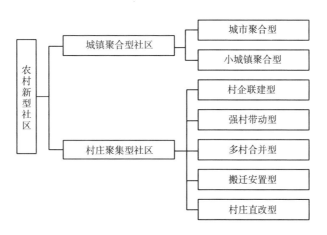

图 6 – 5　农村新型社区分类

资料来源：《山东省农村新型社区和新农村发展规划（2014 – 2030）》。

诸城市自 2007 年开始较早在山东省推行农村社区化发展，以 2 千米为半径，把诸城市 1249 个村庄按照地域相邻、习俗相近的原则，规划建设为 208 个农村社区，每个社区涵盖 5 个村庄、1500 户左右，同时在中心城区和镇街政府驻地建设了 27 个城市社区。每个农村社区在中心村设立提供医疗卫生、社区警务、文化体育、计划生育、超市餐厅等服务的社区服务中心（见表 6 – 6），设立了社区文体活动广场、文体活动室、农家书屋、电子阅览室、农民教育培训中心、文化信息资源共享工程服务点以及建设标准幼儿园等，同时还优化小学、初中向社区中心村就近布局，引导农民向社区中心村聚合区集中居住，形成了多村一社区的发展模式（曾向荣，2010；高灵芝，2014）。2008 年 6 月，208 个农村社区服务中心全部建成运行，实现了农村社区建设全覆盖；同时通过完善基础设施建设，实现了"五化""八通"、集中供暖、污水处理以及垃圾回收处理等，优化了社区聚合区的生态环境（高建忠，2013）。2010 年 6 月，诸城市进一步按程序撤销行政村，选举产生 208 个社区党委（党总支）、社区居委会。2013 年，诸城市又在 208 个农村社区中重点选取了 30 个中心社区，按照现代化小城镇的目标重点建设，从而使诸城市形成了由"中心城区（县城）—中心镇—中心社区——一般社区"组成的多层级城镇化空间组织体系。通过社区建设，促进了基本公共服务向农村的下沉和延伸，改善了农民居住生活条件、降低了农村运行成本，促进了土地集约利用和城乡一体化发展（高建忠，2013），为促进农民就地转移实现城镇化奠定了基础。

表6-6   诸城市农村社区服务中心服务项目

服务类型	服务内容
基本公共服务项目	医疗卫生、社会救助、就业和劳动保障、计划生育等
日常生产性服务项目	土地流转、农业科技信息服务、化肥农药种子等生产资料营销服务
生活性便民服务项目	百货超市、快餐店等

资料来源：根据郑海刚（2012）整理。

但在农村社区建设过程中也暴露出了一些问题。诸如对农民意愿尊重不够、对农民补偿不足、农民就业转换的滞后导致对农村生活方式的依赖、入驻新型社区使居住地和承包地距离变远等问题，导致农民入驻中心社区意愿不高；另外，在建设中缺乏统筹规划、建设资金不足、管理难度增加、建筑质量不高等问题也困扰着社区建设（高建忠，2013）。在调研中发现，农村社区主要是在中心村设立社区服务中心，便于中心村居民享受基本公共服务设施；而对于那些还未转移到中心村的非中心村居民而言，由于离中心村距离较远，其生活并未受到太多影响，而且其公共服务供给呈现被边缘化的趋势，形成了农村公共服务供给"强者越强、弱者越弱"的格局（高灵芝，2014）。对于重点聚合区（中心社区），仅有少数发展较好，多数楼房空置率较高或还在建设中。在问卷调研中，仅有23.2%和22.2%的农民选择愿意入驻新型社区或者镇和市区，54.3%的农民选择更愿意住在农村。一方面，是因为诸城市通过推进城乡一体化发展，使农村居住条件、基础设施等各方面有了较大改善，同时农民以"离土不离乡"的形式从事非农产业获得了较高收入，而且伴随着农村土地、计生等各方面的政策优惠以及农村土地价格的日渐上升（张翼，2011），使城镇化发展的农村推力不足（王桂新等，2002）。另一方面，则是城镇对农民的拉力不足，城镇居民在计划经济时代所享受的社会福利和社会保障优势正在逐步减弱（姚引妹，2012），城乡差距不断缩小，没有非农就业机会支撑以及相关"实实在在"保障制度的制定，农民对于进城存在不确定性，导致农民对于农村宅基地和承包地存在依赖性，从而不愿意离乡进城。正如调研中农民反映"进了城，什么都要买，在农村至少自己可以种粮食、蔬菜""住到楼上，却还要继续种地，不方便"等。

第三节　诸城市就地城镇化的形成机制

通过前面的分析，可以看出以农村社区建设为重要途径的就地城镇化发展模式，已不同于 20 世纪 80 年代自下而上的城镇化（崔功豪、马润潮，1999），如果说把中心社区逐步建设成小城镇在就地城镇化的表现形式上还与朱宇（2012）所强调的乡村地区就地转换为小城镇的就地城镇化模式有所类似，但在动力机制上二者则并不完全一致。朱宇等（2012）将就地城镇化的宏观机制归纳为制度因素（户籍制度、土地制度和政治体制）、人口集聚、交通通信条件改善、乡镇企业发展以及外商投资五个方面，显然这些宏观因素对诸城市的就地城镇化发展也具有一定影响，但还并不局限于此。有必要对诸城市的就地城镇化发展机制进行深入探讨，以进一步丰富和完善就地城镇化理论，明晰二者的异同。此处尝试借鉴宁越敏（1998、2012）基于三元行为主体对城镇化动力机制的分析框架，通过考察政府、企业和农民在就地城镇化过程中的作用，对诸城市就地城镇化的动力机制进行探讨。三者之间相互联系、共同作用，促进了诸城市就地城镇化的发展。其中，政府一定程度上可以代表制度因素对就地城镇化的作用；企业作为市场经济的行为主体，主要反映了经济因素的作用；而农民城镇化意愿和生产生活方式的转变等，则一定程度上反映了社会因素的作用（见图 6 - 6）。

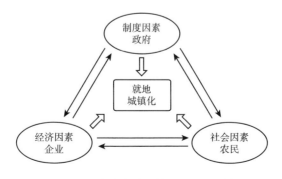

图 6 - 6　就地城镇化的三元行为主体

一、政府：自上而下的主导力量

地方政府在诸城市就地城镇化发展过程中扮演了最重要的作用，主要表现在三个方面。

第一，政府通过规划引导，自上而下地推动人口有向流动，奠定了县域内人口流动的整体格局。诸城市政府通过制定城乡总体规划、新型城镇化规划等，确定了以中心城区为龙头、三个副中心（街道驻地）为支撑，10 个建制镇为节点，30 个中心社区为突破，其他农村社区为补充的梯次发展格局，明确引导农村人口向镇街驻地和中心社区流动集聚。

第二，政府通过完善基础设施建设、优化公共服务供给、调整产业布局等间接地促进了县域内农村人口集聚。前面已经提及，社区服务中心所在的中心村较其他一般村庄具有更加完善的基础设施和优质的公共服务资源，从而成为吸引周围村庄向社区聚合区集聚的重要因素。调研中，多数农民反映之所以愿意入驻农村社区主要是因为"社区生活环境较好、基础设施较为完善、交通较为便利、方便小孩上学等"。而当地政府在社区服务中心基础设施建设和公共服务供给中发挥了主导作用，例如，每年向社区服务中心投入2 万元。在产业空间布局上，诸城市开发区于 1992 年被批准为山东省省级经济开发区，开发区较完善的基础设施和优惠政策吸引了越来越多的外来企业在县城集聚，同时相对较多的就业机会，也使本地人口得以在开发区就业，从而促进了本地人口向县城的集聚。由于城市用地日益紧张以及用工成本的增加，诸城市政府又进一步引导城区企业向农村延伸，鼓励企业退城进园（韩俊，2009），在产业空间布局上提出了"三区两带多园"战略。其中，"多园"主要以现代农业及加工园区为主，为附近农民提供了较多的就业机会，因而成为中心社区建设的重要支撑，促进了周围村庄农民向中心社区的集中。

第三，地方政府通过相关配套政策的完善，进一步有力地保障了就地城镇化的推进。主要体现在两个方面：一方面，与农村社区建设相伴随的是农村土地流转，通过土地流转有利于实现规模化经营，进一步促进农业现代化，同时可以释放农村隐性的剩余劳动力，促进农民就业转换。诸城市在农村土地延包的基础上，在农村社区服务中心设立了土地流转服务中心，负责土地流转信息发布、项目推介、政策咨询、规范流程、合同管理等职能，使农民以土地转包、出租、互换、转让、股份合作等形式流转土地承包经营权，促进了农业的规模化经营。截至 2013 年 10 月，诸城市土地流转 39.9 万亩，占全市承包土地的 26.3%；参与土地流转农户 11.9 万户，占承包土地农户的 50.2%。土地流转促进了农业规模化经营，诸城市已建成 1000 亩以上种植园区 63 家，1595 家合作社经营面积达 21.95 万亩（于洪光、吕兵兵，2014）。

另一方面，通过推进乡镇合并、扩权强镇，促进镇域经济发展，提高了乡镇政府发展的积极性，从而使乡镇政府有能力推进其辖区内的就地城镇化。随着城镇化进程的加快，乡镇（街道）行政区划与社会经济发展不相适应开始显现，乡镇规模太小难以实现生产要素的合理集聚，阻碍了区域经济中心的形成和发展。诸城市自 2001 年开始，逐步实行行政区划调整，合并乡镇，乡镇个数由原来的 27 个逐步调整为 3 个街道、10 个镇（韩俊，2009）。通过行政区划调整拓展了城市发展空间，促进了资源整合和社会管理成本的降低，更加利于城乡一体化发展。在撤并乡镇过程中，同步实施扩权强镇。2008年，诸城市制订出台了《关于扩大乡镇街道管理权限加快镇域经济社会发展的暂行办法》，把镇街和开发区全部列入扩权强镇范围，将原来由市审批或管理的涉及 30 个部门的 96 项县级管理权限全部下放，使小城镇在经济社会发展方面拥有更大的自主权。在财税分配上，围绕扩大财权，对乡镇实行"核定收支、定额上缴（补助）、增量分享"的分税制财政体制。为有效化解镇街政府权小责大、权责不一的矛盾，强化镇街的公共管理和社会服务职能，对市直部门在镇街设立的机构主要负责人的调整提拔，以镇街意见为主①。以上举措大大提升了镇街的发展动力和活力，促进了镇街财政收入的提高。

二、企业：就地城镇化的经济力量

企业是市场经济的主体，企业的集聚与扩张为进城农民提供了大量的就业机会，直接拉动城镇化发展，而其投资区位则对城镇化的空间格局产生了

---

① 诸城扩权强镇助力镇域经济腾飞. http：//wf. people. cn/GB/70094/9728035. html.

重要影响（宁越敏，2012）。就诸城市而言，企业对当地就地城镇化发展的作用主要体现在三个方面。

一是较多的企业在本地集聚，促进了当地经济的发展，也提供了较多的就业机会，从而减少了本地人口的外出。2010 年，诸城市工业企业 6398 家，其中规模以上工业企业 838 家，形成了汽车产业、食品加工产业和纺织服装产业等三大主导产业，由于劳动密集型企业相对较多，带动 20.14 万人员从业①。

二是企业的区位选择引导了人口流动集聚的方向。诸城市企业的区位选择具有"集中与分散"并存的特点。从集中的角度看，企业在城区和重点镇的集聚引导了人口向这些地区的流动。三个街道和昌城镇集聚了诸城市55.2% 的规模以上企业，创造了 62.9% 的镇街工业生产总值，同时也集聚了全市 87.6% 的流动人口。从分散的角度看，前面已经提及政府有意识的引导企业"退城进园"形成了全市"多园"的格局，使企业布局相对分散，而企业的相对分散布局则为农民在社区就业提供了可能，从而促进了社区的建设和发展。例如，诸城市的山东桑莎制衣集团在枳沟镇投资 6000 万元创办的制衣公司，就近招收 1000 多名农村妇女，使农民实现了"离土不离乡、进厂不进城"（韩俊，2009）。

三是大型企业带动社区建设，直接参与城镇化过程，促进了农民的就地城镇化。一些大型企业依托工业园区直接参与社区聚合区的规划建设，通过对社区综合开发或对村庄实行整体搬迁等，引导居民到园区或企业周边集中居住（高建忠，2013）。另外，通过推进农业龙头企业发展，促进土地流转、现代农业园区和农业生产基地建设，促进了农业规模化经营和产业化发展，使农民一方面可以获取土地流转的收入，另一方面可以进入农业生产基地务工（卞文超、齐淮东、杨国胜，2013），既提高了农民收入，一定程度上也可以释放因土地而被束缚的农村劳动力，从而有利于城镇化发展。

另外一点需要注意，诸城与昆山等城市的发展模式有所不同，诸城市很大程度上属于内生型增长，依靠本地的资本、技术、人力资本以及资源来推

---

① 诸城市 2010 年统计公报. http：//xxgk. zhucheng. gov. cn/default_9812. html？ classInfoId = 4432.

动地方经济发展，而外资相对较少（见表 6 - 7）。例如，诸城市的上市公司
得利斯集团、新郎希努尔集团等都是从 20 世纪八九十年代村办集体企业发展
而成的。朱宇（2012）在论述东南沿海地区的就地城镇化时，分析了外资对
福建就地城镇化的外部驱动作用，但最后指出城市的外部驱动力并不是就地
城镇化的必要条件，通过对诸城市的案例分析，也可以验证外资的进入并不
是就地城镇化的必要条件（朱宇等，2012）。

表 6 - 7　　　　　2011 年诸城与周边县市及昆山外向型经济发展比较　　　单位：亿美元

地区	进出口总额	实际利用外资
诸城	14.9	0.6
昆山	855.3	17.5
胶州	55.7	4.2
即墨	45.6	3.7
平度	16.0	2.7
莱西	23.3	2.2

三、农民：自下而上的推动力量

农民是城镇化的微观主体，其城镇化意愿和迁移区位决策直接影响了县
域就地城镇化的发展程度和空间格局。如果说政府自上而下推动了就地城镇
化，那么农民则可以看作是自下而上的推动力量。如果农民不响应政府自上
而下的引导，显然推进就地城镇化也是不现实的。虽然农民个体特征、家庭
因素以及地区发展因素等对农民城镇化意愿具有重要影响，但农民生产生活
方式的转变无疑是最直接的影响因素。

农业生产方式的转变使农民从土地上解放出来，促进了其就业的非农化，
从而为农村就地城镇化提供了基础。诸城市通过推进土地流转，促进了农业
规模化经营，改变了传统的农业生产方式，而农民对于这种生产方式的转变
在一定程度上也是持支持态度。在被调查农户中，53.4% 的农户表示愿意进
行土地流转，46.6% 的农户表示不愿意。愿意进行土地流转主要是认为"务
农收入较低、出租或转让给别人可以从事其他工作，年轻人不再从事农业种
植而本人年龄较大又不能继续种地"（见图 6 - 7）。尽管土地对于农民而言在

某种程度上仍是重要的依赖，然而随着农民年龄的增加以及非农收入的提高，放弃土地或进行土地流转在未来仍具有一定的可行性。

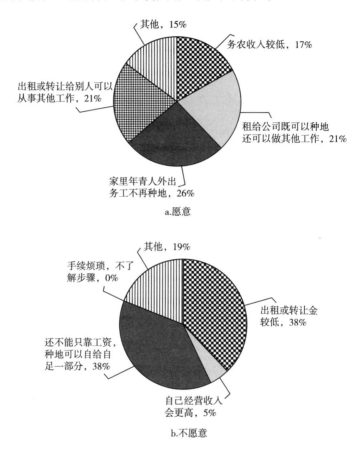

图6-7　诸城市农村住户愿意与不愿意土地流转的原因

　　另外，本地较多的非农就业机会也使农民可以在本地从事非农产业，从而不再从事农业生产或并不以农业生产为主，特别是本地的年轻人。2010年诸城市乡村从业人员45.9万人，其中农业从业人员仅占34.7%，在调研中很多年轻人都是在县城或镇上务工；而有关农民家庭收入来源的调研中，以务农收入为主的仅占36.1%，53.25%的家庭其收入来源于主要是在本地做生意打零工或者在市区或镇上上班（见图6-8），可以看出单纯依靠农业生产为主要收入来源的农户相对较少。农民向不再单纯以农业生产为主的生产方式转变，显然会促进城镇化的发展。

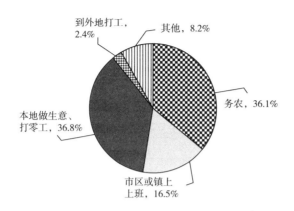

图 6-8 诸城市农村居民的主要收入来源

生产方式的转变显然也会促进农民生活方式的转变，同时农民对公共服务资源的需求和城市生活方式的追求，也进一步加快了农民生活方式的转变，促进了农民向城镇和社区的转移。在调研中，已经有 20.8% 的农户在市区（镇上、诸城市区、潍坊市）购买了商品房，这些农户的一部分家庭成员（年轻人）其实在很大程度上已经实现了由农村生活方式向城镇生活方式的转变，只是由于土地、老人等原因仍暂时保留农村宅基地和耕地。其中 247 户未购买商品房的农民中，40.9% 表示将来有意愿到市区购房定居，可见农民具有转变生活方式的意愿。随着农民对子女教育的重视以及农村新批准宅基地的冻结①，一定程度上对农民转变生活方式、进城居住也形成了一种倒逼机制。当然，农民对于城镇化并非只有促进作用，由于个体特征以及农户家庭社会经济水平存在差异，农户的生产和生活方式转变程度不同，因而也有很多农民并不打算或暂时不打算进城定居，对于土地流转也是持否定态度（见图 6-7）；特别是那些年龄较大的农民，由于身体、生活习惯等原因，他们并不愿意住进城镇的楼房。

可见，诸城市农民生产生活方式的转变，在一定程度上促进了农民由农业向非农产业的就业转换、由农村到城镇和社区的空间转移，形成了自下而上的城镇化推动力量。总体来看，诸城市就地城镇化的形成机制可以概括为政府、企业和农民三者的共同作用，如图 6-9 所示。

---

① 根据调研发现：诸城市学区房政策的限制，使农民不得不在县城买房，以便于子女能够在县城上学；家庭子女结婚需要新房，而没有新的宅基地批准，也只能去县城、镇上或社区聚合区购房。

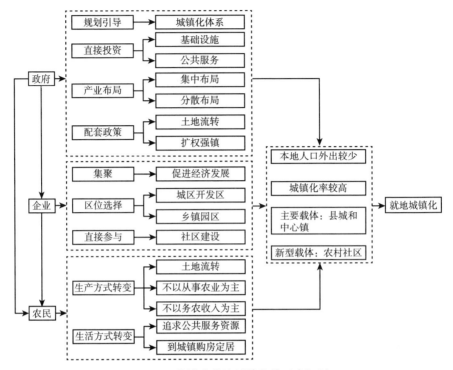

图6-9 诸城市就地城镇化的形成机制

第四节 本章小结

县域城镇化是中国新型城镇化的重要支撑，而农民在同一县域内转移流动更加容易实现城镇化。因而，可以把农业转移人口在县域范围内向不同层级的城镇或社区集聚视为一种就地城镇化过程。本章通过对县域内流动人口的分析，考察了县域就地城镇化的特征及其形成机制。通过分析，本章的主要结论有以下几点。

首先，通过对山东省91个县和县级市的县域内人口流动格局进行分析，发现不论是流动规模还是流动强度，县级市比县的县域内人口流动都更为突出；在空间上，山东省东部地区县域内人口流动最为活跃、鲁中地区其次、西部地区最低，表明经济较发达地区的人口就地城镇化趋势较为明显。进一步通过相关分析，证实就地城镇化较为突出的地区也往往是那些社会经济发展水平较高、农民收入较高的地区；而耕地较多、粮食产量较高、社会经济发展水平较低的地区，人口在县域内流动的比重还较低，就地城镇化程度较弱。

其次，进一步对诸城市县域内人口流动和就地城镇化的具体特征进行分析。发现诸城市本地的外出人口相对较少而城镇化率较高；县域内流动人口重点向中心城区和重点镇集聚，构成了就地城镇化的主要载体；当地通过推进社区城镇化，促进基本公共服务向农村的下沉和延伸，进而促进农民向中心社区集聚，使农村新型社区成为就地城镇化的又一新型载体。总体来看，形成了"县城—中心镇—中心社区"三级就地城镇化体系。

最后，从政府、企业和农民三个城镇化行为主体的视角考察了诸城市就地城镇化的形成机制。政府在就地城镇化过程中通过规划、投资、产业布局调整以及推进土地流转和扩权强镇等措施发挥了自上而下的引导作用。企业集聚促进了当地经济发展，其区位选择引导了人口流动的方向，同时企业通过与当地政府或农民合作直接参与社区建设，是就地城镇化的经济动力。农民作为城镇化的微观主体，其生产生活方式的转变，进一步响应了政府和企业行为，形成了自下而上的就地城镇化推动力量。

通过分析，可以看出当前的县域就地城镇化，特别是以农村社区建设为重要途径的就地城镇化发展模式，无论其发展特征还是动力机制都已显著不同于20世纪80年代自下而上的城镇化，同时与东南沿海农村就地转换为城镇的就地城镇化模式也存在较大差异。县域作为统筹城乡发展的重要平台，推进县域就地城镇化对城乡协调发展具有重要意义。然而中国县域众多，发展阶段和发展条件存在明显差异。诸城市地处东部沿海发达地区，经济水平较高、城乡发展基础较好，因此在合并乡镇基础上有序地推进农村社区建设也具有一定的可行性；然而对于西部流出人口较多的县域，这种模式是否可以推广还需要深入研究。另外，在县域就地城镇化过程中，也不能忽视政府对自身利益的考量，比如，获取城镇建设用地指标、减少财政支出等，到底是强制性的制度变迁还是诱致性的制度变迁也需要深入考虑（高灵芝，2014）。另外，还有一点在本章没有涉及，外来人口（省内跨县市区流动人口和跨省流动人口）通过就近城镇化或异地城镇化的途径，最终落脚在县域，与本地人口的就地城镇化共同构成了完整的县域城镇化，但是外来人口在县域内如何像本地人口一样获得同等待遇，还需要深入思考。

| 第七章 |

农村居民的城镇化意愿与路径选择：
个体案例

20 世纪 80 年代中期以来，大量农村人口向城镇迁移，成为中国城镇化发展的重要动力（王桂新、黄祖宇，2014）。然而，在快速城镇化推进过程中，出现了土地被强征、农民被上楼等违背农民意愿的做法，引发了一系列社会矛盾（司林波、孟卫东，2011）。新型城镇化的核心是以人为本的城镇化。农民作为城镇化的微观主体（卫龙宝等，2003），其是否愿意定居城镇，将是决定未来中国新型城镇化能否顺利推进的关键因素。

前面章节从人口流动的角度分析了三个不同尺度下三种城镇化的人口流动集聚特征与形成机制，而对于生活在农村的居民或返乡农民工并未深入讨论。他们既是潜在的流动人口，也是未来城镇化发展的重要潜力，与现有的流动人口共同构成了城镇化要"化"的对象。了解农民的城镇化意愿与其影响因素，对于推进新型城镇化具有重要意义。

国外学者对乡城迁移开展了大量研究，形成了诸多经典理论，进入20世纪90 年代以来，中国大规模的乡城迁移也逐渐引起学者重视。国内外学者结合中国特有的国情，并借鉴国外经典迁移理论，对中国乡城迁移进行了广泛研究（盛来运，2007）。近年来，通过对居住在农村的农民或返乡农民工进行调研，考察了农民进城定居的意愿，认为农民的迁移决策取决于农民对内在自身因素及其所处外部环境因素的综合判断（王华、彭华，2009），涉及农民个人因素、家庭因素和地区环境因素等不同层面（朱琳、刘彦随，2012；卫龙宝、储德平、伍骏骞，2014），具体变量的影响效用已在第二章做过详细总结，此处不再赘述。上述研究丰富了学界对中国乡城迁移过程中农民进城意愿的认识，但仍存在一些不足之处。第一，相较于有关城市农民工定居/返乡意愿的研究而言，涉及留守农民或返乡农民工进城意愿的相关研究还较少；尽管一些研究也开始考察农民进城定居的意愿，但这些研究多基于一个县或几个县的问卷调查数据，掩盖了农民进城意愿的地区差异，不利于从全国层面了解农民进城意愿，也无法衡量地区因素所起的作用。第二，已有研究虽考虑了多层次的影响因素，但在实证方法上却主要采用单层次回归模型，忽略了不同层次要素间的跨层交互作用和空间异质性对农民进城意愿的影响。第三，部分研究探讨了农民对不同规模城市的定居偏好（刘同山、孔祥智，2014；李婉、孙斌栋，2015），但仍然不够系统，缺少对农民城镇化路径选择的分析。

因此，本章基于 2010 年中国综合社会调查（CGSS2010）的数据，通过描述性统计和多层次 Logistic 回归模型，从微观个体视角出发，进一步重点对居村农民的城镇化意愿与路径选择，以及主要影响因素进行探讨。本章的主要内容包括四个方面。首先，介绍所用数据的来源和研究方法；其次，着重讨论农民进城定居的意愿及影响因素，即城镇化意愿；再次，分析打算进城农民对不同规模城市的定居偏好与影响因素，即城镇化路径的选择；最后，是本章的结论和政策启示。

第一节　数据来源与研究设计

一、数据来源

本章所使用的数据主要来源于由中国人民大学主持的 2010 年中国综合社会调查（CGSS2010）。2010 年，该调查采用多阶分层概率抽样：首先，在全国抽取 100 个县（市、区），加上北京、上海、天津、广州、深圳 5 个大城市，作为初级抽样单元 PSU；其次，在每个抽中的 PSU（县、市、区）中，随机抽取 4 个居委会或村委会，而在北京、上海、天津、广州、深圳 5 个城市共抽取 80 个居委会，最终得到 480 个二级抽样单元 SSU；最后，在每个 SSU（居委会/村委会）中调查 25 个家庭，在每个抽取的家庭中，随机抽取 1 人进行访问，最终共搜集样本 11783 个。其中，回答农村模块的样本为 5660 个，包括了居住在农村的农民和居住在城市中的农民工。本书仅关注调查时居住在农村的农户样本，剔除含有缺失数据的样本后，最终甄选出有效农户样本 4116

个，分布于全国 94 个县级行政区和 266 个社区/村庄。此外，研究所采用的地区数据主要来源于《中国区域经济统计年鉴 2011》和《中国 2010 年人口普查分县资料》，现居地到大城市的最短交通距离通过百度地图测距功能获得。

二、变量设置

本章实证部分主要围绕 CGSS2010 问卷中的两个问题展开（具体见附录）。首先，结合问卷中"未来 5 年是否打算进城定居"的问题（回答选项为"是"和"否"），了解农民的进城定居意愿，即城镇化意愿。其次，对选择"是"的农民，进一步通过"如果选择到城镇定居生活，倾向于选择哪类城市"的问题（回答选项包括"直辖市""省城""地级市""县城/县级市""小城镇"），了解打算进城农民对不同规模城市的定居偏好，进而分析农民对城镇化路径的选取（见图 7-1）。

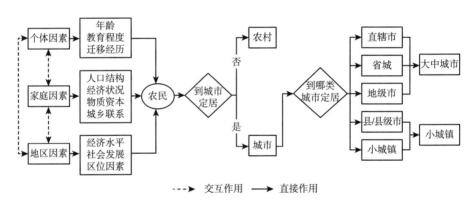

图 7-1 农村居民进城的迁移决策过程与影响因素

由于问卷仅提供样本所在村庄/社区的县级及以上地区代码，因此根据问卷无法确定农民目标定居地与其所在行政区的关系，例如，农民选择到小城镇、县城/县级市定居并不一定就是指农民所在县级行政区的小城镇、县城/县级市，与此相类似，选择地级市、省城也不一定是农民所在的地级市或所在省的省会城市。不过由于迁移距离越远，迁移的物质成本和社会成本就越高，因此总体上农民首先会倾向于选择距离较近的城镇定居，同一行政区内的迁移距离往往相对较短，所以在本章中假设被调查农民选择的定居目的地与农民所在的行政区相一致。因此，结合前面有关就地城镇化、就近城镇化和异地城镇化的概念，并结合表7-1的划分标准，可以对打算进城定居农民的城镇化路径选择进行分析。然而，在异地城镇化的划分中，根据表7-1的划分方法实际上仅是划分出了离开省、自治区到直辖市或离开直辖市到省、自治区的跨省流动情形，因此，比实际规模相对要小；而对于就地城镇化、就近城镇化，特别是就地城镇化的划分较为准确。

表7-1　　　　　　　　进城农民城镇化路径选择的类型划分标准

现居住地 定居意愿	地级城市		省会城市		直辖市	
	县/县级市	市辖区	县/县级市	市辖区	县/县级市	市辖区
小城镇	○	○	○	○	○	○
县城/县级市	○	△	○	△	○	△
地级市	△	○	△	△	√	√
省会城市	△	△	△	○	√	√
直辖市	√	√	√	√	△	○

注：○表示农民倾向于选择就地城镇化；△表示就近城镇化；√表示异地城镇化。

在对农民城镇化路径选择影响因素的分析过程中，考虑城镇化路径的划分标准主要是基于笔者的主观分析，存在一定误差；为了结果的相对准确，同时便于模型构建和简化分析，结合样本的实际分布情况（在选择小城镇和县城/县级市的样本中，属于异地或就近城镇化的样本较少，绝大多数可以归为就地城镇化；在选择地级市、省城或直辖市的样本中，属于就地城镇化的样本则相对较少），最终仍按城镇规模等级进行了因变量的分类。将选择小城镇和县城/县级市的农民视为倾向于定居小城镇（$y=0$），即主要选择就地城镇化；选择地级及以上城市的农民视为倾向于定居大中城市（$y=1$），即主要选择就近或异地城镇化，不在对二者进行详细区分。

为了探讨影响农民进城意愿和路径选择偏好的主要因素，采用个人家庭层面和地区层面的17个变量进行解释，涉及个人和家庭社会经济特征、家庭结构、物质资本和城乡联系、地区社会经济状况和地理区位等多个维度（见图7-1、表7-2），既包括每个变量的直接作用（实线箭头），也包括不同层次变量间的交互作用（虚线箭头）（见图7-1）。需要注意的是，由于CGSS2010仅提供样本所在村庄/社区的县级及以上地区代码，因此，分析时所用的地区层面数据为县级行政区数据。模型因变量和自变量的具体定义和基本统计，见表7-2。

表 7 – 2　　　　　　　　　　　　变量定义与统计描述

变量名称		变量定义	是否到城镇定居		选择哪类城市定居	
			均值	方差	均值	方差
因变量						
未来 5 年，是否计划到城镇定居		是 =1，否 =0	0.099	0.298	—	—
如果到城镇定居，选择哪类城市		大中城市（直辖市、省城、地级市）=1，小城市（小城镇、县城/县级市）=0	—	—	0.320	0.467
个体/家庭变量						
个体特征	年龄	调查时的实际数值（岁）	48.045	14.433	39.365	13.222
	教育年限	实际数值（年）	6.285	3.890	8.439	3.511
	迁移经历	有外出务工经历 =1，无 =0	0.377	0.485	0.569	0.496
家庭结构	老人数量	家中 65 岁及以上老人数量	0.366	0.653	0.209	0.506
	儿童数量	家中 15 岁及以下儿童数量	0.708	0.864	0.868	0.960
经济状况	高于当地平均水平	高于当地平均水平 =1，否则 =0	0.070	0.255	0.146	0.353
	低于当地平均水平	低于当地平均水平 =1，否则 =0	0.441	0.497	0.294	0.456
物资资本	家庭住房面积	对实际值取对数（m²）	4.635	0.574	4.629	0.642
	家庭人均耕地面积	对实际值取对数（亩）	0.990	0.745	1.030	0.783
城乡联系	土地流转	有参与土地流转 =1，无 =0	0.203	0.402	0.254	0.436
	外出务工劳动力	家庭成员外出务工劳动力数量	0.967	1.121	1.011	1.124
地区变量						
社会经济	地区人均 GDP	对实际值取对数（元）	9.836	0.605	9.907	0.699
	地区粮食产量	对实际值取对数（千吨）	3.190	1.046	3.013	1.080
	城镇化率	地区城镇化率（%）	37.154	16.908	—	—
	城乡收入差距	对城乡居民收入绝对差距取对数（元）	8.979	0.375	—	—
地理区位	现居地政区类型	市辖区 =1，非市辖区 =0	—	—	0.190	0.393
	到大城市的距离	对迁出地到所在地级市和省会城市距离的和取对数（km）	—	—	5.473	0.887

三、研究方法

（一）多层 Logistic 回归

本章采用两组多层 *Logistic* 回归模型探讨影响农民进城定居和对不同规模城市偏好的主要因素。由于 CGSS2010 采用多层分阶抽样方法，即在初级抽样单元（县/区）中抽取次级抽样单元（村居），在次级抽样单元内抽取家庭与个人。因此，该调查问卷所收集的数据具有多层嵌套的结构，即个体嵌套在家庭中、家庭嵌套在社区/村庄中（Guo and Zhao，2000）。同一抽样单元内的样本特征、行为和偏好往往具有"组内同质，组间异质"的特点（王济川、谢海义、姜宝法，2008）。例如，位于同一社区/村庄的农民，由于受到社区/村庄环境特征的影响，其进城定居意愿及对不同规模城市的偏好往往较为接近，存在相似性或相关性（党云晓等，2015）。倘若运用传统的单层回归模型分析此类数据，则会违反样本个体间随机误差相互独立的假设，造成模型估计结果的偏误（Guo and Zhao，2000；王济川、谢海义、姜宝法，2008）。因此，本章采用多层回归模型，以期更准确地解释农民进城定居的意愿与偏好。

鉴于两组模型的因变量为二分类变量，因此，采用多层次 Logistic 回归模型进行分析，其公式为（Guo and Zhao，2000）：

$$\log\left(\frac{P_{ij}}{1 - P_{ij}}\right) = \beta_0 + \alpha\, X_{ij} + \beta\, Z_j + \gamma\, X_{ij} Z_j + \mu \tag{7-1}$$

其中，P_{ij} 是 j 社区/村庄的 i 农民进城定居的概率；β_0 是截距项；X_{ij} 是 j 社区/村庄的 i 农民的个体和家庭层次的变量；Z_j 是 j 社区/村庄所属县市区的地区层次变量；$X_{ij} Z_j$ 是个体和家庭层次的变量与地区层次变量的交互项；α，β，γ 分别为各项的系数；μ 是社区/村庄层次的随机误差项。

（二）组内相关系数（intra-class correlation coefficient，ICC）

采用组内相关系数，检验数据是否适合使用多层模型进行分析，其定义为组间方差与总方差之比，公式为（王济川、谢海义、姜宝法，2008）：

$$ICC = \frac{\sigma_b^2}{\sigma_w^2 + \sigma_b^2} \tag{7-2}$$

其中，σ_b^2 代表社区/村庄间的方差；σ_w^2 代表社区/村庄内部的个体方差，其中 Logistic 回归模型的残差方差 σ_w^2 为 $\pi^2/3 \approx 3.289$。如果组间方差显著大于组内方差，此时 ICC 值较大，表明同一社区/村庄内的农民迁移决策具有一定相关性，则应考虑使用多层模型；相反，如果组间方差很小，此时 ICC 值较小，则可考虑直接使用普通的多元回归，而不需要使用多层模型（Swain and Garasky，2007；王济川、谢海义、姜宝法，2008）。

（三）模型拟合与检验

采用对数似然比值（−2log likelihood）度量模型的整体拟合程度，该值越小，模型的拟合效果越好。采用似然比检验（likelihood ratio test）比较具有嵌套关系的不同模型的拟合度，公式为（Guo and Zhao，2000；王济川、谢海义、姜宝法，2008）：

$$LR = -2 \times (L_1 - L_2) \tag{7-3}$$

其中：L_1 为复杂模型的对数似然比值（自由度为 P_1），L_2 为简单模型的对数似然比值（自由度为 P_2），LR 近似符合卡方分布，其自由度等于在复杂模型中增加的变量数目（$P_1 - P_2$，$P_1 > P_2$）。如果检验通过，说明复杂模型的拟合度优于简单模型。

第二节　农民城镇化意愿与影响因素

一、进城定居意愿

在调查的 4116 位农民中，打算未来 5 年进城定居的农民有 406 人，占 9.86%。与其他一些基于区域性问卷调查的研究结论相比（朱琳、刘彦随，2012；卫龙宝、储德平、伍骏骞，2014），这一比重相对较低。一方面，与调研问题的差异性有关系，在本章中设定了未来 5 年的时间段限制，而其他多数研究并没有这一时间限制；另一方面，在本章中没有排除 65 岁以上的老人，而在其他研究中多没有考虑这部分农民，老人进城定居意愿往往较低，所以对这一比重也有一定影响。

但从全国层面看，这一比重又是比较符合中国实际情况的。2010年，中国常住人口城镇化率为49.68%，即农民和城镇居民约各占一半；在不考虑总人口变动的情况下，根据问卷未来5年内将有近10%的农民打算转移到城镇定居，粗略估算将有助于城镇化率提升5个百分点左右，也就是说平均每年有助于城镇化率提升约1个百分点。如果同时考虑上在城市务工的农民工和城市人口的自然增长，城镇化率年均增速应该会高于1个百分点。事实上，2010~2015年，中国城镇化率年均增加约1.23个百分点，可见问卷调查结果是比较符合实际情况的。

二、主要影响因素

采用多层Logistic回归模型分析农民进城定居的影响因素，结果如表7-3所示。当模型中不加入任何自变量时（模型1），得到模型的组内相关系数（ICC）为0.142。这表明了14.2%的方差变异是由村庄/社区间的组间差异引起的，位于同一社区/村庄内部的农民其进城意愿具有一定相似性，需要使用多层模型。在模型2中加入个体和家庭层次变量、模型3进一步加入地区变量、模型4进一步加入个体/家庭变量与地区变量的交互项。四个模型中，模型4具有最小的-2log likelihood，且似然比检验显示模型4具有最好的拟合效果。因此，重点对模型4的结果进行具体分析。

（一）个体特征

年龄、教育年限和迁移经历等反映个体人力资本特征的变量对农民进城意愿均具有显著影响。具体而言，年龄每增加1岁，农民进城定居的可能性下降3.1个百分点，其中60岁以上的农民中仅有不到5%的人打算进城定居（见图7-2）。年龄较大的农民，由于在农村生活时间较长，进入城镇后，生活习惯、身体状况等不一定适应城市生活，同时也不容易在城市找到合适的工作，因而其进城意愿较低。教育程度越高，农民进城定居的意愿越强。受教育年限每提高1年，农民进城定居的可能性增加14.7%，可见加大农村教育投入和提升农民素质对于推进城镇化发展具有重要意义。

表 7-3

农民进城定居意愿的影响因素

变量	模型1 β	S.E.	EXP(β)	模型2 β	S.E.	EXP(β)	模型3 β	S.E.	EXP(β)	模型4 β	S.E.	EXP(β)
个体变量												
年龄				-0.032***	0.005	0.969	-0.032***	0.005	0.969	-0.032***	0.005	0.969
教育年限				0.123***	0.020	1.131	0.120***	0.020	1.128	0.137***	0.021	1.147
迁移经历				0.466***	0.123	1.594	0.457***	0.123	1.579	0.461***	0.124	1.586
家庭变量												
老人数量				-0.130	0.112	0.878	-0.137	0.113	0.872	-0.130	0.113	0.878
儿童数量				0.169**	0.068	1.184	0.184***	0.068	1.202	0.172**	0.069	1.188
高于当地平均水平				0.648***	0.186	1.912	0.660***	0.186	1.935	0.673***	0.186	1.960
低于当地平均水平				-0.453***	0.130	0.636	-0.444***	0.130	0.641	-0.439***	0.131	0.645
家庭住房面积				-0.186*	0.108	0.830	-0.210**	0.108	0.811	-0.227**	0.110	0.797
家庭人均土地面积				0.167**	0.084	1.182	0.183***	0.086	1.201	0.247***	0.089	1.280
土地流转				0.318**	0.136	1.374	0.326**	0.136	1.385	0.329**	0.137	1.390
外出务工劳动力数量				0.091*	0.054	1.095	0.099*	0.054	1.104	0.090*	0.054	1.094
地区变量												
地区人均GDP							0.278*	0.142	1.320	0.322**	0.145	1.380
地区粮食产量							-0.171**	0.083	0.843	-0.191**	0.083	0.826
城镇化率							-0.007	0.006	0.993	-0.007	0.006	0.993
城乡收入差距							0.055	0.216	1.057	0.051	0.215	1.052
交互项												
人均GDP×教育年限										0.072**	0.029	1.075
人均GDP×人均土地面积										0.393***	0.146	1.481
人均GDP×住房面积										-0.148	0.156	0.862
截距项	-2.327***			-1.471**			-3.781*			-4.267*		
μ	0.543			0.461			0.420			0.411		
-2log likelihood	2614.885			2329.900			2321.531			2307.575		
样本量	4116			4116			4116			4116		

注：* 表示 p<0.10，** 表示 p<0.05，*** 表示 p<0.01，β 为系数，S.E. 为标准误，EXP（β）为发生比。

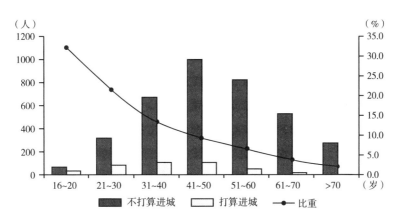

图 7 – 2　农民进城意愿与年龄的关系

　　与没有迁移经历的农民相比，有迁移经历的农民进城定居的可能性高出58.6%（见表 7 – 3），表明曾经外出务工的农民进城定居的意愿更加强烈。由于这部分农民多是返乡农民工，他们前期在城市务工，积累了城市生活经验和一定的物质资本、拓宽了视野（Fan，2008），为进城定居奠定了基础。在打算进城定居的 406 位农民中，其中 56.7% 具有外出务工经历，可见返乡农民工正在成为农村城镇化的主体。农民工的回流返乡使中国城镇化形成了进城与返乡共存的局面，而不是单纯由乡村到城市的单向迁移过程（任远，2010；Zhu and Chen，2010）。进一步分析，可以将这一过程细化，对于一些外出农民形成了农村（离乡）→城镇（进城务工）→农村（返乡）→城镇（进城定居）的三个过程（见图 7 – 3）。这些农民在大城市务工多年后返回到农村，然后在附近的中心镇、县城或者地级市购买住房，最终离开农村实现城镇化。当然一些农民也会直接在大城市或附近的城镇定居，并不一定经历上述过程。

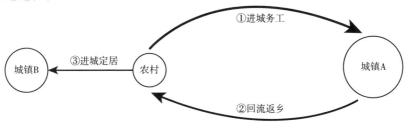

图 7 – 3　部分外出农民的城镇化过程

（二）家庭因素

在家庭特征方面，家庭的人口结构、经济水平、物质资本和城乡联系等均对农民进城定居意愿具有显著影响。家庭老人数量对农民进城意愿的影响不显著，这可能与每个家庭的老人数量相差不大有一定关系，但是呈负相关，说明一定程度上家庭老人数量会降低农民的进城意愿。儿童数量与农民进城意愿呈显著正相关，家中每增加 1 名儿童，农民进城定居的可能性提高18.8%，这与家长对子女教育的重视密切相关（朱琳、刘彦随，2012）。城乡差距使优质教育资源往往集中于城市，且在一些地区存在学区房等政策的限制，若不能在城镇购房，农村儿童便不能到城镇中小学就读，因此，农民在某种程度上希望通过定居城镇使其子女能够接受更好的教育。

家庭经济条件越好，农民进城定居的意愿越强烈。具体而言，家庭经济状况高于当地平均经济水平的农民，其定居城镇的可能性，分别是家庭经济状况一般和家庭经济状况较差农民的 1.96 倍和 3.04 倍。这主要是由于进城定居是一项投资成本较高的永久性迁移行为，只有经济状况较好的家庭才能支付这一迁移成本。同时也表明，农民具有理性人的特点，在意识到家庭经济状况较差时不会贸然选择进城定居。可见，增加农民家庭收入是促进农民进城定居的有效途径。

反映家庭物质资本的住房和土地变量对农民进城意愿呈相反的影响效应。具体而言，家庭住房面积越大，农民进城定居的意愿越低。住房面积较大，表明农民在农村的居住条件较好，但进城定居则意味着农民必须在城市购买住房，从而需要支付一大笔成本（章铮，2006）。本章中的4116 位农民，90.9% 表示"未来 5 年不打算到城镇建房或购房"，而其中 71.1% 没有该意愿的主要原因是"家庭经济条件不允许"。可见，当前城市过高的房价，使农民家庭在城镇购房存在较大困难，抑制了农民的城镇化意愿。相反，家庭人均土地越多，农民进城定居的意愿越强烈，人均土地面积每提高1%，农民进城定居的可能性增加28.0%。该结论与以往的研究结论有所不同（吴秀敏、林坚、刘万利，2005），这应与改革开放以来，农业收入占农民纯收入的比重从1990 年的66.4%逐步降至2010 年的37.7%，农民对土地的依赖性逐步减弱有一定关系。

家庭参与土地流转对农民进城定居具有推动作用，与家庭未参与土地流转的农民相比，家庭参与土地流转的农民进城定居的可能性高出 39.0%。农民通过土地流转，积累了进城定居的物质资本，同时与乡村的联系变弱，增加了进城定居的可能性。家庭外出劳动力数量，代表了家庭的城市社会资本，反映了农村家庭与城市联系的密切程度。家庭外出劳动力越多，农民进城定居的意愿越强。家中外出劳动力数量每增加 1 人，农民进城定居意愿提高 9.4%。一方面，家庭外出务工成员越多，家庭在城市形成的社会网络越发达，获取资源的可能性也越大；另一方面，家庭外出务工成员越多，家庭所获取的城市信息也越多，对城市生活方式也有更多接触，容易影响到其他家庭成员，从而有助于提高进城意愿（Fan，2008）。

（三）地区因素

本章主要考察了地区社会经济发展水平对农民进城定居意愿的影响。具体而言，地区经济发展水平越高，农民进城定居的意愿越强。地区人均 GDP 每提高 1%，农民进城定居的可能性增加 38.0%。在前面提到，一些发达地区较高的经济水平反而降低了农民的进城意愿（王桂新等，2002；张翼，2011），但从此处的实证结果来看，在全国范围，较高的地区经济发展水平依然是促进农民进城定居的重要因素。相反，地区粮食产量对农民进城意愿呈负向影响，其每增加 1%，该地区农民进城定居的可能性下降 17.4%。这主要是由于粮食产量越高的地区，当地农业发展仍具有一定地位，往往需要较多的农村劳动力从事农业生产。城镇化率用来反映地区社会经济综合发展状况，但该变量对农民进城定居的影响并不显著，且呈负面作用。这可能是由于城镇化率较高的地区，尽管其社会经济发展水平较高、城市吸引力较强，但也意味着前期已有较多有能力进城的农民迁居城镇，而未迁居的农民则由于多方面原因近期进城意愿较低，最终使城镇化率对农民的进城意愿呈负影响。城乡差距变量也不显著，但表现出正向作用，这与以往研究相一致，即城乡差距越大，农民进城定居的可能性越高（卫龙宝等，2003）。

（四）跨层交互作用

交互作用可以理解为一个自变量因另一个自变量的不同而对因变量产生不同强度的影响（Jaccard and Turrisi，2003）。此处重点考察了个体/家庭与地区变量的交互作用。

具体而言，农民受教育年限与地区经济发展水平的交互项对农民进城意愿存在显著正向影响，说明与经济欠发达地区的农民相比，教育年限对经济发达地区农民进城意愿的正向影响更加显著。理论上，拥有较高教育程度的农民通常更容易在城市找到工作；同时在经济发展水平较高的地区，城市往往也能够提供相对更多的就业机会；两者结合，使受教育程度高的农民在发达地区城镇工作的回报率更高，从而使其进城意愿也更强烈。

类似的，家庭人均土地面积与地区经济发展水平的交互项对农民进城意愿也存在显著正向影响，说明较高的家庭人均土地面积使经济发展水平较高地区的农民进城定居的意愿更加强烈。这主要是由于经济发达地区的农民非农就业途径较多，对土地的依赖性相对较弱；同时，经济发达地区的土地流转价格往往较高，拥有越多的土地，在某种程度上也就意味着通过土地流转可以获得更多定居城镇的物质资本。家庭住房面积与地区经济水平的交互项不显著，表明住房未因地区经济发展水平的变化而对农民迁移意愿产生显著不同强度的影响。

第三节　城镇化路径选择与影响因素

一、定居偏好与路径选择

对打算进城定居的 406 位农民，进一步考察其对不同规模城市的定居偏好，进而结合前面的分析考察其城镇化路径选择。首先，考察打算进城农民对不同规模城市的定居偏好，6.9% 的农民选择到直辖市定居，11.6% 选择到省会城市定居，11.3% 选择到地级市定居，43.8% 选择到县城/县级市定居，19.5% 选择到小城镇定居，6.9% 选择无所谓。总体来看，选择到地级及以上大城市定居的合计有 121 人，选择到小城镇或县城/县级市定居的有 257 人，分别占打算进城定居农民的 29.8% 和 63.3%（见表 7 - 4）。可见，相较于地级及以上城市，小城镇、县城/县级市对打算进城农民具有更强的吸引力。

表7-4　　　　进城农民对不同规模城市的定居偏好与城镇化路径选择　　　单位：人

现居住地／迁移倾向	地级城市		省会城市		直辖市		合计
	县/县级市	市辖区	县/县级市	市辖区	县/县级市	市辖区	
小城镇	49	12	5	4	7	2	79
县城/县级市	139	8	18	9	4	0	178
地级市	27	13	4	2	0	0	46

续表

迁移倾向＼现居住地	地级城市		省会城市		直辖市		合计
	县/县级市	市辖区	县/县级市	市辖区	县/县级市	市辖区	
省城	28	1	3	13	2	0	47
直辖市	20	3	1	3	1	0	28
无所谓	23	1	0	2	2	0	28
合计	286	38	31	33	16	2	406

　　进一步结合农民的现居住地、定居倾向以及表7-1的划分标准，来分析打算进城农民对城镇化路径的选择情况。根据表7-4所示，首先，居住在县/县级市的331位农民中，221人（66.8%）打算到小城镇或县城/县级市定居，这属于典型的就地城镇化；85人（25.7%）打算到地级及以上城市定居，其中72.9%（62人）可以归为就近城镇化，27.1%（23人）可以归为异地城镇化。其次，居住在市辖区的75位农民中，选择到地级及以上城市定居和选择到小城镇或县城/县级市定居的各占48.0%（36人），其中选择就地城镇化、就近城镇化和异地城镇化的比重分别为62.5%、29.2%和8.3%。总体来看，打算进城定居的406位农民中，选择就地城镇化、就近城镇化和异地城镇化的比重分别为65.5%、20.4%和7.1%，另外6.9%无所谓。

　　由以上分析可以看出，绝大多数生活在农村的农民倾向于选择在县城/县级市或小城镇定居、倾向于在县域内实现就地城镇化，其次为就近城镇化，仅有少数农民选择了迁移距离较远的异地城镇化。就不同规模的城市而言，在地级及以上大城市，形成了以市辖区农民进城定居和非市辖区（周边其他县市）农民迁入并存的就地、就近或异地城镇化发展模式；在县/县级市或小城镇，由于从农村到县城或中心镇的空间距离较短，迁移成本和社会融入成本都相对较低，小城镇和县城对本地农民表现出较强吸引力，形成了以本地农民进城为主的就地城镇化发展模式（杨传开、宁越敏，2014），这与第六章有关就地城镇化内容的分析相一致。可见，促进大中小城市和小城镇的协调发展对于推进不同尺度的城镇化发展都具有重要意义。

二、主要影响因素

　　进一步采用多层Logistic回归模型，考察打算进城农民对不同规模城市定居偏好及城镇化路径选择的影响因素，结果如表7-5所示。当模型中不加入任何

表7-5

农村居民选择不同规模城市定居的影响因素

变量	模型5	模型6			模型7			模型8		
	β	β	S.E.	EXP(β)	β	S.E.	EXP(β)	β	S.E.	EXP(β)
个体变量										
年龄		-0.014	0.012	0.986	-0.012	0.012	0.988	-0.015	0.012	0.985
教育年限		0.078	0.048	1.081	0.089**	0.045	1.093	0.054	0.048	1.055
迁移经历		0.321	0.307	1.379	0.269	0.291	1.309	0.257	0.297	1.293
家庭变量										
老人数量		0.224	0.276	1.251	0.260	0.257	1.297	0.310	0.260	1.363
儿童数量		0.018	0.155	1.018	0.056	0.148	1.058	0.106	0.152	1.112
高于当地平均水平		0.399	0.409	1.490	0.419	0.381	1.520	0.341	0.387	1.406
低于当地平均水平		-0.186	0.339	0.830	-0.307	0.320	0.736	-0.405	0.327	0.667
住房面积		0.250	0.241	1.284	0.122	0.225	1.130	-0.032	0.259	0.969
人均土地面积		-0.242	0.214	0.785	-0.096	0.197	0.908	-0.320	0.247	0.726
土地流转		0.378	0.318	1.459	0.236	0.302	1.266	0.174	0.307	1.190
外出务工劳动力数量		-0.065	0.132	0.937	-0.057	0.123	0.945	-0.065	0.125	0.937
地区变量										
地区人均GDP	-0.946***				-0.655***	0.242	0.519	-0.698***	0.247	0.498
地区粮食产量					-0.044	0.147	0.957	0.003	0.150	1.003
到大城市的距离					-0.483**	0.202	0.617	-0.561**	0.230	0.571
现居地政区类型					0.782*	0.473	2.186	0.787	0.490	2.197
交互项										
教育年限×到大城市距离								0.139**	0.060	1.149
人均土地×到大城市距离								0.442	0.309	1.556
住房面积×到大城市距离								0.320	0.320	1.377
截距项	-2.326	-2.326			7.226**			9.261***		
μ	1.393	1.547			0.684			0.706		
-2log likelihood	463.424	445.604			428.048			421.021		
样本量	378	378			378			378		

注: * 表示 $p<0.10$, ** 表示 $p<0.05$, *** 表示 $p<0.01$, β 为系数, S.E. 为标准误, EXP(β) 为发生比。

自变量时（模型 5），得到组内相关系数 ICC 为 0.298。可见 ICC 值较大，仍有必要使用多层 Logistic 模型对系数进行估计。在模型 5 基础上，依次加入个体和家庭变量、地区变量、跨层交互项，分别建立 3 个嵌套模型。可以发现，－2log likelihood 逐步变小，模型的解释力逐步增强，且似然比检验显示模型 8 拥有较好的拟合效果，因此，重点对模型 8 的结果进行分析。

在模型 8 中，个体和家庭层面的变量均不显著，而一些地区变量却十分显著。这表明当农民决定进城定居后，对于具体去何种规模城市定居，在很大程度上是受现居住地经济发展水平和区位条件等地区性因素的影响。根据表 7－5，经济发展水平越高的地区，农民越不倾向于选择大中城市定居；因为农民所在地区经济水平较高，即使选择在本地区的镇或县城定居，依然可以获得较好的城市生活，在现实发展中发达地区的就地城镇化特征往往也更加突出，第六章山东省县域内人口流动率较高、就地城镇化较发达的地区也多是社会经济较为发达的地区。相反，经济水平较差的地区，镇和县城吸引力相对薄弱，农民更向往到地级及以上的大中城市定居，当前大量中西部地区的省际流动人口集中于东部大城市就是一个很好的例证（杨传开、宁越敏，2015），第四章的研究清晰地展示了这一格局。

距大中城市平均距离反映了农民现居地的区位条件，该变量对农民选择大中城市定居呈显著负影响，说明距大中城市越远的地区，农民选择定居大中城市的倾向越低，而更加倾向于选择小城镇（县城/县级市、小城镇）定居，这主要是由于较远的距离会增加迁移定居成本（物质成本、信息成本和心理成本等）。根据图 7－4，同样可以发现农民到大中城市定居的意愿随到大城市平均距离的增加总体呈下降趋势。另外，现居地政区类型在模型 8 中虽不显著，但在模型 7 中具有一定显著性，表明与居住在县或县级市的农民相比，居住在市辖区的农民更倾向于选择到地级及以上城市定居，显然这是符合实际情况的。

农民受教育年限与距大城市平均距离的跨层交互项显著为正，表明较高的受教育程度有助于增加农民到大中城市定居的可能性，但对于距离大城市较近地区的农民而言，拥有较高的教育程度使其到大中城市定居的意愿会更

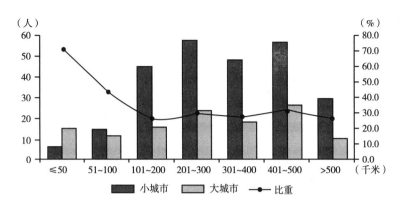

图 7 - 4　进城农民对不同规模城市的定居倾向与到大城市距离的关系

强烈、可能性也会增加的更明显。由于拥有较高的教育程度，农民更容易在城市找到工作；大城市的就业机会多，而距离大城市近，可以降低从农村迁移至大城市的成本；两者结合，使生活在距大城市较近且受教育程度较高的农民定居大城市的意愿更强烈。

　　总体来看，对于居住在县或县级市，特别是经济发展水平较高、距大城市较远地区的大部分农民而言，其并不希望发生长距离的、到大城市定居的就近或异地城镇化，而更加倾向于选择在县城/县级市或小城镇定居的就地城镇化。可见，推进以县城和中心镇为空间载体的县域城镇化对于促进这部分农民进城定居实现城镇化具有重要意义。

第四节　本章小结

　　20 世纪 80 年代中期以来，城乡发展不均衡和户籍制度的松动促进了乡城迁移的快速发展。然而以往研究大多关注进城农民工的定居意愿和返乡意愿，对留守农村的农民或返乡农民工的进城意愿关注不足，更缺乏从全国层面探讨农民进城意愿及其对不同规模城市的定居偏好。本章基于全国性的调查问卷数据，考察了农村居民的城镇化意愿与城镇化路径选择，并利用多层 Logistic 回归模型对其影响因素进行了分析，与前面三章对流动人口及其城镇化路径的分析形成互补。本章的主要结论有以下几点。

　　第一，与居住在不同社区/村庄的农民相比，地理空间异质性使居住在同一社区/村庄的农民的进城定居意愿具有更多相似性。这不仅因为居住在同一社区/村庄的农民的个人经历、社会经济状况比较接近，还因为他们面临着同样的社会环境与文化氛围。在研究方法上，传统的单层回归模型忽略了数据的多层嵌套结构和地理空间的异质性，多层回归模型有利的弥补了传统单层回归模型的不足之处。

第二，整体而言，农民进城意愿较低，且大部分选择在县城/县级市或小城镇而非地级及以上的大中城市定居，更加倾向于选择就地城镇化的发展路径。具体而言，9.86%的农民计划未来5年内到城镇定居；对于打算进城定居的农民而言，县城和小城镇表现出较强的吸引力，63.3%选择在镇或县/县级市定居，29.8%打算到地级及以上城市定居。

第三，农民进城定居（城镇化）决策可以理解为两个过程：首先，决定是否进城定居，其次，是选择何种规模类型城市定居。前者受到个体、家庭和地区因素的共同作用，个体人力资本较高、家庭儿童较多、家庭经济状况较好、土地较多且与城市联系紧密、农民所在地区的社会经济发展水平较高等有助于农民选择进城定居。后者则主要受到农民所在地区的经济发展水平和区位等地区性因素的影响，个体和家庭因素的影响较少；具体而言，经济发展水平较高、距离大城市较远地区的农民更倾向于选择到县城/县级市和小城镇定居，倾向于就地城镇化。

第四，尽管农民的进城意愿与现实选择往往会存在一定差距，但通过对农民城镇化意愿和影响因素的考察，在促进新型城镇化发展上仍能得到一些有益的政策启示。首先，应重视就地城镇化的发展，在促进大中小城市和小城镇协调发展的同时，应着力提高县城和中心镇的竞争力与吸引力，提升其基本公共服务水平，促进县域就地城镇化的发展。其次，还应从促进农民和农村发展的角度着手，提升农民进城定居的能力：加大农村教育投入，加强对农民的教育和培训，提升农民的人力资本；高度关注返乡农民工群体，为其创造有利的创业就业条件；促进农村非农经济发展，提高农村家庭的经济收入；尊重农民意愿，有序推进土地流转，给予农民土地合理补偿。

| 第八章 |

主要结论与研究展望

改革开放以来，农村人口大规模向城镇流动，对中国城镇化发展产生了广泛影响。探究流动人口的集聚规律和相关机制对于丰富城镇化理论和推进中国新型城镇化发展具有重要意义。本书在推进以人为核心的新型城镇化背景下，结合中国城镇化发展的现实情况和有关研究，从人口流动的视角出发，通过融合人口流动理论、人口城镇化理论和尺度理论，提出了基于人口流动视角的多尺度城镇化分析框架，并从国家尺度、省域尺度、县域尺度三个宏观空间层次和微观个体层次进行了具体分析。

宏观空间层次，分别从国家尺度的省际人口流动、省域尺度的省内跨县（市区）人口流动和县域尺度的县内人口流动三个维度，分析了异地城镇化、就近城镇化和就地城镇化三种城镇化路径的人口集聚特征及其形成机制，理清了三个尺度下"人往哪里去"的问题及其背后的主要动力机制。微观个体层次，主要从个体视角出发，以潜在的流动人口和城镇化微观主体——农民作为研究对象，分析了农民的城镇化意愿与对三种城镇化路径的选择，及其背后的主要影响因素。通过以上研究，本书主要得出以下几点结论和政策启示。

第一节　研究结论

一、人口流动视角下的中国城镇化具有多尺度特征

改革开放以来，在市场化、分权化、全球化的宏观背景下，流动人口规模迅速增加，农业转移人口由本地乡—城流动逐渐向跨越不同行政级别的乡—城流动转变。然而地方政府的崛起、经济发展导向的政绩考核以及地方

政府间的竞争等导致地方政府通过设置种种制度壁垒，使外来人口与本地人口不能享受同等的公共服务，从而使农民城镇化、市民化的成本产生分化，跨越的尺度越大，农民城镇化的成本越高、难度越大。这样一来，使传统由农村向城镇转移的单一人口城镇化模式产生分化，形成了多尺度城镇化（见图8－1）。多尺度城镇化不仅强调人口由农村向城镇的转移，而且同时关注农民向哪里的城镇转移，使城镇化研究进一步细化和深入，多尺度成为深入分析中国城镇化的新视角。

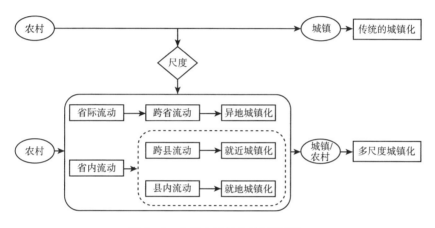

图8－1　多尺度城镇化的逻辑框架

结合中国人口流动的多尺度性、城镇化发展路径以及行政区划的层级性特点，中国的多尺度城镇化形成了以跨省人口流动为特征的异地城镇化、以省内跨县人口流动为特征的就近城镇化和以县内人口流动为特征的就地城镇化。三种尺度的城镇化共同构成了国家和地区的城镇化，然而，在不同时期三者的地位有所区别。总体来看，改革开放以来，中国的城镇化经历了1978～1991年以就地城镇化为主导的时期、1992～2008年异地城镇化快速发展时期和2009年以来的就地就近城镇化发展时期。在未来，随着劳动密集型产业转移、农民工的回流、国家对中小城镇发展的政策支持以及乡村振兴战略的实施，以省内流动为主的就地就近城镇化将在中国城镇化进程中扮演更重要的角色。

二、不同尺度下的人口流动特征与机制并不完全一致

在全国尺度上，大规模的跨省流动人口形成了典型的异地城镇化。流动人口的异地再分布改变了流入地和流出地的城乡人口结构，导致不同地区总人口、城镇人口和农村人口发生变化，形成了不同的城镇化发展模式，促进了全国和地区城镇化率的提升。异地城镇化的跨省流动人口突出表现为从中西部地区流向东部地区，2000 年以来新增加的迁移流集中指向长三角、京津以及福建等地，具有突出的向东部沿海三大城市群和大城市集聚的倾向。空间驱动力、经济驱动力和社会驱动力是促进异地城镇化形成的三种主要力量，其中地区间的社会经济差距是核心动力，已有的迁移存量维系了流动人口的持续发生，空间距离阻碍了人口的跨地区流动。制度因素除了塑造人口流动的宏观背景外，更重要的是体现在对于流动人口在流入地实现完整城镇化的阻碍作用上。

在省域尺度上，省内跨县（市、区）人口流动形成了典型的就近城镇化。通过对山东省案例的分析，发现就近城镇化的省内跨县（市、区）流动人口水平分布相对均衡，更多的是竖向分布不均衡，表现为除向省会城市和沿海发达地区大城市的市区和县级市集聚外，也在其他地级市的市区和部分较发达的县级市集聚较多，形成了以青岛市区和济南市区为双核心、其他地级市市区和部分县级市为次中心的多中心集聚格局。而省外流动人口的集聚突出表现为水平分布的不均衡，主要集聚于省会城市及沿海发达大城市的市区和县级市，形成了以济南市区、青岛市区、烟台市区和威海市区为核心的三个高值集中片区。在影响机制上，省内跨县（市、区）流动人口的就近城镇化与跨省流动人口的异地城镇化相类似，仍属于跨地区的人口城镇化，因此，影响两种流动人口集聚的因素具有一定的相似性，但又并不完全一致。总体来看，社会经济发展水平也是影响就近城镇化人口集聚的重要因素；制度因素除了表现为阻碍省内跨县流动人口在流入地实现完整城镇化外，政区类型对流动人口集聚也表现出了一定作用。除此之外，与异地城镇化相比，省内跨县流动人口的就近城镇化一定程度上可能还受到家庭等非经济因素的影响，所以导致其人口空间分布相对均衡。

在县域尺度上，农业转移人口在县域范围内向不同层级的城镇或社区集

聚，形成了县域就地城镇化。整体来看，社会经济发展水平较高、农民收入较高的地区其县域内人口流动率较高，其人口就地城镇化趋势也较为明显。通过对诸城市具体案例的深入分析，发现县域内流动人口主要向中心城区和中心镇集聚，构成了就地城镇化的主要空间载体；同时通过推进社区城镇化，促进了基本公共服务向农村的下沉和延伸，使农民向中心社区集聚，农村新型社区成为就地城镇化的新型载体；最终形成了"县城—中心镇—中心社区"三级就地城镇化空间载体。县域就地城镇化的形成机制，与异地城镇化和就近城镇化存在显著差异。就地城镇化是一种小尺度的、区域内的城镇化过程，尽管区域经济差异、社会网络、空间因素等仍具有重要影响，但以政府为主的制度因素发挥了更加重要的作用。政府在就地城镇化过程中通过规划、投资、产业布局调整以及推进土地流转和扩权强镇等发挥了自上而下的核心引导作用。企业集聚促进了当地经济发展，其区位选择造成了地方发展的差异，进而也引导了人口流动的方向，同时企业通过与当地政府或农民合作直接参与社区建设，形成了就地城镇化的经济动力。农民作为城镇化的微观主体，其生产生活方式的转变，进一步响应了政府和企业的行为，构成了就地城镇化自下而上的推动力量。总体来看，以农村社区建设为重要途径的就地城镇化发展模式，无论其发展特征还是动力机制都已显著不同于20世纪80年代自下而上的城镇化，同时与东南沿海农村就地转换为城镇的发展模式也存在较大差异。

表 8-1　三种城镇化的比较

城镇化类型	流动范围	空间载体	均衡程度	影响因素	城镇化成本
异地城镇化	跨省流动	东部地区大城市群大城市	极不均衡	经济因素：经济差距是核心动力 社会因素：迁移存量是持续动力 制度因素：阻碍了流动人口的完整城镇化 空间因素：空间距离阻碍了人口流动	最高

续表

城镇化类型	流动范围	空间载体	均衡程度	影响因素	城镇化成本
就近城镇化	跨县流动	省会城市和大城市市区 一般地级市的市区 部分发达的县级市	相对均衡	经济因素：经济发展水平 社会因素：社会发展水平 制度因素：政区类型 空间因素：地理区位	中等
就地城镇化	县内流动	县城 中心镇 新型农村社区	相对均衡	制度因素：政府自上而下的主导力量 经济因素：企业就地城镇化的经济动力 社会因素：农民自下而上的推动力量	较低

三、就地就近城镇化路径更加符合农民的城镇化需求

农民既是潜在的流动人口，也是未来城镇化发展的重要潜力，与流动人口一起共同构成了城镇化要"化"的对象。研究发现，农民城镇化意愿具有显著的空间异质性，与居住在不同社区/村庄的农民相比，地理空间异质性使居住在同一社区/村庄的农民的进城定居意愿具有更多相似性。通过全国性问卷调查数据的分析，发现近期内农民的城镇化意愿相对较低，且大部分选择在县城/县级市或小城镇而非地级及以上的大中城市定居，农民更加倾向于选择就地就近城镇化的发展路径，特别是就地城镇化更加符合农民的城镇化需求。

农民城镇化意愿受到个体、家庭和地区因素的共同作用，既包括三个层次要素的独立作用，也包括不同层次要素间的交互作用。具体来看，个体人力资本较高、家庭儿童较多、家庭经济状况较好、土地较多且与城市联系紧密、农民所在地区的社会经济发展水平较高等有助于农民选择进城定居。而农民对城镇化路径的选择则主要受农民所在地区的经济发展水平和区位条件等地区因素的影响，个体和家庭因素的影响较少；具体而言，经济发展水平较高、距离大城市较远地区的农民更倾向于选择到县城/县级市和小城镇定居，倾向于选择就地城镇化的发展路径。

第二节　政策启示

一、引导人口有序转移，促进基本公共服务均等化

依据不同尺度流动人口的空间集聚特征，通过建立多层次的人口城镇化空间载体，引导流动人口实现多层次的有序转移。省际流动人口高度聚集于东部沿海大城市，为此可以从城市内部和城市体系两个方面考虑进一步优化其人口集聚格局。在大城市内部，合理划分城市的主城区、近郊区和远郊区等，依据不同区域制定差异性的落户政策；在城市体系方面，通过加强以大城市为核心的城市群建设，带动大城市周边的中小城市发展，促进省外流动人口向大城市周边的中小城市相对分散。省内跨县流动人口，主要集聚于省会市区和发达大城市的市区（例如，在山东省突出表现为济南和青岛市区），其他地级市的市区和部分发达县级市往往也是重要的集聚地，由于一般地级市的市区和县级市户口已经逐步放开，落户相对容易，未来可进一步加强地级市市区和部分发达县级市的建设，提升公共服务水平，引导省内跨县流动人口向这些地区集聚，促进相对均衡发展。县内流动人口主要流向县城和中心镇，城镇化成本相对较低，未来应着重强调集聚发展，重点吸引县内人口向县城和中心镇集聚。

绝大多数流动人口都是集聚在城镇，在形式上他们已经被统计为城镇人口，但在现实当中，受制于户籍制度作用，不同尺度的流动人口在教育权利、就业机会和就业待遇、社会保障等方面形成了诸多不平等，可以说他们并没有完整的实现城镇化过程，是一种半城镇化。城镇化的本义在于提高所有人的社会福祉，应逐步剥离户籍背后的福利含义，这将是实现以人为核心的新型城镇化的重要举措。近年来，尽管户籍制度改革取得了很大成效，很多地区也已经开始取消农业户口和非农业户口，但是城乡公共福利差距依然并未有效改变，某种程度上只是换了一种说法（任远，2016）；另外，很多地区已经开始建立居住证制度，但居住证的"含金量"与常住地户口还存在较大差距，且主要面向高端人才，使普通的外来务工人员很难获得，同时居住证转户口的比例较低，例如，上海市每年仅有四五千人通过居住证转户口获得

上海市常住户口，对于近 1000 万的外来人口而言，可谓是杯水车薪。因此，未来还应进一步加快户籍制度改革步伐，不断提高居住证的"含金量"和居住证转户口的比重，结合居住年限、社保缴纳等建立面向满足不同流动人口需求的多样化落户政策体系。

促进城乡人口以及不同尺度流动人口的基本公共服务均等化是推进户籍制度改革的关键。推进基本公共服务均等化应面向全体国民，不仅要考虑城乡统筹，也要考虑区域统筹，逐步缩小城乡之间、区域之间人们在享受基本公共服务方面的差异。然而由于区域发展的不均衡以及分税制后地方政府财权与事权的不匹配，不仅使经济落后地区难以实现基本公共服务的均等化，同时也使人口大量流入的地区实现辖区范围内常住人口的基本公共服务均等化十分困难。为此，需要通过各级政府联动推进不同尺度流动人口的基本公共服务均等化。2010 年全国流动人口 2.6 亿人，其中跨省流动人口、省内跨县（市、区）流动人口和县（市、区）内流动人口约各占 1/3。对于跨省流动人口而言，突出集中在少数大城市，这些流动人口不仅需要流入地政府在户籍制度、社会保障制度等方面的改革创新，还需要中央政府从全国层面进行统筹协调，建立与常住人口相挂钩的跨省财政转移支付机制。另外，实证研究发现，地区间较大的社会经济差距显著地促进了人口跨省流动，而人口跨省流动则进一步促进了城市问题和农村问题的凸显，因此有必要逐步缩小地区差距，这也需要中央政府的全面统筹协调。对于省内跨县（市、区）流动人口，应主要通过省级政府和地级市政府的协调，在全省范围进行统筹协调，推进省域尺度的就近城镇化。对于县域内流动人口，由于其城镇化成本较低，应以县级政府为主，通过发展县域经济，加快城乡统筹，促进本地农民的就地城镇化。

二、推进体制机制改革，促进县城和重点镇的发展

省内人口流动的就地就近城镇化，特别是就地城镇化更加符合农民的城镇化需求，所以应将推进县域内的就地城镇化作为未来推进农民城镇化的重要途径。县城和中心镇是就地城镇化的重要载体，未来应通过体制机制改革，在促进大中小城市和小城镇协调发展的同时，着力提高县城和中心镇的竞争力与吸引力，提升其基本公共服务水平。

　　然而，由于我国城市管理具有等级化的体制性特征，从而使小城镇的发展在某种程度上受到上位城市的压抑，财权与事权不匹配。一些特大型乡镇的政府人员编制与其所治理的人口规模不相称，形成了"小马拉大车"的发展困境（上海城市管理编辑部，2010），同时"市卡县""市刮县""市县博弈"问题突出，导致"扩权强县""强镇扩权"的呼声不断加强（汪宇明、花露、张洁玉，2010）。因此，加快体制改革与创新，弱化城市行政等级，赋予城市平等的发展权（李铁，2013），提升小城镇发展活力，成为促进县域和小城镇发展的重要手段。

　　通过权力下放，提高地方政府发展的积极性，推动以县城和中心镇为重点的县域就地城镇化发展。在县的层面，对经济实力较强的县市也加快"强县扩权"试点和"省直管县"步伐，制定有利于强县经济发展的相关政策；对于符合条件的县探索撤县设市，促进产业和人口集聚，提升城镇化水平。在镇的层面，推进撤镇设街、撤乡设镇、乡镇合并等行政区划调整，加快特大型乡镇改革步伐，确定一批经济发展实力较好、人口规模较大的镇进行扩权试点，促进其成长为一定规模的小城市（杨传开、张凡、宁越敏，2015）。

　　尽管农民对县城和小城镇表现出了较强的定居意愿，但现实是小城镇的发展并不理想（方创琳，2014），导致小城市和小城镇对农业转移人口的吸纳能力不强，这主要是由于因发展动力不足而导致就业岗位偏少、城市建设相对滞后、公共服务水平相对较低等。因此，除了行政管理体制机制的改革外，还需进一步通过改善交通条件、夯实其产业基础、加强市政基础设施和公共服务设施建设，鼓励优质教育和医疗机构在中小城市设立分支机构，逐步提升县城和重点镇的吸引力（冯蕾，2014）。

三、促进农民农村发展，提升农民进城定居的能力

　　农民进城定居实现城镇化固然可以促进消费和扩大投资，并拉动内需（李克强，2012），但前提是农民要有进城定居的意愿和进城定居的能力。通过促进城市建设和经济发展提升城市吸引力有助于促进农民进城定居，但这仅还局限于外向性地吸引，关键还应从促进农民和农村发展的角度着手，改革束缚农民离乡的相关制度障碍，逐步提升农民进城定居的内生动力。

　　实证研究表明较高的教育水平对促进农民进城定居具有显著的正向作用，

而且人力资本理论也强调了教育对于农业发展的重要性（舒尔茨，1968），因此，应加大农村教育财政投入，通过加强对农民的教育和职业技能培训，增加农民的人力资本。另外，还需要重视农村留守儿童的教育问题，他们是城镇化的"后备军"；留守儿童的辍学、失学以及心理、健康等问题，极大地影响了留守儿童的成长和发展，不利于未来城镇化和社会经济的发展（谭深，2011）；在推进城镇化过程中应该加强对该群体的重视，避免阶层固化。通过促进城乡义务教育均衡发展、改善农村办学条件以及提升农村中小学教师素质等加强农村教育事业的发展。

返乡农民工具有较强的城镇定居意愿，他们通过在城市务工，积累了城市生活经验和物质资本，而且在农村发展中具有先锋领导作用（Ma，2001）。部分返乡农民工将不在从事农业生产，因此，地方政府应加强对该群体的关注，通过税费减免、场地安排、实施创业就业培训等为其创造有利的创业就业条件，促进其进城定居。较高的家庭收入，有利于农民进城定居，因此，未来仍需推进农村产业结构调整，促进农村经济发展，不断提高农民家庭的经济收入。

此外，还应完善农村土地制度，尊重农民意愿，有序推进土地流转，给予农民土地合理补偿。可借鉴诸城市设立土地流转服务中心的做法，建立农村产权流转交易市场，推动农村产权流转交易公开、公正、规范运行，鼓励流转土地向专业大户、家庭农场、农民合作社、农业企业流转，发展规模经营。建设新型农村社区成为很多地区推进新型城镇化的重要途径之一，但笔者认为应当适度推进新型农村社区建设，不宜搞"一刀切"。诸城市在推进新型社区建设过程中，并未使全部农民大规模上楼，而是从发展条件较好的镇街优先建设中心社区（聚合区）开始，因此，并未发生太多冲突。对于其他地方而言，可借鉴诸城市发展新型社区的做法，推进农村宅基地制度改革，创新宅基地流转换房制度，通过社区建设提供基本公共服务，通过有选择的发展聚合区促进农民集中居住。但在社区建设过程中，应避免单一化模式推进农民上楼，按照发展中心村、保护特色村、整治空心村的要求，探索多元化的社区建设模式，例如，实施村庄合并型、旧村完善型、城中村改造型、产业带动型、服务共享型、整体搬迁型等（梁昊，2013）。

第三节　研究展望

城镇化是一个庞大的综合性社会经济问题，中国特殊的国情和社会经济发展模式增加了中国城镇化的复杂性。本书从人口流动的视角出发，通过引入尺度概念，试图将人口流动与城镇化研究相结合，以期多尺度的、更加深入地剖析和解构中国城镇化的社会空间过程，探讨中国多尺度城镇化的人口集聚特征与形成机制等。然而，由于笔者的研究水平、数据获取以及时间限制等，使本书在一些方面可能只是做了初步探讨，一定程度上可以说只是建立了多尺度城镇化的分析框架，深度和广度都还存在不足之处，对于一些问题在未来的研究中仍需要深入思考。

第一，加强对多尺度城镇化的理论总结与提升。尺度是人文地理学的重要概念，通过引入尺度概念来分析人口流动与城镇化可以看作是一个新的研究视角。本书很大程度上主要是讨论了三种城镇化的人口集聚特征与动力机制，而对于多尺度城镇化产生的深刻原因，虽进行了论述，但并未深入展开。一定程度上可以说是对于尺度分化的结果进行了分析，而对于尺度形成的原因并未深入研究，因此，在未来研究中有必要进一步深入分析使人口流动过程产生多尺度分化的原因。另外，尽管从经济因素、社会因素、制度因素、空间因素等方面针对不同尺度城镇化的动力机制进行了分析，但是在理论总结层面则还有待提升，同时对三种城镇化动力机制的比较也有待加强。

第二，加强对省内流动人口就地就近城镇化的研究。省际人口流动已经得到了充分重视，形成了大量研究，而对于省内人口流动的研究却明显不足。随着人口回流与就地就近城镇化的推进，省内人口流动在未来城镇化进程中或将发挥重要作用。本书以山东省作为案例对省内跨县流动人口进行了分析，尽管有一定代表性，但对于其他地区的省内人口流动特征则并不明晰。山东省省际人口流入流出相对均衡属于平衡型活跃区，而对于那些省际人口流入大省和省际人口流出大省，其省内人口流动特征是否与山东省相似、同时省外流动人口在这些地区的分布特征是否与山东省相似等都还值得深入研究。因此，有必要加强不同地区的对比研究，同时也需进一步深化对就地就近城镇化的理解和认识。

第三，加强对农村的调查研究。城镇化作为一条发展轴线，一头连着城市，一头牵着农村，当前关于城镇化的研究更多的是从城市角度出发，而农村成为城镇化研究的薄弱点。在中国研究城市问题，首先应了解农村问题，这就像一枚硬币不可分的两个方面。城镇化对农村产生了广泛影响，不仅是经济影响，还包括社会、文化等多个方面的影响，未来农村的发展走向、土地问题、人口问题等都值得深入研究，因而有必要将农村纳入城镇化的分析框架。本书在研究过程中，虽基于全国层面的问卷数据研究了农民的城镇化意愿，但由于数据限制并未能深入分析村庄区位和村庄社会经济特征等对农民城镇化意愿的影响。对诸城市虽然做了较为翔实的农村实地调研，但由于中国地域广阔、社会经济发展十分不均衡，还并不能全面反映中国农村的全部问题，有必要加强不同农村地区在土地流转、农村城镇化路径、社区建设等方面的对比研究，针对不同地区、不同村情的农村总结切合地方发展实际的城镇化模式。此外，随着国家提出实施乡村振兴战略，乡村振兴如何与新型城镇化互动发展也值得深入研究。

第四，加强数据的完善和细化。开展人口流动和人口城镇化研究在很大程度上依赖于数据的可获取性。在研究过程中，由于数据限制未能有效地区分出从流出地流出的乡村人口和城镇人口，从而未能分辨出乡乡流动、乡城流动、城城流动和城乡流动四种不同类型的流动人口。结合城镇化定义，乡城流动人口更能反映城镇化的发展，虽然当前流动人口中以乡城流动的形式最为广泛，但以总体的流动人口考察三种城镇化的发展，一定程度上还是会对研究结论产生影响。另外，在研究山东省省内跨县（市、区）人口流动时，市区人户分离人口主要是通过估算而获得，在一定程度上也会影响研究结论的精确性。未来，随着人口普查技术的不断提高以及大数据应用的推广，在以后的研究中有望可以进一步对数据细化和完善，提高研究结论的可靠性和准确性。

附　　录

附录 1　中国综合社会调查农村模块问卷

B 部分：农村模块

B1. 请您谈谈您家目前土地的使用情况

	从集体承包 （亩）	转出 （亩）	转入 （亩）	自己耕种 （亩）	闲置 （亩）
1. 田地	_|_|_|_ ._	_|_|_|_ ._	_|_|_|_ ._	_|_|_|_ ._	_|_|_|_ ._
2. 山林、牧场	_|_|_|_ ._	_|_|_|_ ._	_|_|_|_ ._	_|_|_|_ ._	_|_|_|_ ._
3. 水面、滩涂	_|_|_|_ ._	_|_|_|_ ._	_|_|_|_ ._	_|_|_|_ ._	_|_|_|_ ._
4. 其他	_|_|_|_ ._	_|_|_|_ ._	_|_|_|_ ._	_|_|_|_ ._	_|_|_|_ ._

　　B2. 请您谈谈您家目前的劳动力情况（在这里，家指的是与被访者在同一个户口本上的所有人）。

　　1. 16～65 岁有劳动能力的人有：　　　　　　［＿＿｜＿＿］人

　　2. 全部和部分参与农业生产的劳动力：　　　［＿＿｜＿＿］人

　　3. 长年（至少连续六个月）在外打工的劳动力：　［＿＿｜＿＿］人

　　4. 短期（连续不到六个月）在外打工的劳动力：　［＿＿｜＿＿］人

　　B3. 您家是否加入了某种合作社（互助组）之类的组织：

　　是　……………………………………………………………… 1

　　否　……………………………………………………………… 2

B4. 未来 5 年，您是否计划到城镇定居？

是 …………………………………………………………… 1

否 …………………………………………………………… 2

已经在城镇定居 …………………………………………… 3

B5. 未来 5 年，您是否计划到城镇建房或者购房？

是 …………………………………………………………… 1

否 ……………………………………………………… 2→跳问 B7

已经在城镇建房或购房 …………………………………… 3

B6. 您建房或购房的目的主要是

在城镇定居生活 ………………………………… 1→跳问 B8

投资 ……………………………………………… 2→跳问 B8

为子女定居城镇准备 …………………………… 3→跳问 B8

其他（请注明） ………………………………… 4→跳问 B8

B7. 您没有这种计划的原因主要是

经济条件不允许 …………………………………………… 1

不愿到城镇定居 …………………………………………… 2

政策环境不允许 …………………………………………… 3

其他（请注明） …………………………………………… 4

B8. 如果选择到城镇定居生活，您倾向于选择哪类城市？

小城镇 ……………………………………………………… 1

县城/县级市 ……………………………………………… 2

地级市 ……………………………………………………… 3

省城 ………………………………………………………… 4

北京/上海/天津/重庆 …………………………………… 5

无所谓 ……………………………………………………… 6

不适用（已经在城镇定居） ……………………………… 7

B9. 您目前的状况属于：

正在外出务工 ………………………………………… 1→跳问 B13

外出务工，目前短期回家乡 ……………………………… 2

曾经外出务工，目前长期在家乡 ………………………… 3

从未外出务工，目前长期在家乡 ………………… 4→跳问 B15

不适用 ··· 5→跳问 C 部分

B10. 您最近这次外出是什么时间？（记录在下面横线上，月份请高位补零）

　　记录：从 ［___｜___｜___｜___］年 ［___｜___］月

　　　　　到 ［___｜___｜___｜___］年 ［___｜___］月

B11. 您最近这次外出主要在什么地方打工？

本乡 ··· 1

本县/县级市 ····································· 2

本地区/地级市 ·································· 3

本省 ··· 4

外省（请注明） ································· 5

B12. 您最近外出务工的主要行业是：

建筑装修业 ····································· 1

制造行业 ·· 2

商业零售行业 ·································· 3

服务行业 ·· 4

农业 ··· 5

其他行业 ·· 6

B13. 请问在您最近一次外出务工时，土地是如何处置的？

部分耕种，部分闲置 ························· 1

部分耕种，部分给别人种 ·················· 2

自家全种 ·· 3

全部闲置 ·· 4

全部给他人种 ·································· 5

没有承包的土地 ······························ 6

其他（请注明） ······························ 7

B14. 您未来回乡/留在家乡的可能性有多大？

很大 ··· 1

不大 ··· 2

看形势而定 ····································· 3

B15. 您每年从事农业生产的时间大约为多少天？

记录：| ___ | ___ | ___ | 天

如果 B15 填答的数字小于 90 天，请跳问 B20

B16. 您务农的最重要的原因是什么？

目前务农收入还比较理想 …………………… 1

务工收入和务农收入差不多 …………………… 2

没有其他收入渠道，只能务农 …………………… 3

有其他收入，务农不是主要收入 …………………… 4

其他（请注明：） …………………… 5

B17. 您在农业生产中，运用现代农业科技的情况如何？

从来不用 …………………… 1

偶尔用 …………………… 2

经常用 …………………… 3

B18. 请问您在农业生产中是否根据市场行情来调整种植或养殖结构？

从来不会调整 …………………… 1

偶尔会调整 …………………… 2

经常会调整 …………………… 3

B19. 请问除了自己享用外，您处理农产品的首选方式是

到市场上出售 …………………… 1

到国家机构出售 …………………… 2

赠予他人 …………………… 3

没有多余的农产品 …………………… 4

其他（请注明：） …………………… 5

B20. 您打算将来外出务工吗？

年内准备出去 …………………… 1

打算 1~2 年内出去 …………………… 2

打算 3~5 年内出去 …………………… 3

5 年以后再打算 …………………… 4

不打算出去 …………………… 5

不适用（目前在外务工） …………………… 6

附录 2　诸城市农民城镇化意愿调查问卷

尊敬的村民：

　　您好，我们来自华东师范大学，现需对您的家庭基本情况进行一些了解，望您能秉着客观的态度，如实填写。该问卷采取无记名的方式，您所提供的答案和信息我们都会严格保密并且仅用于本项研究。您的热心回答对于我们的研究以及诸城市城镇化的发展都具有重要意义，请多加支持，万分感谢！

调查地点：＿＿＿＿＿镇（街道）＿＿＿＿＿社区＿＿＿＿＿村；问卷编号：＿＿＿＿＿＿＿＿

调查时间：＿＿＿＿＿年＿＿＿月＿＿＿日；调查人员：＿＿＿＿＿＿＿＿＿＿＿＿＿＿＿＿＿

一、填表人信息

1. 性别：A. 男；B. 女

2. 年龄：A. 14 岁及以下；B. 15～29 岁；C. 30～39 岁；D. 40～49 岁；
　　　　E. 50～59 岁；F. 60～64 岁；G. ≥65 岁

3. 文化程度：A. 未受过教育；B. 小学；C. 初中；D. 高中；E 大专；
　　　　　　F. 本科；G. 研究生及以上

4. 就业状况：A. 务农；B. 基本不务农，在市内工作或经商；C. 农闲时，在市内打零工；D. 农闲时，到诸城市以外的地区打工；E. 其他＿＿＿＿

如果到诸城市以外的地区打工或经商，目的地是：

A. 潍坊其他县市区；B. 青岛市；C. 除青岛、潍坊之外的山东省其他地区；D. 省外＿＿＿＿

二、家庭住房及集中居住意愿

5. 您家的宅基地面积是＿＿＿＿平方米，住房面积是＿＿＿＿平方米

6. 您更愿意住在：A. 农村；B. 农村社区；C. 镇上的社区；D. 市区；
　　 E. 其他＿＿＿

7. 您家目前在市区是否购买了商品房：A. 有；B. 无

　　如果没有购买，将来是否有意愿到市区购房定居：A. 有；B. 无

　　没有意愿购房的原因是：A. 房价过高，不能够承受；B. 不想住在城市，
　　　　　　习惯住在农村；C. 打算到社区、镇上购房定
　　　　　　居；D. 可能到外地购房定居；E. 其他＿＿＿

8. 作为父母，是否有意愿让子女到城区购房定居（仅限父母回答）：
A. 有；B. 无

9. 目前您家是否有能力到市区购房定居：A. 有能力；B. 完全没有能力；
　　　　　　　　　　　　C. 目前有些困难，将来可能

10. 您是否了解诸城的农村社区集中居住政策：A. 完全不了解；B. 知道
　　　　　　　　　　　　一些；C. 十分熟悉

11. 您家是否有意愿入驻农村社区：A. 有意愿；B. 完全没有意愿；

　　愿意入驻农村社区的原因是（可多选）：

　　A. 楼房价格、补偿合理，能够承受；B. 便于小孩上学；C. 便于工
作；D. 交通便利，基础设施完善（空调、卫生间等），生活环境较好；
E. 其他＿＿＿

　　不愿意入驻农村社区的原因是（可多选）：

　　A. 价格补偿不合理，买不起住房；B. 楼房面积较小；C. 生活不方便；
D. 更愿意到市区买房；E. 不习惯住楼房；F. 其他＿＿＿

12. 如果让您入驻农村社区，是否愿意通过宅基地换取社区的住房：

　　A. 如果补偿、购房价格等条件合理，愿意；B. 完全不愿意

　　不愿意放弃宅基地的原因是（可多选）：

　　A. 留给老人居住；B. 留着换取更高的土地置换金；C. 补偿不够合理；
D. 更习惯住在农村；E. 其他＿＿＿

13. 您对入驻农村社区有何要求＿＿＿＿＿＿＿＿＿＿＿＿＿＿

三、家庭土地与流转意愿

14. 您家目前拥有____亩耕地，主要种植_____；

15. 您是否了解诸城市的土地流转制度：A. 完全不了解；B. 知道一些；

C. 十分熟悉

16. 您家的土地是否参与了土地流转：A. 是；B. 否；

参与土地流转的面积是：A. 全部；B. 完全没有；C. 一部分，____亩；

如果参与了土地流转，参与的方式是：

A. 承包经营权转包；B. 承包经营权转让；C. 承包经营权互换；

D. 承包经营权出租（出租给公司或种植大户）；E. 土地入股；F. 其他____

17. 您是否知道社区服务中心的土地流转服务中心：A. 知道；B. 不知道

在土地流转过程中，您是否接受过土地流转服务中心的帮助：A. 有；

B. 没有

如果接受过，您认为对您家土地流转的运作是否有意义：

A. 十分有意义；B. 有意义，但不大；C. 完全没意义

您对土地流转服务中心的服务是否满意（没接受过，可不填）：

A. 非常不满意；B. 不满意；C. 一般；D. 满意；E. 十分满意

18. 您家的土地是否愿意出租或转让给种植大户或公司：A. 愿意；B. 不愿意

愿意的原因是（可多选）：

A. 务农收入较低，没有打工工资高；

B. 租给公司既可以种地，同时也可以做其他工作

C. 家里的年轻人主要到外地打工或在市区上班，基本不在种地；

D. 出租或转让给别人，可以从事其他工作，收入比流转前高；

E. 其他____

不愿意的原因是（多选）：

A. 土地出租或转让金较低；

B. 感觉自己经营收入会更高一些；

C. 目前还不能仅靠工资来维持生活，种地可以自给自足一部分粮食、蔬

菜等；

    D. 流转手续比较烦琐，不了解具体的操作步骤；

    E. 其他＿＿＿

    19. 您对土地流转有何要求和想法：＿＿＿＿＿＿＿＿＿＿＿

四、家庭经济状况

    20. 您家每年纯收入＿＿＿＿＿＿元；

    21. 收入的主要来源是：A. 务农；B. 在市区或镇上的公司上班；C. 在本地做生意、打零工；D. 到外地（诸城以外）打工；E. 其他＿＿＿

    如果是务农，主要是指：

    A. 种地；B. 特种养殖（狐狸、水貂等）；C. 一般养殖（猪、鸡、鸭等）；D. 设施蔬菜（农业大棚）；E. 其他

    22. 每年去外地打工收入＿＿＿＿＿＿＿元，是否比在家务农收入高：A. 是；B. 否

五、家庭社会保障情况

    23. 家庭成员是否参加了新农合：A. 是；B. 否

    新农合对您和家人是否有帮助：A. 完全没有；B. 有帮助，但是不大；C. 帮助很大

    24. 您对农村养老保险是否了解：A. 完全不了解；B. 了解一点；C. 十分了解

    25. 家庭成员是否有人参加养老保险：A. 是；B. 否

    如果有人参加，您对养老保险是否满意：A. 非常不满意；B. 不满意；C. 一般；D. 满意；E. 十分满意

    没有参加养老保险的原因是（多选）：

    A. 不了解养老保险及其办理手续；B. 补助太低；C. 有子女养老，不需要参加；D. 缴纳的费用较高；E. 其他

    26. 您对农村老人的社会保障（例如养老）有何看法：＿＿＿＿＿＿＿

六、家庭成员基本信息

a 编号	b 性别	c 与户主关系	d 年龄	e 文化程度	f 就业	g 是否外出	h 外出地点	i 外出时间
家庭成员	A. 男 B. 女	A. 户主; B. 配偶 C. 子女; D. 父母 E. 岳父母; F. 祖父母 G. 媳婿; H. 孙子女 I. 兄弟姐妹; J. 其他 (请备注)	A. 14 岁及以下; B. 15~29 岁; C. 30~39 岁; D. 40~49 岁; E. 50~59 岁; F. 60~64 岁; G. ≥65 岁	A. 未受过教育; B. 小学; C. 初中; D. 高中; E. 大专; F. 本科; G. 研究生及以上	A. 在家务农: ①一般的耕种②大棚、设施蔬菜③特种养殖④一般养殖(猪、鸡等)⑤其他 (请备注) B. 基本不务农, 在市内工作或经商; C. 农闲时, 在市内打零工(边打工、边务农); D. 到诸城市以外的地区打工(g 和 h 必选); E. 学生; F. 其他(请详细备注)	A. 是 B. 否	A. 潍坊其他县市区; B. 青岛市; C. 青岛、潍坊之外的山东省其他地区; D. 省外	A. 半年以内 B. 半年以上
1								
2								
3								
4								
5								
6								
7								

参 考 文 献

[1] [法] 保罗·克罗瓦尔. 郑胜华，刘德美，译地理学思想史 [M]. 北京：北京大学出版社，2007.

[2] [美] 奥尔多·舒尔茨. 郭熙保，译. 经济增长与农业 [M]. 北京：中国人民大学出版社，2014.

[3] [美] 赫茨勒. 何新，译. 世界人口危机 [M]. 北京：商务印书馆，1963.

[4] [美] 西蒙·库兹涅茨. 常勋等，译. 各国的经济增长 [M]. 北京：商务印书馆，1995.

[5] [英] 埃比尼泽·霍华德. 金经元，译. 明日的田园城市 [M]. 北京：商务印书馆，2010.

[6] [英] 戴维·哈维. 初立忠，沈晓雷，译. 新帝国主义 [M]. 北京：社会科学文献出版社，2009.

[7] 白南生，李靖. 城市化与中国农村劳动力流动问题研究 [J]. 中国人口科学，2008 (4)：70 - 76.

[8] 保继刚，楚义芳. 旅游地理学 [M]. 北京：高等教育出版社，1999：54.

[9] 卞文超，齐淮东，杨国胜. 新型城镇化走出"诸城路径" [N]. 大众日报，2013 - 05 - 26.

[10] 蔡昉，王美艳，曲玥. 中国工业重新配置与劳动力流动趋势 [J]. 中国工业经济，2009 (8)：5 - 16.

[11] 蔡禾，王进. "农民工"永久迁移意愿研究 [J]. 社会学研究，2007 (6)：86 - 94.

[12] 蔡建明. 中国省级人口迁移及其对城市化的影响 [J]. 地理研究，

1990，9（2）：122－129.

［13］曹向昀．西方人口迁移研究的主要流派及观点综述［J］．中国人口科学，1995（1）：45－53.

［14］曾向荣．山东诸城撤并行政村背后："农民被城市化"［J］．农村·农业·农民，2010（9）：32－34.

［15］查瑞传，曾毅，郭志刚．中国第四次全国人口普查资料分析［M］．北京：高等教育出版社，1996.

［16］陈明星．城市化领域的研究进展和科学问题［J］．地理研究，2015，34（4）：614－630.

［17］陈培阳，朱喜钢．基于不同尺度的中国区域经济差异［J］．地理学报，2012，67（8）：1085－1097.

［18］陈锐，王宁宁，赵宇，等．基于改进重力模型的省际流动人口的复杂网络分析［J］．中国人口·资源与环境，2014，24（10）：104－113.

［19］陈欣欣．农村劳动力的就地转移与迁移——理论、实证与政策分析［D］．杭州：浙江大学，2001.

［20］陈彦斌，姚一旻．中国经济增速放缓的原因、挑战与对策［J］．中国人民大学学报，2012（5）：76－87.

［21］程必定．从区域视角重思城市化［M］．北京：经济科学出版社，2011：91－99.

［22］程开明，段存章．FDI与中国城市化关联机理及其动态分析［J］．经济地理，2010，30（1）：99－104.

［23］程开明．城市化与经济增长的互动机制及理论模型述评［J］．经济评论，2007（4）：143－150.

［24］程名望，史清华，徐剑侠．中国农村劳动力转移动因与障碍的一种解释［J］．经济研究，2006（4）：68－78.

［25］仇为之．对建国以来人口迁移的初步研究［J］．人口与经济，1981（4）：8－13.

［26］崔功豪，马润潮．中国自下而上城市化的发展及其机制［J］．地理学报，1999，54（2）：106－115.

［27］崔曙平，赵青宇．苏南就地城镇化模式的启示与思考［J］．城市

发展研究, 2013, 20 (10): 47 - 51.

[28] 党云晓, 董冠鹏, 余建辉, 等. 北京土地利用混合度对居民职住分离的影响 [J]. 地理学报, 2015, 70 (6): 919 - 930.

[29] 邓保国, 傅晓. 农民工的法律界定 [J]. 中国农村经济, 2006 (3): 70 - 73.

[30] 丁金宏, 刘振宇, 程丹明, 等. 中国人口迁移的区域差异与流场特征 [J]. 地理学报, 2005, 60 (1): 106 - 114.

[31] 丁金宏. 中国省际人口迁移的原因和流场特征分析 [J]. 人口研究, 1994 (1): 14 - 21.

[32] 董上, 蒲英霞, 马劲松, 等. 中国省际人口迁移的复杂网络研究 [J]. 南方人口, 2014, 29 (2): 54 - 61.

[33] 杜国明, 张树文, 张有全. 城市人口密度的尺度效应分析——以沈阳市为例 [J]. 中国科学院研究生院学报, 2007, 24 (2): 186 - 192.

[34] 段成荣, 孙玉晶. 我国流动人口统计口径的历史变动 [J]. 人口研究, 2006, 30 (4): 70 - 76.

[35] 段成荣, 杨舸, 马学阳. 中国流动人口研究 2011 [M]. 北京: 中国人口科学出版社, 2012.

[36] 段成荣. 省际人口迁移迁入地选择的影响因素分析 [J]. 人口研究, 2001, 25 (1): 56 - 61.

[37] 段成荣. 我国的 "人口流动" [J]. 南方人口, 1999 (1): 2 - 6.

[38] 段平忠. 中国省际间人口迁移对经济增长动态收敛的影响 [J]. 中国人口·资源与环境, 2011, 21 (12): 146 - 152.

[39] 段学军, 王书国, 陈雯. 长江三角洲地区人口分布演化与偏移增长 [J]. 地理科学, 2008, 28 (2): 139 - 144.

[40] 方创琳. 中国城市发展方针的演变调整与城市规模新格局 [J]. 地理研究, 2014, 33 (4): 674 - 686.

[41] 费孝通. 论小城镇及其他 [M]. 天津: 天津人民出版社, 1986.

[42] 冯健, 刘玉, 王永海. 多层次城镇化: 城乡发展的综合视角及实证分析 [J]. 地理研究, 2007, 26 (6): 1197 - 1208.

[43] 冯蕾. 户籍改革: 京沪如何啃 "硬骨头" [N]. 光明日报, 2014 -

08 - 01 (4).

[44] 弗农·亨德森.中国的城市化：面临的政策问题和选择 [A].唐磊，鲁哲.海外学者视野中的中国城市化问题 [C].北京：中国社会科学出版社，2013.

[45] 付晓东.中国流动人口对城市化进程的影响 [J].中州学刊，2007 (6)：89 - 94.

[46] 傅勇，张晏.中国式分权与财政支出结构偏向：为增长而竞争的代价 [J].管理世界，2007 (3)：4 - 12 + 22.

[47] 高建忠.诸城农村集中居住研究 [D].济南：山东大学，2013.

[48] 高灵芝.村庄变迁与农村新型社区公共服务供给——"多村一社区"案例的实证分析 [J].东岳论丛，2014，35 (11)：109 - 115.

[49] 高佩义.中外城市化比较研究 [M].天津：南开大学出版社，1991.

[50] 高岩辉，刘科伟，张晓露.劳动力转移的理论流派与地理学的视角 [J].人文地理，2008 (5)：112 - 118.

[51] 辜胜阻，李华，易善策.依托县城发展农村城镇化与县域经济 [J].人口研究，2008，32 (3)：26 - 30.

[52] 辜胜阻，李正友.中国自下而上城镇化的制度分析 [J].中国社会科学，1998 (2)：60 - 70.

[53] 辜胜阻，刘传江，钟水映.中国自下而上的城镇化发展研究 [J].中国人口科学，1998 (3)：1 - 10.

[54] 辜胜阻.解决我国农村剩余劳动力问题的思路与对策 [J].中国社会科学，1994 (5)：59 - 66.

[55] 顾朝林，吴莉娅.中国城市化研究主要成果综述 [J].城市问题，2008 (12)：2 - 12.

[56] 官永彬.财政分权、地方政府竞争与区域基本公共服务差距 [J].重庆师范大学学报（哲学社会科学版），2014 (2)：73 - 84.

[57] 管卫华，林振山，顾朝林.中国区域经济发展差异及其原因的多尺度分析 [J].经济研究，2006 (7)：117 - 125.桂世勋（1992）

[58] 郭永昌.安徽省省内人口流动空间选择研究 [J].资源开发与市

场，2012（2）：118-121.

［59］国家人口和计划生育委员会流动人口司.中国流动人口发展报告2010［M］.北京：中国人口出版社，2010.

［60］国家统计局.2011中国发展报告［M］.北京：中国统计出版社，2011：99-105.

［61］国家卫生和计划生育委员会流动人口司.中国流动人口发展报告［M］.北京：中国人口出版社，2014.

［62］国务院发展研究中心课题组.农民工市民化进程的总体态势与战略取向［J］.改革，2011（5）：5-29.

［63］韩俊.县域城乡一体化发展的诸城实践［M］.北京：人民出版社，2009.

［64］何念如，吴煜.中国当代城市化理论研究［M］.上海：上海人民出版社，2007.

［65］胡德，刘君德.政区等级、权力与区域经济关系——中国政府权力的空间过程及其影响［J］.中国行政管理，2007（6）：11-13.

［66］胡小武.人口"就近城镇化"：人口迁移新方向［J］.西北人口，2011，32（1）：1-5.

［67］华生.新型城镇化探寻［N］.中国青年报，2013-05-22（12）.

［68］黄向球，苗长虹，麻永建，等.河南省流动人口的空间格局及其对人口分布的影响［J］.地域研究与开发，2014，33（4）：142-147.

［69］黄亚平，陈瞻，谢来荣.新型城镇化背景下异地城镇化的特征及趋势［J］.城市发展研究，2011，18（8）：11-16.

［70］黄振华，万丹.农民的城镇定居意愿及其特征分析——基于全国30个省267个村4980位农民的调查［J］.经济学家，2013（11）：86-93.

［71］黄忠怀，邓永平.大镇设市与基层政区设置的改革创新——基于促进超级大镇进一步发展的视角［J］.城市问题，2011（12）：75-78.

［72］简博秀.Desakota与中国新的都市区域的发展［J］.台湾大学城乡学报，2004（12）：45-68.

［73］蒋乃华，封进.农村城市化进程中的农民意愿考察—对江苏的实

证分析 [J]. 管理世界, 2002 (2): 24 - 29.

[74] 蒋伟. 中国省域城市化水平影响因素的空间计量分析 [J]. 经济地理, 2009, 29 (4): 613 - 617.

[75] 焦晓云. 新型城镇化进程中农村就地城镇化的困境、重点与对策分析——"城市病"治理的另一种思路 [J]. 城市发展研究, 2015, 22 (1): 108 - 115.

[76] 金三林. 扎根城市之路: 农业转移人口就近市民化的路径与对策研究 [M]. 北京: 中国发展出版社, 2015.

[77] 雷光和, 傅崇辉, 张玲华, 等. 中国人口迁移流动的变化特点和影响因素 [J]. 西北人口, 2013, 34 (5): 1 - 8.

[78] 冷向明, 赵德兴. 中国农民工市民化的阶段特性与政策转型研究 [J]. 政治学研究, 2013 (1): 17 - 25.

[79] 李华燊, 付强. 新型农村社区: 城镇化道路的新探索 [J]. 中国行政管理, 2013 (7): 120 - 122.

[80] 李竞能. 当代西方人口学说 [M]. 太原: 山西人民出版社, 1992.

[81] 李君, 李小建. 农村居民迁居意愿影响因素分析 [J]. 经济地理, 2008, 28 (3): 454 - 459.

[82] 李克强. 在改革开放进程中深入实施扩大内需战略 [J]. 求是, 2012 (4): 3 - 10.

[83] 李莉, 刘慧, 刘卫东, 等. 基于城市尺度的中国区域经济增长差异及其因素分解 [J]. 地理研究, 2008, 27 (5): 1048 - 1058.

[84] 李玲. 改革开放以来中国国内人口迁移及其研究 [J]. 地理研究, 2001, 20 (4): 453 - 462.

[85] 李玲. 人口迁移对 90 年代珠江三角洲人口发展的影响 [J]. 经济地理, 2002, 22 (5): 544 - 549.

[86] 李强, 龙文进. 农民工留城与返乡意愿的影响因素分析 [J]. 中国农村经济, 2009 (2): 46 - 55.

[87] 李强. 就近城镇化与就地城镇化 [J]. 广东社会科学, 2015 (1): 186 - 199.

[88] 李强. 影响中国城乡流动人口的推力与拉力因素分析 [J]. 中国

社会科学，2003（1）：125－137.

[89] 李强等. 多元城镇化与中国发展 [M]. 北京：社会科学文献出版社，2013.

[90] 李双成，蔡运龙. 地理尺度转换若干问题的初步探讨 [J]. 地理研究，2005（1）：11－18.

[91] 李铁. 城镇化的关键在于城市发展权的平等 [J]. 西部大开发，2013（6）：44－45.

[92] 李通屏. 人口经济学 [M]. 北京：清华大学出版社，2014.

[93] 李拓，李斌. 中国跨地区人口流动的影响因素——基于286个城市面板数据的空间计量检验 [J]. 中国人口科学，2015（2）：73－84.

[94] 李琬，孙斌栋. "十三五"期间中国新型城镇化道路的战略重点——基于农村居民城镇化意愿的实证分析与政策建议 [J]. 城市规划，2015，39（2）：23－30.

[95] 李小建，乔家君. 20世纪90年代中国县际经济差异的空间分析 [J]. 地理学报，2001，56（2）：136－145.

[96] 李小建. 经济地理学研究中的尺度问题 [J]. 经济地理，2005，25（4）：433－436.

[97] 李晓江，尹强，张娟，等.《中国城镇化道路、模式与政策》研究报告综述 [J]. 城市规划学刊，2014（2）：1－14.

[98] 李占才，运迪. 改革以来我国农村劳动力转移政策的演化及其经验 [J]. 当代中国史研究，2009，16（6）：51－59.

[99] 李志刚，刘晔. 中国城市"新移民"社会网络与空间分异 [J]. 地理学报，2011，66（6）：785－795.

[100] 联合国国际人口学会. 杨魁信，邵宁，译. 多种语言人口学词典 [M]. 北京：商务印书馆，1992.

[101] 梁昊. 建设新型农村社区是推进就地城镇化的有效切入点——对河南、山东、湖北等地新型农村社区改革试点的调研 [J]. 农村财政与财务，2013（5）：16－17.

[102] 林耿，柯亚文. 基于行政区划调整的广东省城镇化新机制 [J]. 规划师，2008，24（9）：65－71.

[103] 刘传江. 论城市化的生成机制 [J]. 经济评论, 1998 (5): 56 - 61.

[104] 刘法建, 张捷, 陈冬冬. 中国入境旅游网络结构特征及动因研究 [J]. 地理学报, 2010, 65 (8): 1013 - 1024.

[105] 刘军. 社会网络分析导论 [M]. 北京: 社会科学文献出版社, 2004.

[106] 刘军. 整体网分析讲义: UCINET 软件实用指南 [M]. 上海: 格致出版社, 2009.

[107] 刘生龙. 中国跨省人口迁移的影响因素分析 [J]. 数量经济技术经济研究, 2014 (4): 83 - 98.

[108] 刘盛和, 邓羽, 胡章. 中国流动人口地域类型的划分方法及空间分布特 [J]. 地理学报, 2010, 65 (10): 1187 - 1197.

[109] 刘涛, 齐元静, 曹广忠. 中国流动人口空间格局演变机制及城镇化效应 [J]. 地理学报, 2015, 70 (4): 567 - 581.

[110] 刘同山, 孔祥智. 家庭资源、个人禀赋与农民的城镇迁移偏好 [J]. 中国人口·资源与环境, 2014, 24 (8): 73 - 80.

[111] 刘望保, 陈再齐. 1982 - 2010 年广州市人口空间分布演化研究 [J]. 经济地理, 2014, 34 (11): 10 - 17.

[112] 刘望保, 汪丽娜, 陈忠暖. 中国省际人口迁移流场及其空间差异 [J]. 经济地理, 2012, 32 (2): 8 - 13.

[113] 刘彦随, 刘玉, 翟荣新. 中国农村空心化的地理学研究与整治实践 [J]. 地理学报, 2009, 64 (10): 1193 - 1202.

[114] 刘晏伶, 冯健. 中国人口迁移特征及其影响因素——基于第六次人口普查数据的分析 [J]. 人文地理, 2014, 29 (2): 129 - 137.

[115] 刘玉. 中国流动人口的时空特征及其发展态势 [J]. 中国人口·资源与环境, 2008, 18 (1): 139 - 144.

[116] 刘云刚, 王丰龙. 尺度的人文地理内涵与尺度政治——基于1980 年代以来英语圈人文地理学的尺度研究 [J]. 人文地理, 2011, 26 (3): 1 - 6.

[117] 陆大道. 地理学关于城镇化领域的研究内容框架 [J]. 地理科

学，2013，33（8）：897 - 901.

[118] 罗震东，胡舒扬. 从分权化、市场化到全球化——改革开放以来江苏省城镇化的历程与特征 [J]. 上海城市规划，2014（1）：31 - 36.

[119] 罗震东. 中国当前的行政区划改革及其机制 [J]. 城市规划，2005（8）：29 - 35.

[120] 马仁锋，沈玉芳，刘曙华. 1949 年以来工业化与城市化动力机制研究进展 [J]. 中国人口·资源与环境，2010，20（5）：110 - 117.

[121] 马小红，段成荣，郭静. 四类流动人口的比较研究 [J]. 中国人口科学，2014（5）：36 - 46.

[122] 马晓河. 城镇化是新时期中国经济增长的发动机 [J]. 国家行政学院学报，2012（4）：63 - 68.

[123] 毛新雅. 人口迁移与中国城市化区域格局——基于长三角、珠三角和京津冀三大城市群的实证分析 [J]. 经济研究参考，2014（57）：45 - 54.

[124] 美国人口咨询局. 人口手册 [M]. 北京：中国人口出版社，2001.

[125] 苗长虹，魏也华，吕拉昌. 新经济地理学 [M]. 北京：科学出版社，2011.

[126] 苗长虹. 变革中的西方经济地理学：制度、文化、关系与尺度转向 [J]. 人文地理，2004，19（4）：68 - 76.

[127]《南方都市报》特别报道组. 洪流：中国农民工 30 年迁徙史 [M]. 广州：花城出版社，2012.

[128] 宁越敏，李健. 泛长三角地区城镇化的机制、模式与战略 [J]. 南京社会科学，2009（2）：8 - 14.

[129] 宁越敏，杨传开. 中国推进新型城镇化的背景与发展战略思考 [A]. 宁越敏. 中国城市研究（第六辑），北京：商务印书馆，2013：14 - 26.

[130] 宁越敏. 90 年代上海流动人口分析 [J]. 人口与经济，1997（2）：9 - 16.

[131] 宁越敏. 城市化研究的社会理论基础述评 [J]. 城市问题，1990（1）：18 - 22.

[132] 宁越敏. 市场经济条件下城镇网络优化的若干问题 [J]. 城市问题, 1993 (4): 2-6.

[133] 宁越敏. 新城市化进程—90年代中国城市化动力机制和特征探讨 [J]. 地理学报, 1998, 53 (5): 476-484.

[134] 宁越敏. 中国城市化特点、问题及治理 [J]. 南京社会科学, 2012 (10): 19-27.

[135] 宁越敏. 中国都市区和大城市群的界定——兼论大城市群在区域经济发展中的作用 [J]. 地理科学, 2011, 31 (3): 257-263.

[136] 潘登, 梁勤欧. 复杂网络在地理科学中的应用研究进展 [J]. 国土与自然资源研究, 2013, (6): 82-86.

[137] 潘海生, 曹小锋. 就地城镇化: 一条新型城镇化道路——浙江小城镇建设的调查 [J]. 政策瞭望, 2010 (9): 29-32.

[138] 潘琼, 张勇, 王福定. 异地城镇化: 经济欠发达地区城镇化的重要选择——以浙江省文成县为例 [J]. 规划师, 2002, 18 (10): 81-83.

[139] 庞明礼. 省管县: 我国地方行政体制改革的趋势 [J]. 中国行政管理, 2007 (6): 21-25.

[140] 彭长生. 城市化进程中农民迁居选择行为研究——基于多元Logistic模型的实证研究 [J]. 农业技术经济, 2013 (3): 15-25.

[141] 戚伟, 刘盛和. 中国城市流动人口位序规模分布研究 [J]. 地理研究, 2015, 34 (10): 1981-1993.

[142] 祁新华, 朱宇, 周燕萍. 乡村劳动力迁移的"双拉力"模型及其就地城镇化效应——基于中国东南沿海三个地区的实证研究 [J]. 地理科学, 2012, 32 (1): 25-30.

[143] 乔晓春, 黄衍华. 中国跨省流动人口状况——基于"六普"数据的分析 [J]. 人口与发展, 2013, 19 (1): 13-28.

[144] 秦志琴. 山西省迁移人口空间格局变化及其经济因素分析 [J]. 地域研究与开发, 2015, 34 (1): 166-171.

[145] 曲玥, 蔡昉, 张晓波. "飞雁模式"发生了吗?——对1998-2008年中国制造业的分析 [J]. 经济学季刊, 2013, 12 (3): 757-776.

[146] 饶会林. 试论城市规模效益 [J]. 中国社会科学, 1989 (4):

3 - 18.

[147] 人口研究编辑部. 聚焦"386199"现象，关注农村留守家庭 [J]. 人口研究，2004，28 (4)：25 - 36.

[148] 任远. 当前中国户籍制度改革的目标、原则与路径 [J]. 南京社会科学，2016 (2)：63 - 70.

[149] 任远. 由"进城"和"返乡"共同构成的城市化 [J]. 江苏社会科学，2010 (3)：108 - 112.

[150] 上海城市管理编辑部. 镇级市：一种跨越城乡管理机制的城市化模式——我国'经济强镇'运行管理改革综述 [J]. 上海城市管理，2010 (5)：4 - 9.

[151] 邵大伟，吴殿鸣. 山东省人口城镇化动态特征及其影响因素 [J]. 经济地理，2013，33 (9)：51 - 57.

[152] 沈建法. 空间、尺度与政府——重构中国城市体系 [A]. 吴缚龙，马润潮，张京祥. 转型与重构：中国城市发展多维透视 [M]. 南京：东南大学出版社，2007：22 - 38.

[153] 盛来运，王冉，阎芳. 国际金融危机对农民工流动就业的影响 [N]. 中国信息报，2007 - 07 - 08 (001).

[154] 盛来运. 中国农村劳动力外出的影响因素分析 [J]. 中国农村观察，2007 (3)：2 - 16. 盛朗 (1992)

[155] 石敏俊，杨晶，龙文，等. 中国制造业分布的地理变迁与驱动因素 [J]. 地理研究，2013，32 (9)：1708 - 1720.

[156] 石忆邵，王云才. 异地城镇化：新时期中国城镇化的主旋律 [J]. 同济大学学报 (社会科学版)，2006，17 (4)：29 - 35.

[157] 石忆邵. 沪苏浙经济发展的趋异性特征及区域经济一体化 [J]. 中国工业经济，2002 (9)：23 - 31.

[158] 史育龙. Desakota 模式及其对我国城乡经济组织方式的启示 [J]. 城市发展研究，1998 (5)：8 - 13.

[159] 司林波，孟卫东. 农村社区化进程中的"被城市化"现象及对策分析 [J]. 城市发展研究，2011，18 (4)：35 - 39.

[160] 孙虎，刘彦随. 山东乡村居民收入地域差异及其形成机制研究

［J］．地域研究与开发，2011，30（2）：70－72＋77．

［161］孙靖，张强．山东省城镇化发展最佳目标探析［J］．人口与发展，2008，14（3）：71－77．

［162］孙中伟．农民工大城市定居偏好与新型城镇化的推进路径研究［J］．人口研究，2015，39（5）：72－86．

［163］谭深．中国农村留守儿童研究述评［J］．中国社会科学，2011（1）：138－150．

［164］唐丽萍，梁丽．适用与限度：我国就地城镇化研究［J］．求实，2015（7）：63－69．

［165］唐宗力．农民进城务工的新趋势与落户意愿的新变化——来自安徽农村地区的调查［J］．中国人口科学，2015（5）：113－126．

［166］田盼盼．省际与省内流动人口空间分布及其影响因素的差异——以福建省为例［D］．福州：福建师范大学，2014．

［167］汪冬梅．中国城市化问题研究［D］．泰安：山东农业大学，2003．

［168］汪明峰，程红，宁越敏．上海城中村外来人口的社会融合及其影响因素［J］．地理学报，2015，70（8）：1243－1255．

［169］汪学华，刘月兰，唐湘玲．建国以来新疆人口的省际迁移状况分析［J］．西北人口，2010，31（4）：63－66．

［170］汪宇明，花露，张洁玉．中国城乡政区的转型与变化——以人口大省为例［J］．城市问题，2010（12）：9－17．

［171］汪宇明，王玉芹，张凯．近十年来中国城市行政区划格局的变动与影响［J］．经济地理，2008，28（2）：196－200．

［172］汪宇明．中国省直管县市与地方行政区划层级体制的改革研究［J］．人文地理，2004，19（6）：71－74．

［173］汪增洋，费金金．人口迁移的空间抉择：本地城镇化抑或异地城镇化［J］．财贸研究，2014（6）：61－67．

［174］王春光．农村流动人口的半城市化问题研究［J］．社会学研究，2006（5）：107－123．

［175］王放．“四普”至“五普”间中国城镇人口增长构成分析［J］．

人口研究，2004，28（3）：60-67.

［176］王放."五普"至"六普"期间中国城镇人口的增长过程［J］.人口与发展，2014，20（5）：16-27.

［177］王放.我国"三普"至"四普"间市镇人口增长构成分析［J］.人口研究，1993（4）：11-18.

［178］王桂新，董春.中国长三角地区人口迁移空间模式研究［J］.人口与经济，2006（3）：55-60.

［179］王桂新，高慧，徐伟，等.发达地区农村人口城市化个人影响因素之分析——以浙江省柯桥、柳市两镇为例［J］.人口研究，2002（1）：52-58.

［180］王桂新，黄祖宇.中国城市人口增长的来源构成及其对城市化的贡献：1991~2010［J］.中国人口科学，2014（2）：2-16.

［181］王桂新，刘建波.长三角与珠三角地区省际人口迁移比较研究［J］.中国人口科学，2007（2）：87-95.

［182］王桂新，潘泽瀚，陆燕秋.中国省际人口迁移区域模式变化及其影响因素［J］.中国人口科学，2012（5）：2-14.

［183］王桂新，沈建法，刘建波.中国城市农民工市民化研究——以上海为例［J］.人口与发展，2008，14（1）：3-23.

［184］王桂新，徐丽.中国改革开放以来省际人口迁移重心演化考探［J］.中国人口科学，2010（3）：23-34.

［185］王桂新.中国省际人口迁移地域结构探析［J］.中国人口科学，1996（1）：22-29.

［186］王国霞，秦志琴，程丽琳.20世纪末中国迁移人口空间分布格局——基于城市的视角［J］.地理科学，2012，32（3）：273-281.

［187］王国霞.中国农村人口省际省内迁移机制研究［J］.经济管理，2008（8）：85-90.

［188］王华，彭华.城市化进程中郊区农民迁移意愿模型——对广州的实证研究.地理科学，2009，29（1）：50-55.

［189］王化波，Fan C C.省际间人口迁移流动及原因探析［J］.人口学刊，2009（5）：50-53.

［190］王济川，谢海义，姜宝法．多层统计分析模型：方法与应用［M］．北京：高等教育出版社，2008．

［191］王劲峰，廖一兰，刘鑫．空间数据分析教程［M］．北京：科学出版社，2010：101－107．

［192］王景全．中西部欠发达地区就近城镇化研究——以河南省民权县为例［J］．中州学刊，2014（11）：63－66．

［193］王静，杨小唤，石瑞香．山东省人口空间分布格局的多尺度分析［J］．地理科学进展，2012，31（2）：176－182．

［194］王珏，陈雯，袁丰．基于社会网络分析的长三角地区人口迁移及演化［J］．地理研究，2014，33（2）：385－400．

［195］王利伟，冯长春，许顺才．城镇化进程中传统农区村民城镇迁居意愿分析——基于河南周口问卷调查数据［J］．地理科学，2014，34（12）：1445－1452．

［196］王美艳．劳动力迁移对中国农村经济影响的研究综述［J］．中国农村观察，2006（3）：70－73．

［197］王冉，张婷．行政区划调整的城市化响应研究——以江苏为例［J］．城市发展研究，2008，15（6）：97－101．

［198］王新峰．关于异地城市化的思考［J］．城市发展研究，2004，11（6）：21－27．

［199］王秀芝．省际人口迁移的内在动因及其影响波及［J］．改革，2014（3）：142－148．

［200］王永钦，张晏，章元，等．中国的大国发展道路——论分权式改革的得失［J］．经济研究，2007（1）：4－16．

［201］王友华，吴玉锋，郑美雁．城镇化背景下的农村居民城镇定居意愿研究［J］．经济体制改革，2013（3）：81－85．

［202］卫龙宝，储德平，伍骏骞．农村城镇化进程中经济较发达地区农民迁移意愿分析——基于浙江省的实证研究［J］．农业技术经济，2014（1）：91－98．

［203］卫龙宝，胡慧洪，钱文荣，等．城镇化过程中相关行为主体迁移意愿的分析：对浙江省海宁市农村居民的调查［J］．中国社会科学，2003

(5)：39－48.

[204] 魏成，沈静，范建红.尺度重组：全球化时代的国家角色转化与区域空间生产策略 [J].城市规划，2011，35（6）：28－35.

[205] 魏衡，魏清泉，曹天艳，等.城市化进程中行政区划调整的类型、问题与发展 [J].人文地理，2009，24（6）：55－58.

[206] 魏后凯.中国城市行政等级与规模增长 [J].城市与环境研究，2014，1（1）：4－17.

[207] 邬建国.景观生态学——概念与理论 [J].生态学杂志，2000，19（1）：42－52.

[208] 吴汉良.我国市镇人口增长来源的动态变化 [J].经济地理，1988（3）：204－208.

[209] 吴莉娅，顾朝林.全球化、外资与发展中国家城市化——江苏个案研究 [J].城市规划，2005，29（7）：28－33.

[210] 吴秀敏，林坚，刘万利.城市化进程中西部地区农户的迁移意愿分析 [J].中国农村经济，2005（4）：27－33.

[211] 吴友仁.关于我国社会主义城市化问题 [J].城市规划，1979（5）：13－25.

[212] 武廷海.建立新型城乡关系走新型城镇化道路——新马克思主义视野中的中国城镇化 [J].城市规划，2013，37（11）：9－19.

[213] 夏怡然，苏锦红，黄伟.流动人口向哪里集聚——流入地城市特征及其变动趋势 [J].人口与经济，2015（3）：13－22.

[214] 肖群鹰，刘慧君.基于QAP算法的省际劳动力迁移动因理论再检验 [J].中国人口科学，2007（4）：26－33.

[215] 谢芬，肖育才.财政分权、地方政府行为与基本公共服务均等化 [J].财政研究，2013（11）：2－6.

[216] 徐家伟，侯景伟，宋宏权，等.1990－2009年中国区域差异与空间格局：以人口重心和经济重心为例 [J].人文地理，2011，26（4）：85－90.

[217] 徐建华，鲁凤，苏方林，等.中国区域经济差异的时空尺度分析 [J].地理研究，2005，24（1）：57－68.

［218］徐建华，岳文泽．近20年来中国人口重心与经济重心的演变及其对比分析［J］．地理科学，2001，21（5）：385－389．

［219］徐建华．地理建模方法［M］．北京：科学出版社，2010：84－92．

［220］徐匡迪．史无前例的人口迁移与社会转型［N］．上海证券报，2013－12－05（A01）．

［221］许抄军，罗能生，王家清．我国城市化动力机制研究进展［J］．城市问题，2007（8）：20－25．

［222］许德友，梁琦．珠三角产业转移的"推拉力"分析——兼论金融危机对广东"双转移"的影响［J］．中央财经大学学报，2011（1）：68－73．

［223］许学强，胡华颖．对外开放加速珠江三角洲市镇发展［J］．地理学报，1988，43（3）：201－212．

［224］许学强、周一星、宁越敏．城市地理学［M］．北京：高等教育出版社，2009．

［225］薛德升，郑莘．中国乡村城市化研究：起源、概念、进展与展望［J］．人文地理，2001，16（5）：24－28．

［226］薛凤旋，杨春．外资：发展中国家城市化的新动力——珠江三角洲个案研究［J］．地理学报，1997，52（3）：193－206．

［227］闫庆武，黄园园，蒋龙．1985－2010年中国人口迁移的时空动态分析［J］．西北人口，2015，36（5）：7－12．

［228］严善平．中国省际人口流动的机制研究［J］．中国人口科学，2007（1）：71－78．

［229］杨传开，宁越敏．县域新型城镇化的地方实践与路径研究：以诸城市为例［A］．中国城市研究（第八辑），北京：商务印书馆，2014：35－48．

［230］杨传开，宁越敏．中国省际人口迁移的空间格局演变及其对城镇化发展的影响［J］．地理研究，2015，34（8）：1492－1506．

［231］杨传开，张凡，宁越敏．山东省城镇化发展态势及其新型城镇化路径［J］．经济地理，2015，35（6）：54－60．

［232］杨风．山东人口迁移流动状况与影响因素［J］．北京工业大学学

报（社会科学版），2014，14（3）：14－20.

[233] 杨风. 异地城镇化更有利于农民生活方式转型 [N]. 中国人口报，2014－10－27（003）.

[234] 杨世松. "就地城市化"是中国农民的伟大实践 [J]. 理论月刊，2008（7）：171－173.

[235] 杨蔚，胡博，杨锦秀，等. 省际人口迁移缩小地区收入差距的作用机制探讨 [J]. 农业技术经济，2008（6）：63－72.

[236] 杨雪. 再论人口"迁移"的概念与统计口径界定 [J]. 西北人口，2004（1）：19－21.

[237] 杨亚楠，陈利根，郁晓非. 新型城镇化过程中农民集中居住研究进展 [J]. 人文地理，2015，30（2）：83－88.

[238] 杨云彦，陈金永. 中国人口省际迁移的资料与测算 [J]. 中国人口科学，1993（2）：37－41.

[239] 杨云彦，石智雷. 家庭禀赋对农民外出务工行为的影响 [J]. 中国人口科学，2008（5）：66－72.

[240] 杨智勇，李玲. 论农民工"回流"现象的原因及其消极影响 [J]. 当代青年研究，2015（1）：94－100.

[241] 姚华松，许学强. 西方人口迁移研究进展 [J]. 世界地理研究，2008，17（1）：154－166.

[242] 姚洋. 发展经济学 [M]. 北京：北京大学出版社，2013.

[243] 姚引妹. 浙江小城市培育过程中人口集聚问题研究 [A]. 宁越敏. 中国城市研究（第五辑），北京：商务印书馆，2012.

[244] 叶琪. 我国区域产业转移的态势与承接的竞争格局 [J]. 经济地理，2014，34（3）：91－97.

[245] 叶裕民. 中国城市化之路 [M]. 北京：商务印书馆，2005.

[246] 叶裕民. 中国流动人口的行为特征与城市化 [R]. 第五次人口普查课题研究报告，2003：3.

[247] 殷江滨，李郇. 产业转移背景下县域城镇化发展——基于地方政府行为的视角 [J]. 经济地理，2012（8）：71－77.

[248] 于洪光，吕兵. 现代农业，诸城锁定村社区 [N]. 农民日报，

2014 – 01 – 14（001）.

［249］于洪俊，宁越敏. 城市地理学概论［M］. 合肥：安徽科学技术出版社，1983.

［250］岳军. 公共服务均等化、财政分权与地方政府行为［J］. 财政研究，2009（5）：37 – 39.

［251］张公嵬. 我国产业集聚的变迁与产业转移的可行性研究［J］. 经济地理，2010，30（10）：1670 – 1674.

［252］张国玉. 中国新型城镇化的推进路径："就地城镇化"与行政区划调整［J］. 四川行政学院学报，2014（1）：5 – 8.

［253］张佳. 全球空间生产的资本积累批判［J］. 哲学研究，2011（6）：22 – 27.

［254］张丽，吕康银，王文静. 地方财政支出对中国省际人口迁移影响的实证研究［J］. 税务与经济，2011（4）：13 – 19.

［255］张敏，顾朝林. 近期中国省际经济社会要素流动的空间特征［J］. 地理研究，2002（3）：313 – 323.

［256］张善余. 我国省际人口迁移模式的重大变化［J］. 人口研究，1990（1）：2 – 8.

［257］张苏北，朱宇，晋秀龙，等. 安徽省内人口迁移的空间特征及其影响因素［J］. 经济地理，2013，33（5）：24 – 31.

［258］张庭伟.1990 年代中国城市空间结构的变化及其动力机制［J］. 城市规划，2001，25（7）：7 – 14.

［259］张庭伟. 对城市化发展动力的探讨［J］. 城市规划，1983（5）：59 – 62.

［260］张文新，朱良. 近十年来中国人口迁移研究及其评价［J］. 人文地理，2004，19（2）：88 – 92.

［261］张旭亮. 从本地市场到新国际劳动分工：浙江省的城市发展动力［M］. 北京：中国社会科学出版社，2013.

［262］张妍. 城市化发展与教育［J］. 教育发展研究，2005（8）：15 – 21.

［263］张耀军，岑俏. 中国人口空间流动格局与省际流动影响因素研究

[J]. 人口研究, 2014, 38 (5): 54 - 71.

[264] 张翼. 农民工"进城落户"意愿与中国近期城镇化道路的选择 [J]. 中国人口科学, 2011 (2): 14 - 26.

[265] 张颖举. 农民入住新型农村社区意愿实证分析 [J]. 国家行政学院学报, 2014 (2): 99 - 103.

[266] 张永丽, 黄祖辉. 中国农村劳动力流动研究述评 [J]. 中国农村观察, 2008 (1): 69 - 79.

[267] 张永庆, 赵海, 张文波, 等. 城市人口迁移的网络特征 [J]. 东北大学学报: 自然科学版, 2006, 27 (2): 160 - 172.

[268] 张展新, 杨思思. 流动人口研究中的概念、数据及议题综述 [J]. 中国人口科学, 2013 (6): 102 - 113.

[269] 章铮. 进城定居还是回乡发展: 民工迁移决策的生命周期分析 [J]. 中国农村经济, 2006 (7): 21 - 29.

[270] 赵敏. 国际人口迁移理论评述 [J]. 上海社会科学院学术季刊, 1997 (4): 127 - 135.

[271] 赵树凯. 纵横城乡——农民流动的观察与研究 [M]. 北京: 中国农业出版社, 1998.

[272] 赵晓旭. 新型城镇化"人往哪里去": "就地城镇化"与"异地集聚发展"之争 [J]. 中国名城, 2015 (7): 33 - 36.

[273] 赵新平, 周一星. 改革以来中国城市化道路及城市化理论研究述评 [J]. 中国社会科学, 2002 (2): 132 - 138.

[274] 赵耀辉. 中国农村劳动力流动及教育在其中的作用——以四川省为基础的研究 [J]. 经济研究, 1997 (2): 37 - 43.

[275] 折晓叶. 县域政府治理模式的新变化 [J]. 中国社会科学, 2014 (1): 121 - 139 + 207.

[276] 郑德高, 闫岩, 朱郁郁. 分层城镇化和分区城镇化: 模式、动力与发展策略 [J]. 城市规划学刊, 2013 (6): 26 - 32.

[277] 郑海刚. 诸城市农村社区建设研究 [D]. 济南: 山东大学, 2012.

[278] 《中国城市发展报告》编委会. 中国城市发展报告 2012 [M]. 北

京：中国城市出版社，2013.

[279] 钟晓敏，操世元. 省直管县改革：缘起、路径与未来方向 [J].
财经论丛，2011 (6)：27 - 32.

[280] 周春芳. 发达地区农村劳动力迁居意愿的影响因素研究 [J]. 调
研世界，2012 (8)：33 - 37.

[281] 周黎安. 中国地方官员的晋升锦标赛模式研究 [J]. 经济研究，
2007 (7)：36 - 50.

[282] 周其仁. 机会与能力——中国农村劳动力的就业和流动 [J]. 管理
世界，1997 (5)：81 - 100.

[283] 周琴. 浅析异地城镇化对镇乡发展的影响——以麻城市为例
[J]. 福建建筑，2015 (1)：5 - 8.

[284] 周一星，于艇. 对我国城市发展方针的讨论 [J]. 城市规划，
1988 (3)：33 - 36.

[285] 周一星. 城市地理学 [M]. 北京：商务印书馆，1995.

[286] 朱宝树. 人口迁移的城镇化效应 [J]. 人口学刊，1995 (4)：
8 - 12.

[287] 朱琳，刘彦随. 城镇化进程中农民进城落户意愿影响因素：以河
南省郸城县为例 [J]. 地理科学进展，2012，31 (4)：461 - 467.

[288] 朱农，曾昭俊. 对外开放对中国地区差异及省际迁移流的影响
[J]. 市场与人口分析，2004，10 (5)：5 - 12.

[289] 朱宇，祁新华，王国栋，等. 中国的就地城镇化：理论与实证
[M]. 北京：科学出版社，2012.

[290] 左言庆，陈秀山. 基于尺度理论视角的中国城市行政区划调整研
究 [J]. 天津行政学院学报，2014，16 (3)：27 - 33.

[291] Anselin L. *Spatial Econometrics：Methods and Models* [M]. Boston：
Kluwer Academic Publishers，1988.

[292] Andrew H. *Scale* [M]. New York：Routledge，2011.

[293] Bai X，Shi P，Liu Y. Realizing China's urban dream [J]. *Nature*，
2012，509：158 - 160.

[294] Barbieri A F，Pan W K. People，land，and context：multilevel de-

terminants of off-farm employment in the Ecuadorian Amazon [J]. *Population, Space and Place*, 2013, 19 (5): 558 – 579.

[295] Blanchard O, Shleifer A. Federalism with and without political centralization: China versus Russia [J]. *IMF Staff Papers*, 2001, 48: 171 – 179.

[296] Brenner N, Schmid C. The 'Urban Age' in question [J]. *International Journal of Urban and Regional Research*, 2014, 38 (3): 731 – 755.

[297] Brenner N. Global cities, global states: global city formation and state territorial restructuring in contemporary Europe [J]. *Review of International Political Economy*, 1998 (5): 1 – 37.

[298] Brenner N. *Implosions/Explosions: Towards a Study of Planetary Urbanization* [M]. Berlin: Jovis, 2013.

[299] Brenner N. The limits to scale? Methodological reflections on scalar structuration [J]. *Progress of Human Geography*, 2001, 25 (4): 591 – 614.

[300] Byerlee D. Rural-urban migration in Africa: theory, policy and research implications [J]. *International Migration Review*, 1974, 8 (4): 543 – 566.

[301] Cai F, Wang D. Migration as marketization: what can we learn from China's 2000 census data? [J]. *The China Review*, 2003, 3 (2): 73 – 93.

[302] Cartier C. City-space: scale relations and China's spatial administrative hierarchy [A]. In: Ma L J C, Wu F, ed. *Restructuring the Chinese City: Changing Society Economy and Space* [C], Routledge: London, 2005, 21 – 38.

[303] Chan K W, Buckingham W. Is China abolishing the Hukou system [J]. *The China Quarterly*, 2008, 195: 582 – 606.

[304] Chan K W, Hu Y. Urbanization in China in the 1990s: new definition, different series, and revised trends [J]. *The China Review*, 2003, 3 (2): 48 – 71.

[305] Chan K W, Liu T, Yang Y. Hukou and non-hukou migrations in China: comparisons and contrasts [J]. *International Journal of Population Geography*, 1999, 5: 425 – 448.

[306] Chan K W. China's urbanization 2020: A new blueprint and direction

[J]. *Eurasian Geography and Economics*, 2014, 55 (1): 1 – 9.

[307] Chan K W. Fundamentals of China's urbanization and policy [J]. *The China Review*, 2010, 10 (1): 63 – 94.

[308] Chan K W. Migration and development in China: trends, geography and current issues [J]. *Migration and Development*, 2012, 1 (2): 187 – 205.

[309] Chan K W. The Chinese Hukou system at 50 [J]. *Eurasian Geography and Economics*, 2009, 50 (2): 197 – 221.

[310] Chi G, Voss P. Migration decision-making: a hierarachical regression approach [J]. *The Journal of Regional Analysis & Policy*, 2005, 35 (2): 11 – 22.

[311] DaVanzo J. Repeat migration in the United States: who moves back and who moves on? [J]. *Review of Economics and Statistics*, 1983, 65 (4): 552 – 559.

[312] De Haas H. Migration and development: a theoretical perspective [J]. *International Migration Review*, 2010, 44 (1): 227 – 264.

[313] De Jong G F, Fawcett J T. Motivations for migration: an assessment and a value-expectancy research model [A]. In: Jong G F, Gardner R W, ed. *Migration Decision Making Multidisciplinary Approaches to Microlevel Studies in Developed and Developing Countries* [C]. New York: Pergamon Press, 1981.

[314] Fan C C, Sun M J. Regional inequality in China, 1978 – 2006 [J]. *Eurasian Geography and Economics*, 2008, 49 (1): 1 – 20.

[315] Fan C C. *China on the Move: Migration, the State, and the Household* [M]. Oxon: Routledge, 2008.

[316] Fan C C. Inter-provincial migration, population redistribution, and regional development in China: 1990 and 2000 census comparisons [J]. *The Professional Geographer*, 2005, 57 (2): 295 – 311.

[317] Fan C C. Migration and labor-market returns in urban China: results from a recent survey in Guangzhou [J]. *Environment and Planning A*, 2001, 33: 479 – 508.

[318] Fan C C. Modeling interprovincial migration in China, 1985 – 2000 [J]. *Eurasian Geography and Economics*, 2005, 46 (3): 165 – 184.

[319] Fan C C. Settlement intention and split households: findings from a survey of migrants in Beijing's urban villages [J]. *The China Review*, 2011, 11 (2): 11 - 41.

[320] Findley S E. An interactive contextual model of migration in Ilocos Norte, the Philippines [J]. *Demography*, 1987, 24 (2): 163 - 190.

[321] Friedmann J. Four theses in the study of China's urbanization [J]. *International Journal of Urban and Regional Research*, 2006, 30 (2): 440 - 451.

[322] Fu Y, Gabriel S A. Labor migration, human capital agglomeration and regional development in China [J]. *Regional Science and Urban Economics*, 2012, 42: 473 - 484.

[323] Geyer H S, Kontuly T. A theoretical foundation for the concept of differential urbanization [J]. *International Regional Science Review*, 1993, 15 (2): 157 - 177.

[324] Guo G, Zhao H. Multilevel modeling for binary data [J]. *Annual Review of Sociology*, 2000, 26: 441 - 462.

[325] Hagen-Zanker J. Why do people migrate? A review of the theoretical literature [J]. *Maastrcht Graduate School of Governance Working Paper*, 2008.

[326] Harbison S F. Family structure and family strategy in migration decision making [A]. In: Jong G F, Gardner R W, ed. *Migration Decision Making Multidisciplinary Approaches to Microlevel Studies in Developed and Developing Countries* [C]. New York: Pergamon Press, 1981.

[327] Harris J R, Todaro M P. Migration, unemployment and development: a two-sector analysis [J]. *The American Economic Review*, 1970, 60 (1): 126 - 142.

[328] Harvey D. *The Urbanization of Capital* [M]. Oxforduk: Basil Blackwell Ltd, 1985.

[329] Heberle R. The causes of rural-urban migration a survey of German theories [J]. *The American Journal of Sociology*, 1938, 43 (6): 932 - 950.

[330] Henderson J V. Urbanization and economic development [J]. *Annals of Economics and Finance*, 2003, 4: 27 - 341.

[331] Jaccard J, Turrisi R. *Interaction Effects in Multiple Regression* [M]. Thousand Oaks: Sage Publications, 2003: 1 – 5.

[332] Kontuly T, Geyer H S. Lessons learned from testing the differential urbanization model [J]. *Tijdschrift voor Economische en Social Geografie*, 2003, 94 (1): 124 – 128.

[333] Krackhardt D. Predicting with networks: nonparametric multiple regression analysis of dyadic data [J]. *Social Networks*, 1988, 10: 359 – 381.

[334] Kulu H, Billari F C. Migration to urban and rural destinations in post-Soviet Estonia: a multilevel event-history analysis [J]. *Environment and Planning A*, 2006, 38 (4): 749 – 764.

[335] Kulu H, Billari F C. Multilevel analysis of internal migration in a transitional country: the case of Estonia [J]. *Regional Studies*, 2004, 38 (6): 679 – 696.

[336] Lam N S-N, Quattrochi D A. On the issues of scale, resolution, and fractal analysis in the mapping sciences [J]. *The Professional Geographer*, 1992, 44 (1): 89 – 99.

[337] Lee E S. A theory of migration [J]. *Demography*, 1966, 3 (1), 47 – 57.

[338] Lewis W A. Economic development with unlimited supplies of labour [J]. *The Manchester School*, 1954, 22 (2): 139 – 191.

[339] Li Y, Liu H, Tang Q, et al. Spatial-temporal patterns of China's interprovincial migration, 1985 – 2010 [J]. *Journal of Geographical Sciences*, 2014, 24 (5): 907 – 923.

[340] Liang Z, Ma Z D. China's floating population: new evidence from the 2000 census [J]. *Population and Development Review*, 2004, 22 (3): 467 – 488.

[341] Liang Z, White M J. Internal migration in China, 1950 – 1988 [J]. *Demography*, 1996, 33 (3): 375 – 384.

[342] Liao B, Wong D. Changing urban residential patterns of Chinese migrants: Shanghai, 2000 – 2010 [J]. *Urban Geography*, 2015, 36 (1): 109 –

126.

［343］Liao F H F, Wei Y H D. Dynamics, space, and regional inequality in provincial China: a case study of Guangdong Province ［J］. *Applied Geography*, 2012, 32 (1 –2): 71 –83.

［344］Lin G C S. *Red Capitalism in South China* ［M］. Vancouver: UBC Press, 1997.

［345］Lin G C S. The Chinese globalizing cities: national centers of globalization and urban transformation ［J］. *Progress in Planning*, 2004, 61 (3): 63 –71.

［346］Lin S, Gaubatz P. New Wenzhou: migration, metropolitan spatial development and modernity in a third-tier Chinese model city ［J］. *Habitat International*, 2015, 50: 214 –225.

［347］Liu Y, Stillwell J, Shen J, et al. Interprovincial migration, regional development and state policy in China, 1985 –2010 ［J］. *Applied Spatial Analysis & Policy*, 2014, 7 (1): 47 –70.

［348］Loughlin P H, Pannell C W. Growing economic links and regional development in the Central Asian Republics and Xinjiang, China ［J］. *Post-Soviet Geography and Economics*, 2001, 42 (7): 469 –490.

［349］Ma L J C. The spatial patterns of interprovincial rural-to-urban migration in China, 1982 – 1987 ［J］. *Chinese Environment and Development*, 1996 (7): 73 –102.

［350］Ma L J C. Urban administrative restructuring, changing scale relations and local economic development in China ［J］. *Political Geography*, 2005 (24): 477 –497.

［351］Ma L J C. Urban transformation in China, 1949 – 2000: a review and research agenda ［J］. *Environment and Planning A*, 2002, 34 (9): 1545 – 1569.

［352］Ma Z. Urban labour-force experience as a determinant of rural occupation change: evidence from recent urban-rural return migration in China ［J］. *Environment and Planning A*, 2001, 33 (2): 237 –255.

［353］ MacDonald J S, MacDonald L D. Chain migration ethnic neighborhood formation and social networks ［J］. *The Milbank Memorial Fund Quarterly*, 1964, 42 (1): 82 – 97.

［354］ Marston S A, Jones J P, Woodward K. Human geography without scale ［J］. *Transactions of the Institute of British Geographers*, 2005, 30 (4): 416 – 432.

［355］ Massey D S, Arango J, Hugo G, et al. Theories of international migration: a review and appraisal ［J］. *Population and Development Review*, 1993, 19 (3): 431 – 466.

［356］ Massey D S. Social structure, household strategies, and the cumulative causation of migration ［J］. *Population Index*, 1990, 56 (1): 3 – 26.

［357］ McGee T G. The emergence of desakota regions in Asia: expanding a hypothesis ［A］. In: Ginsburg B, Koppel B, McGee T G, ed. *The Extended Metropolis: Settlement Transition in Asia* ［C］. Honolulu: University of Hawaii Press, 1991.

［358］ McGee T G. *The Urbanization Process in the Third World: Exploration in Search of a Theory* ［M］. London: G. Bell & Sons Ltd, 1971.

［359］ Mincer J. Family Migration Decisions ［J］. *Journal of Political Economy*, 1978, 86 (5): 749 – 773.

［360］ Mok K H, Wu X F. Dual decentralization in China's transitional economy: welfare regionalism and policy implications for central-local relationship ［J］. *Policy and Society*, 2013, 32 (1): 61 – 75.

［361］ Moomaw R L, Shatter A M. Urbanization and economic development: a bias toward large cities ［J］. *Journal of Urban Economics*, 1996, 40: 13 – 37.

［362］ Qadeer M A. Urbanization by implosion ［J］. *Habitat International*, 2004, 28 (1): 1 – 12.

［363］ Ranis G, Fei J C H. A theory of economic development ［J］. *The American Economic Review*, 1961, 51 (4): 533 – 565.

［364］ Ravenstein E G. The laws of migration ［J］. *Journal of the Statistical Society of London*, 1885, 48 (2): 167 – 235.

[365] Rimmer P J. Overview: restructuring Chinese space in the new millennium [J]. *Asian Pacific Viewpoint*, 2002, 43 (1): 1 – 8.

[366] Schultz T W. Investment in human capital [J]. *The American Economic Review*, 1961, 51 (1), 1 – 17.

[367] Shen J. A study of the temporary population in Chinese cities [J]. *Habitat International*, 2002, 26: 363 – 377.

[368] Shen J. Changing patterns and determinants of interprovincial migration in China 1985 – 2000 [J]. *Population, Space and Place*, 2012, 18: 384 – 402.

[369] Shen J. Increasing internal migration in China from 1985 to 2005: institutional versus economic drivers [J]. *Habitat International*, 2013, 39: 1 – 7.

[370] Shen J. Modeling regional migration in China: estimation and decomposition [J]. *Environment and Planning A*, 1999, 31: 1223 – 1238.

[371] Shen J. Space, scale and the state: reorganizing urban space in China [A]. In: Ma L J C, Wu F, ed. *Restructuring the Chinese City: Changing Society, Economy and Space* [C]. Routledge: London, 2005: 39 – 58.

[372] Sheppard E, McMaster R. Scale and geographic inquiry: contrasts, intersections, and boundaries [A]. In: Sheppard E, McMaster R, ed. *Scale and Geographic Inquiry: Nature, Society, and Method* [C]. Oxford: Blackwell Publishing Ltd, 2004: 256 – 267.

[373] Sit V F S, Yang C. Foreign-investment-induced exo-urbanization in the Pearl River Delta, China [J]. *Urban Studies*, 1997, 34 (4), 647 – 677.

[374] Sjaastad L A. The costs and returns of human migration [J]. *Journal of Political Economy*, 1962, 70 (5), 80 – 93.

[375] Smith N. Contours of a spatialized politics: homeless vehicles and the production of geographical scale [J]. *Social Text*, 1992 (33): 54 – 81.

[376] Smith N. *Uneven development: nature, capital and the production of space* [M]. Oxford: Basil Blackwell, 1984.

[377] Smith N. *Uneven development: nature, capital, and the production of space* [M]. University of Georgia Press, 2008.

[378] Stanek Ł, Schmid C, Moravánszky Á. *Urban Revolution Now: Henri*

Lefebvre in Social Research and Architecture [M]. Burlington: Ashgate, 2014.

[379] Stark O, Bloom D E. The new economics of labor migration [J]. *The American Economic Review*, 1985, 75 (2): 173 – 178.

[380] Stark O, Taylor E J. Migration incentives, migration types: the role of relative deprivation [J]. *The Economic Journal*, 1991, 101 (408): 1163 – 1178.

[381] Stark O. Rural-to-urban migration in LDCs: a relative deprivation approach [J]. *Economic Development and Cultural Change*, 1984, 32 (3): 475 – 486.

[382] Swain L L, Garasky S. Migration decisions of dual-earner families: an application of multilevel modeling [J]. *Journal of Family and Economic Issues*, 2007, 28 (1): 151 – 170.

[383] Taylor E J. The new economics of labour migration and the role of remittances in the migration process [J]. *International Migration*, 1999, 37 (1): 63 – 88.

[384] Taylor P J. A materialist framework for political geography [J]. *Transactions of the Institute of British Geographers*, 1982: 15 – 34.

[385] Taylor P J. Geographical scales within the world-economy approach [J]. *Review (Fernand Braudel Center)*, 1981, 5 (1): 3 – 11.

[386] Todaro M P. A model of labor migration and urban unemployment in less developed countries [J]. *The American Economic Review*, 1969, 59 (1): 138 – 148.

[387] United Nations. *World Urbanization Prospects, The 2011 Revision* [R], 2011.

[388] United Nations. *World Urbanization Prospects, The 2014 Revision* [R], 2014.

[389] Wallerstein I. The rise and future demise of the world capitalist system: concepts for comparative analysis [J]. *Comparative Studies in Society and History*, 1974, 16 (4): 387 – 415.

[390] Wang X R, Hui E C M, Choguill C, et al. The new urbanization

policy in China: which way forward [J]. *Habitat International*, 2015, 47: 279 – 284.

[391] Watson M K. The scale problem in human geography [J]. *Geografiska Annaler. Series B, Human Geography*, 1978, 60 (1): 36 – 47.

[392] Wei Y D. Decentralization, marketization, and globalization: the triple processes underlying regional development in China [J]. *Asian Geographer*, 2001, 20 (1 – 2): 7 – 23.

[393] Wei Y D. Spatiality of regional inequality [J]. *Applied Geography*, 2015, 61: 1 – 10.

[394] Wei Y H D, Kim S. Widening inter-county inequality in Jiangsu Province, China, 1950 – 1995 [J]. *Journal of Development Studies*, 2002, 38 (6): 142 – 164.

[395] Wei Y H D, Ye X Y. Regional inequality in China: a case study of Zhejiang Province. *Tijdschrift Voor Economische En Sociale Geografie*, 2004, 95 (1): 44 – 60.

[396] Wei Y H D, Ye X. Beyond convergence: space, scale, and regional inequality in China [J]. *Tijdschrift Voor Economische En Sociale Geografie*, 2009, 100 (1): 59 – 80.

[397] Wei Y H. Regional inequality in China [J]. *Progress in Human Geography*, 1999, 23 (1), 48 – 58.

[398] Wirth L. Urbanism as a way of life [J]. *The American Journal of Sociology*, 1938, 44 (1): 1 – 24.

[399] Wolpert J. Behavioral aspects of the decision to migration [J]. *Papers in Regional Science*, 1965, 15 (1), 159 – 169.

[400] Wu W. Migrantion settlement and spatial distribution in metropolitan Shanghai [J]. *The Professional Geographer*, 2008, 60 (1): 101 – 120.

[401] Yang X, Guo F. Gender differences in determinants of temporary labor migration in China: a multilevel analysis [J]. *International Migration Review*, 1999, 33 (4): 929 – 953.

[402] Yeung Y, Shen J. Coastal China's urban-rural spatial restructuring un-

der globalization [A]. In: Huang Y, Bocchi A M, ed. *Reshaping economic geography in East Asia* [C]. Washington, DC: The World Bank, 2008: 294 - 231.

[403] Yue Z, Li S, Feldman, et al. Floating choices: a generational perspective on intentions of rural-urban migrants in China [J]. *Environment and Planning A*, 2010, 42: 545 - 562.

[404] Zelinsky W. The hypothesis of the mobility transition [J]. *Geographical Review*, 1971, 61 (2): 219 - 249.

[405] Zhang K H, Song S. Rural-urban migration and urbanization in China: evidence from time-series and cross-section analyses [J]. *China Economic Review*, 2003, 14: 386 - 400.

[406] Zhang K H. What explains China's rising urbanization in the reform era? [J]. *Urban Studies*, 2002, 39 (12): 2301 - 2315.

[407] Zhang L. Conceptualizing China's urbanization under reform [J]. *Habitat International*, 2008, 32: 452 - 470.

[408] Zhang L. Economic migration and urban citizenship in China: the role of point systems [J]. *Population and Development Review*, 2012, 38 (3): 503 - 533.

[409] Zhao Y. Leaving the countryside: rural-to-urban migration decisions in China [J]. *The American Economic Review*, 1999, 89 (2): 281 - 287.

[410] Zhu Y, Chen W. The settlement intention of China's floating population in the cities: recent changes and multifaceted individual-level determinants [J]. *Population, Space and Place*, 2010, 16 (4): 253 - 267.

[411] Zhu Y, Lin L. Continuity and change in the transition from the first to the second generation of migrants in China: insights from a survey in Fujian [J]. *Habitat International*, 2014, 42: 147 - 154.

[412] Zhu Y. Changing urbanization process and In situ rural-urban transformation: Reflections on China's settlement definitions [A]. In: Champion A J, Hugo G J, ed. *New Forms of Urbanization: Beyond the Urban-Rural Dichotomy* [C]. Aldershot: Ashgate, 2004.

[413] Zhu Y. In situ urbanization in rural China: case studies from Fujian

Province [J]. *Development and Change*, 2000, 31 (2): 413 –434.

[414] Zipf G K. The p1/p2 hypothesis on the intercity movement of persons [J]. *American Sociological Review*, 1946, 11: 677 –686.

后　记

　　城市是人类最伟大的发明，而城镇化则是塑造城市的关键力量。选择城镇化作为研究主题，一方面，是由于快速城镇化，让中国正在从"静止"的社会向"流动"的社会转变、从乡村社会向城市社会转变，在这个快速转变过程中，产生的问题是多样的，也是惊人的；另一方面，则是基于自己的切身体会，作为一个从农村走出来的"城市人"，看到了快速城镇化进程给家乡带来的巨大变化，这既包括物质的变化也包括思想观念与风俗习惯的变化，这些变化对乡村造成了巨大冲击，导致了乡村的衰落与繁荣并存。其实，发生这些变化的直接原因就是人口流动，城镇化如同一座桥梁，联通城市与乡村，而农民在两者间的往返流动给城市和农村都带来了新的机遇与挑战，只不过目前来看这座桥梁似乎还并不十分"畅通"。基于此，希望通过人口流动来深入考察城镇化，然而碍于精力所限，似乎还有诸多不足之处，也恳请大家对其中的不足与问题批评指正。

　　本书是在我博士学位论文基础上修改而成，而论文的完成和本书的出版得到了诸多人的帮助，要对他们表示最诚挚的感谢。首先，要感谢我的导师华东师范大学宁越敏教授，宁老师学识渊博，每次与他交流，总能受益匪浅，而且为我论文的完成也是反复讨论并提出了许多有益的建议；读书期间，宁老师给我创造了优越的学习环境并提供了诸多学习机会，推荐我出国交流，引领我在学术研究的道路上走得更远；毕业后，宁老师在生活中对我也是十分关心照顾，让我感觉在陌生的城市多了一位亲人般的良师益友。同时，也要感谢我的硕士导师汪宇明教授，感谢他把我收入门下，并鼓励我硕博连读，虽然与汪老师相处不到两年时间，但汪老师的细致认真，却让我印象十分深刻，其生前"脚踏实地、悟道求真"的教诲也始终铭记心中。此外，还要感谢加拿大莱斯布里奇大学徐伟教授，感谢他为我提供了在加拿大交流学习的机会，并多次指导我的论文写作；也要感谢中山大学地理科学与规划学院刘晔教授在论文写作过程中给予的帮助和意见。华东师范大学人文地理学专业底蕴深厚，在此学习的六年收获颇丰，要感谢城市与区域科学学院每一位老师的悉心教导与关怀。

毕业后，有幸加入上海社会科学院城市与人口发展研究所工作，宽松的科研环境，让我得以继续进行我的研究。在此，要感谢朱建江所长、周海旺副所长、屠启宇副所长等领导的关心，感谢他们在项目申报、参与课题研究等方面给予的帮助和支持。朱所长丰富的工作经历和勤奋治学的态度，让我十分敬佩，和他讨论交流有关城乡发展的问题也给我不少启发。也要感谢城市与人口发展研究所各位同事在工作生活中的关心与帮助，让我得以很快融入新的环境。最后，要感谢家人对我的无私关爱，他们尽可能为我提供了最好的学习条件，也正是他们对我的理解、鼓励与支持，才能让我专心研究并顺利完成学业！

本书的出版只能算是对前期研究的一个阶段性总结，而有关城镇化的研究还需持续。这是因为与发达国家相比，未来很长一段时间内城镇化仍将是我国发展面临的重要现实问题，而且随着城镇化水平的不断提高，人口流动也将会不断表现出新的趋势与特点，需要跟踪研究；同时，人口流动背后所产生的各种影响以及应对也是以人为核心的新型城镇化需要持续关注的问题，如何实现城镇化的高质量发展应成为未来研究的重点。城镇化连接着城镇与乡村，研究城镇化首先就应了解乡村，特别是国家当前又提出了乡村振兴战略，人口回流以及在就地就近城镇化发展趋势下，如何超越传统的乡城迁移模式，促进新型城镇化与乡村振兴的互动耦合从而实现城乡融合发展也迫切需要关注。此外，中小城市和小城镇作为联系城乡的关键节点，如何在全球网络化发展趋势下，发挥地方优势嵌入全球网络，不断提升竞争力和吸引力进而带动乡村发展、实现乡村振兴也值得探讨。总之，未来城镇化还有许许多多的问题需要研究，也希望能有更多志同道合的朋友一起交流合作，为中国的城乡发展贡献力量。

路漫漫其修远兮，吾将上下而求索！

杨传开

2019 年 6 月于上海